PMI 风险管理
专业人士（PMI-RMP）®
认证考试指南

[美] 卡尔·普里查德（Carl Pritchard）◎著

顾玥明◎译

PMI-RMP®
Risk Management Professional
(PMI-RMP)® Cert Guide

人民邮电出版社

北京

图书在版编目（CIP）数据

PMI 风险管理专业人士（PMI-RMP）认证考试指南 /
（美）卡尔·普里查德（Carl Pritchard）著 ；顾玥明译.
北京：人民邮电出版社，2025. -- ISBN 978-7-115
-65789-3

Ⅰ．F272.35-62

中国国家版本馆 CIP 数据核字第 2025P5W792 号

版 权 声 明

- ◆ 著　　　　　［美］卡尔·普里查德（Carl Pritchard）
- 译　　　　　顾玥明
- 责任编辑　　陈灿然
- 责任印制　　王 郁　胡 南
- ◆ 人民邮电出版社出版发行　　北京市丰台区成寿寺路 11 号
- 邮编　100164　电子邮件　315@ptpress.com.cn
- 网址　https://www.ptpress.com.cn
- 大厂回族自治县聚鑫印刷有限责任公司印刷
- ◆ 开本：800×1000　1/16
- 印张：17.75　　　　　　　　　2025 年 6 月第 1 版
- 字数：364 千字　　　　　　　 2025 年 6 月河北第 1 次印刷
- 著作权合同登记号　图字：01-2024-2726 号

定价：99.90 元

读者服务热线：**(010)81055410**　印装质量热线：**(010)81055316**
反盗版热线：**(010)81055315**

内容提要

本书是 PMI®官方授权的 PMI-RMP®认证考试指南，旨在帮助读者掌握该考试的所有主题，为其顺利通过考试打下基础。

本书分为 19 章，包含风险结构，风险环境和风险文化，容许限度、临界值和触发因素，策略风险，风险管理计划，协作，基于团队的实用风险识别，制约因素和假设条件，触发条件和临界值，风险登记册，风险定性分析，风险定量分析，风险复杂度、评估和分析，风险应对规划，应对实施，数据收集，残余风险和次生风险，分享风险信息等内容。为了帮助广大读者更好地掌握各章所学知识，每章开头都设置了"我知道了吗"小测验，每章末尾也设置了"复习题"，还帮助读者制定了详细的学习计划，方便读者参考和复习。

本书是参加 PMI-RMP®认证考试人员的官方参考书，也非常适合风险管理人员在实践应用中参考。

关于作者

卡尔·普里查德（Carl Pritchard）拥有 PMI-RMP® 和 PMP® 认证，是风险管理领域的思想领袖，在该领域已深耕 30 年。他出版了 8 部著作，并在全球各地为项目管理协会（Project Management Institute，PMI®）和私人客户提供培训。

2019 年，卡尔·普里查德荣获 PMI® 颁发的 "Eric Jenett 项目管理杰出人才奖"（Eric Jenett Project Management Excellence Award），并获得项目管理 "Best of the Best" 称号。在项目风险管理领域，卡尔被认为是一个 "有趣的家伙"，其演讲深受欢迎，在众多重大会议和公司全员大会上发表过主旨演讲。

长期以来，卡尔都是 PMI® 纽约州北部、巴尔的摩、匹兹堡和华盛顿特区等分部的会员。他当前与妻子南希居住在马里兰州西部山脉。

技术审阅者简介

苏珊·帕伦特（Susan Parente）教授是 S3 Technologies 有限公司的首席顾问、项目管理认证项目协调员和弗吉尼亚大学教员。她是项目工程师、发言人、作者和导师，指导过复杂的大型 IT 软件实现项目及企业项目管理办公室的组建。帕伦特的从业经验超过 25 年，领导过私人和公共部门的软件和业务开发项目，为众多部门的规模各异的组织提供过支持。她还从事项目经理培训和指导工作，涉及的领域包括传统和敏捷项目管理和风险管理。帕伦特与人合著了多部涉及其专业领域、风险管理和敏捷项目管理的著作，其中包括 *Global Hot Spots: How Project and Enterprise Risk Management Practices Drive Business Results Around the World* 和 *Hybrid Project Management: Using Agile with Traditional PM Methodologies to Succeed on Modern Projects*。

献词

谨以此书献给可爱的妻子南希及了不起的儿子亚当（Adam）和詹姆斯（James）。感谢你们始终在我身边并不断给我鼓励，支撑着我完成了本书的编写工作。

——卡尔

致谢

一本图书要最终出版，离不开许多人的帮助。这里要特别感谢克里斯·克利夫兰（Chris Cleveland）、劳拉·诺尔曼（Laura Norman）和 Pearson 的所有工作人员让本书得以付梓，感谢你们为此做出的所有努力。感谢技术编辑和风险专家苏珊·帕伦特的专业精神和给予的鼓励。最重要的是，感谢我可爱的妻子南希！如果没有她，我就不可能熬过这段艰难时光。

前言

欢迎阅读本书。对以风险为导向的项目经理或广泛参与项目的风险经理来说，PMI-RMP®是非常重要的认证。该认证不局限于某个行业，但考试中涉及敏捷开发的部分更适合信息技术从业人员。该认证考试旨在检查考生对项目管理中的风险管理实践是否有清晰的把握。为追求项目管理方面的成熟度，组织合乎逻辑的一步是践行风险管理，确保在完成项目的同时避免个人和组织身处险境；对于力求优化个人和组织的绩效与成果的专业人士来说，风险管理的积极机会取向也是关注的重点。我编写本书的目的旨在帮助读者准备该认证考试，同时本书也可作为风险管理资料，供读者以后参考。

风险实践类型众多，有的专注于保险风险，有的针对财务风险，有的聚焦于环境风险。项目风险和项目管理风险自成一体，虽然与其他类型的风险有关系，但以取得项目成功为目标。

就备考而言，认识到这样一点很重要：常常会有多个答案是正确的，但 PMI®要求考生选择最佳的答案，而不仅仅是正确答案。有鉴于此，本书从始至终都在强调选择最佳答案的重要性。在实际考试中，有些考题只有一两句话，有些包含难以理解的长篇大论。面对包含长篇大论的考题，最佳的策略是，只阅读最后一两句话并据此选择最佳答案，再返回考题开头阅读其中的长篇大论。在很多情况下，你都将发现，包含这些长篇大论为的不是提供信息，而是要干扰你。

在供你选择的答案中，偶尔会出现你从未见过的术语。虽然这些术语可能并不是虚构的，但别忘了 PMI®的出题者有时会编造答案，只为干扰考生。有些术语并非来自风险管理领域，有些甚至是虚构的。

参加考试时，如果遇到完全不明白或根本没见过的考题，可考虑采用一种概率方法来答题：从统计学上讲，在这种情况下，答案越长，正确的可能性越大。当然，这种做法不适用于一般性考题，仅当你完全绝望时，才使用这种方法来利用概率获利。

仅靠阅读本书并不能成为出色的风险经理，但通过阅读本书，你将掌握重要的风险过程和风险术语，再辅以职业经验和其他参考资料，完全能够通过 PMI-RMP®认证考试。祝你在准备 PMI-RMP®认证考试的过程中有好运相伴。通过阅读本书，你将能够利用他人的经验，提高通过考试的机会。

目标与方法

本书的首要目标是帮助读者通过 PMI-RMP®认证考试，为此本书提供了"我知道了吗"小测验和复习题（总共有 200 多道考题），并在附录 A 提供了答案和说明。

为帮助读者理解并掌握 PMI-RMP®认证考试的目标，本书使用了如下方法：

- 每章开头的主题清单：列出了当前章涵盖的主题。
- 基础主题：每章的核心内容，包括深入描述和图表，旨在帮助读者增长知识，确保能够通过考试。每章都至少介绍了 PMI-RMP®认证考试大纲列出的五个领域之一中的一个任务。
- 关键主题：使用"关键主题"图标标识重要的段落、图表和信息，读者必须掌握它们才能通过考试。
- "我知道了吗"小测验和复习题：这些考题（及答案和说明）旨在检查读者对相关知识的掌握情况；如果不能轻松地回答它们，务必阅读或复习相关内容。

为谁而写

本书适合任何想在项目管理（项目风险管理）领域更上一层楼的从业人员阅读，从做了多年项目经理并想熟悉风险管理的人，到刚进入项目管理领域，并想先成为风险管理专才，再立志成为项目管理通才（项目经理）的人。

本书还适合想从事风险管理工作的人阅读。越来越多的组织认识到其风险管理实践存在不足，如果一个人能够证明自己确实是风险管理领域的专家，便可待价而沽。本书重点介绍 PMI®风险管理实践，与其他 PMI®认证（尤其是项目管理专业人士认证）联系紧密。

对 PMI-RMP®考生的要求看似苛刻，但实际上并没有那么难以满足。如果考生只有中学文凭（高中或中专学历），必须在过去 5 年内至少有 3 年的风险管理从业经验；如果考生有大学或更高学历，只需有 2 年的风险管理从业经验。实际上，很多项目管理之外的职业经验都符合要求，条件是工作中涉及风险意识、风险过程等。要成为风险经理，不需要以前做过项目经理，反之，要成为风险经理，也不需要以前做过项目经理。在 PMI®看来，项目经理比风险经理重要。

阅读完本书后，读者将对风险管理术语和过程有深入认识。PMI-RMP®考生最好拥有风险术语和风险过程使用经验，因为这些风险管理方面是考试重点。本书重点介绍这些方面，以及如何将其同日常项目管理工作整合起来。

PMI-RMP®考试主题

如果未下载《PMI 风险管理专业人士（PMI-RMP）®认证考试内容大纲与规范》，现在就可以去 PMI 网站下载。阅读这个文档，确保熟悉其中的每项内容。阅读本书时，请根据这个文档中的信息确定学习重点。

下面两个表格列出了从《PMI 风险管理专业人士（PMI-RMP）®认证考试内容大纲与规范》摘取的一些内容。表 I-1 列出了 PMI-RMP®领域及每个领域的考试内容占比。

表 I-1   PMI-RMP®考试领域

领域	考试内容所占比例
风险策略和规划	22%
风险识别	23%
风险分析	23%
风险应对	13%
监督和关闭风险	19%

    PMI-RMP®领域被划分为不同的任务，而每个任务都有相应的驱动因素——与任务相关的工作实例。

    表 I-2 列出了 PMI-RMP®领域和任务及对应的章节，但未列出每项任务的驱动因素。有关这方面的详情，请参阅《PMI 风险管理专业人士（PMI-RMP）®认证考试内容大纲与规范》。

表 I-2   PMI-RMP®考试领域和任务及对应的章节

领域 I：风险策略和规划	
任务	**章节**
1 进行初步文件分析	第 1 章
2 评估项目环境，了解威胁和机会	第 2 章
3 基于风险偏好确认风险临界值	第 3 章
4 制定风险管理策略	第 4 章
5 记录风险管理计划	第 5 章
6 与相关人规划并领导风险管理活动	第 6 章
领域 II：风险识别	
任务	**章节**
1 开展风险识别实践	第 7 章
2 检查假设和制约因素分析	第 8 章
3 基于背景/环境，记录风险触发因素和临界值	第 9 章
4 编制风险登记册	第 10 章
领域 III：风险分析	
任务	**章节**
1 实施定性分析	第 11 章
2 实施定量分析	第 12 章
3 识别威胁和机会	第 13 章

领域 **IV**：风险应对	
任务	**章节**
1　规划风险应对	第 14 章
2　实施风险应对	第 15 章
领域 **V**：监督和关闭风险	
任务	**章节**
1　收集和分析绩效数据	第 16 章
2　监督残余风险和次生风险	第 17 章
3　提供更新相关项目文件所需的信息	第 18 章
4　监督项目风险级别	第 18 章

资源与支持

资源获取

本书提供思维导图等资源，要获得以上资源，您可以扫描下方二维码，根据指引领取。

提交勘误

作者和编辑尽最大努力来确保书中内容的准确性，但难免会存在疏漏。欢迎您将发现的问题反馈给我们，帮助我们提升图书的质量。

当您发现错误时，请登录异步社区（https://www.epubit.com/），按书名搜索，进入本书页面，点击"发表勘误"，输入勘误信息，点击"提交勘误"按钮即可（见下图）。本书的作者和编辑会对您提交的勘误进行审核，确认并接受后，您将获赠异步社区的 100 积分。积分可用于在异步社区兑换优惠券、样书或奖品。

图书勘误		发表勘误
页码：1	页内位置（行数）：1	勘误印次：1

图书类型：● 纸书　○ 电子书

添加勘误图片（最多可上传4张图片）

+

提交勘误

全部勘误　　我的勘误

与我们联系

我们的联系邮箱是 contact@epubit.com.cn。

如果您对本书有任何疑问或建议，请您发邮件给我们，并请在邮件标题中注明本书书名，以便我们更高效地做出反馈。

如果您有兴趣出版图书、录制教学视频，或者参与图书翻译、技术审校等工作，可以发邮件给我们。

如果您所在的学校、培训机构或企业，想批量购买本书或异步社区出版的其他图书，也可以发邮件给我们。

如果您在网上发现有针对异步社区出品图书的各种形式的盗版行为，包括对图书全部或部分内容的非授权传播，请您将怀疑有侵权行为的链接发邮件给我们。您的这一举动是对作者权益的保护，也是我们持续为您提供有价值的内容的动力之源。

关于异步社区和异步图书

"异步社区"(www.epubit.com)是由人民邮电出版社创办的 IT 专业图书社区，于 2015 年 8 月上线运营，致力于优质内容的出版和分享，为读者提供高品质的学习内容，为作译者提供专业的出版服务，实现作者与读者在线交流互动，以及传统出版与数字出版的融合发展。

"异步图书"是异步社区策划出版的精品 IT 图书的品牌，依托于人民邮电出版社在计算机图书领域 30 余年的发展与积淀。异步图书面向 IT 行业以及各行业使用 IT 技术的用户。

目录

本章涵盖如下主题：

- 收集风险文件；
- 风险角色和风险职责；
- 风险档案。

第 1 章

风险结构

　　每个项目和组织都有其独特的结构与基础设施。文件、过程和其他知识产权可帮助完成工作、项目管理和风险管理，风险经理应充分利用它们来加深对风险的认识，进而确定该如何应对这些风险。如果组织没有上述信息，风险经理必须进行研究，确定公共领域中有哪些信息，并编制相关的文件，用来对当前项目（和未来的项目）进行风险评审。

　　本书专注于风险管理在项目中扮演的角色，但这里讨论的原理也适用于更高的层级——项目集和项目组合。虽然项目致力于实现独特的目标，但项目面临的很多风险也是系统性的，因此项目经理和风险经理很可能必须利用那些适用于所有环境的风险管理文件。卓有成效的风险经理能够使用这些信息源，并将其与组织中项目社区的同仁分享。

　　收集这些文件后，风险经理必须对其做详尽的分析，或者将这项工作委托给其他人去完成。

　　在项目启动前，风险经理就应收集并创建必要的文件目录，确保能够卓有成效地实施风险管理过程。

　　本章讨论《PMI-RMP®考试内容大纲》中的如下目标：

领域	任务	考试目标
风险策略和规划	任务 1	进行初步文件分析

1.1　"我知道了吗"小测验

　　"我知道了吗"小测验让你能够做出评估，确定是否需要详细阅读本章。对于这些测验题，如果对其答案或其涉及的知识没有把握，请详细阅读本章。表 1-1 列出了本章的各节及其对应的测验题。要获悉这些测验题的答案，请参阅附录 A。

表 1-1　　　　　　　　"我知道了吗"测验题对应的章节

章节	小测验题
1.3	2、4、6
1.4	1、3、5

> **警告**：小测验旨在评估你对本章主题的掌握情况，为此请将不知道答案或拿不准视为回答错误。如果将猜对答案视为回答正确，将扭曲自我评估结果，带来虚假的安全感。

1. 项目刚启动，除已签名的项目章程外几乎没有别的。在项目的这个时点，风险经理应该已经完成了哪些工作？
   A. 识别出了项目面临的大部分重大风险，并与上司分享过。
   B. 制作了一个详细目录，其中列出了所有要制作的重要风险文档。
   C. 已让相关团队成员知悉，他们将负责管理项目团队范围内的风险。
   D. 对风险做了评估，确定了哪些风险是最重要的。

2. 项目经理决定自己承担文件分析任务，请问项目经理当前有什么？
   A. 有找出所有项目风险所需的所有信息。
   B. 有找出项目风险源所需的所有信息。
   C. 有责任与相关方分享信息。
   D. 有编制风险登记册所需的大部分信息。

3. 要出色地完成项目识别任务，有些文件必不可少。请问这包括哪些文件？
   A. 历史数据、行业标杆、以往项目的经验教训、客户协议以及组织使命和愿景声明。
   B. 历史数据、行业标杆、以往项目的经验教训和客户协议。
   C. 行业标杆、以往项目的经验教训、客户协议以及组织使命和愿景声明。
   D. 行业标杆、以往项目的经验教训和客户协议。

4. 通过分析文件进行初步风险分析的工作可由各种项目参与者来完成，但下面哪个除外？
   A. 项目经理。
   B. 风险经理。
   C. 商业分析师。
   D. 客户。

5. 考虑到项目的独特性，每个项目都可能面临其他项目未曾面临过的风险。有鉴于此，是否存在风险经理/项目经理不应考虑以往项目的经验教训的情形？
   A. 存在，因为在有些情况下，根本没有可比性。
   B. 不存在，因为获取经验教训是风险管理过程的一部分，这项工作是必须要做的。
   C. 不存在，因为即便是不同的项目，有些方面也是相似的。
   D. 存在，因为并非在每个项目中，都必须执行所有的风险管理过程步骤。

6. 你已确定将担任项目风险责任人的候选人，请问这些人必须做什么？
   A. 管理其负责的项目方面，确保风险已被考虑到。
   B. 跟踪其负责的风险，确保这些风险不会发生。
   C. 为其负责的风险制定应对措施。
   D. 跟踪其负责的风险及其应对措施，确保这些风险像计划的那样得到管理。

1.2　收集风险文件

在风险管理过程中，一项重要的任务是收集并审查项目文件。所有项目文件的审查都应从风险识别和应对的角度进行。为正确地完成文件收集和审查任务，首先需要找出可供使用的文件集，这至关重要。有关项目任何方面的文件都可能为风险管理提供帮助，从教学指导到合同。对于每个文件，都可通过提出下面这个简单问题来进行审查：根据这个文件中所述，存在哪些风险？下面是一些可能需要收集的文件：

- 行业标杆；
- 项目计划；
- 以往项目的经验教训；
- 以往项目的风险登记册；
- 客户协议；
- 项目假设条件；
- 项目章程。

项目风险经理负责找出可供使用的数据集。鉴于大多数项目都有大量相关方，归相关方所有以及相关方编写的文件也须纳入考虑范围。

1.2.1　行业标杆

标杆随行业而异，但标杆的性质是一样的。标杆是一种行业规范值，指出了行业中典型的情况是什么样的。查找或确定标杆需要花费时间和精力，这项工作可由项目经理、风险经理或其他任何能够胜任的团队成员来完成。从用途的角度说，标杆的价值取决于它与当前项目的相似程度。要确定物料送货的风险，最佳做法是将从事物料送货业务的组织作为标杆，因为寻找标杆时，考虑从事同样业务的组织是很好的做法。如果将美国邮政总局、联邦快递或 UPS 作为标杆，找出的风险基准可能不佳，因为这些组织虽然是货运行业巨擘，但其关切与物料送货企业并不相同。

1.2.2　项目计划

说到项目计划，务必将其与项目管理计划区分开来。项目计划详细说明了将在何时以及如何开展工作，成本是多少；而项目管理计划详细说明了对工作进行管理时将使用的过程，而不是实际要开展的工作。下面的列表可帮助你区分项目计划和项目管理计划：

- 项目计划：收集项目计划数据时，应同时关注位于最高层级和最低层级的信息。在较高的层级，项目章程通常指出了项目的性质及其终极目标；在用于风险分析的数据集中，应包含这个文件中相关的信息。在较低的层级，应从工作包（瀑布型管理环境中的项目可交付成果）或用户故事（敏捷环境中的可交付成果，描述了用户故事的负责人以及纳入该用户故事的原因）中获取。

这种具体的信息很有用，可帮助识别众多较小（但并非不重要）的风险。

■ 项目管理计划：项目管理计划包含管理过程，从众多不同的方面规定了将如何实施项目。项目管理计划可能包含整合管理计划、范围管理计划、成本管理计划、采购管理计划、效益实现计划、时间/进度管理计划等。这里的关键词是"管理计划"，因为重点是将如何管理要开展的工作。收集项目管理计划数据时，不像收集项目计划数据那样，旨在回答与项目特定的问题，相反，要回答的都是有关如下方面的问题：将如何执行管理职能？与管理职能的执行相关联的风险有哪些？

1.2.3 经验教训

对任何项目来说，经验教训都有其价值。为管理风险而做出的所有努力都基于以往的经验（或好的或坏的）。对待经验教训的方式随组织而异，但卓有成效的风险经理必须知道如何获取这种数据集以及在什么情况下该对其进行更新。经验教训应可供众多人员获取，这不仅包括管理层，还包括项目团队和其他相关方。因此，收集这种信息时，应确保各方都知道其存储位置，同时给每个经验教训指定一个负责人，以便对其进行深入分析。在项目的整个生命周期内，随着项目目标和风险的不断变化，这些信息集将被频繁地更新。

1.2.4 客户协议

虽然客户协议最常见的形式是合同，但客户协议有很多不同的形式：可以是口头或书面的（前者可能引发误解，因此其固有风险比后者高）；可以是内部或外部的。要从客户协议中收集的内容包括项目需求以及项目部署条款。项目需求可能凸显出一组特定的风险，而项目部署条款指出了项目将在什么样的合同环境下实施。

在项目管理协会（Project Management Institute，PMI）看来，项目经理和风险经理必须能够访问所有与项目相关的合同文件。

1.2.5 项目假设条件

项目假设条件是在项目规划期间，项目团队认为将能够满足的条件。即便是最简单的项目假设条件（如在 80%的时间内，天气条件都不错），也可帮助发现一些固有的项目风险。假设日志是在项目早期就必须收集并编制的重要文件之一，同时，在项目的整个生命周期内，都需更新这个文件。

对于任何项目假设条件，如果它被证明是成立的，就将降低项目的整体风险；如果它被证明是不成立的，就将增加项目的整体风险。第 2 章将更深入地讨论项目假设条件。

1.2.6 项目章程

项目章程是项目的批复文件。项目要获得成功，经过签名的项目章程必不可少。项目章程对项目进行批准，并指出了项目要达成的最终目标。项目章程中对风险管理来说非常重要的内容包括以下几个。

- 项目目标。对于对风险敏感的项目目标，其说明包含 SMART 目标的所有元素：具体（Specific）、可度量（Measurable）、认可（Agreed-upon）、可行（Realistic）和有时限（Time-limited）。SMART 目标最具挑战性的方面是可度量。要理解目标（即知道在实现目标的过程中可能遇到的障碍），可尝试找到可验证的项目指标。

> 注意：PMI-RMP®认证考试几乎不要求考生掌握首字母缩写。这种考试是国际性的，而缩写在不同语言中的含义不同，因此 PMI®不会使用缩写，而提供完整的拼写。

- 环境评估。在项目章程中，应使用一句话来定义项目环境，这包括项目实施位置、团队成员分布情况以及时间压力。
- 签名。最好用钢笔和墨水签名。虽然电子签名也是可以接受的，但钢笔签名更有分量，它表达了项目发起人的承诺。在理想情况下，项目章程由项目发起人撰写；即便不是他撰写的，项目发起人依然需要为项目带来的后果担责。在项目章程上签字的项目发起人最好是项目负责人，他很清楚项目的结果，同时负责协调项目团队完成项目的实施工作。

1.3 风险角色和风险职责

所有的数据收集工作以及风险管理过程的实施都是由人来完成的。在项目中，可能存在各种各样的风险角色，这些角色是根据经验、组织结构或要应对的风险设立的。鉴于项目团队由掌握各种不同专业知识的人员组成，因此并非所有最重要的风险管理工作都由经验最为丰富的团队成员承担。在很多情况下，最近才加入组织的团队成员可能对新技术的认识要深刻得多。

项目中的风险角色可能包括：

- 风险经理；
- 风险责任人；
- 风险团队。

对风险有直接影响的项目角色可能包括对项目本身有直接影响的项目团队成员，这包括：

- 财务人员；
- 法务人员；

- 开发人员；
- 供应商；
- 其他为项目提供服务的部门。

1.3.1　风险经理

顾名思义，风险经理负责管理风险和风险过程；这些工作大都委派给了他人，但风险经理必须确保没有遗漏任何过程。在项目集层级，风险经理还负责识别项目集风险治理方或与之协同工作。

如果风险经理不是所有风险相关事项的关键决策人，他就必须与这些决策人的关系紧密。

虽然风险经理可能是项目经理，但风险经理也可能是一个独立的角色，尤其是在项目经理因项目规模太大而不堪重负时。

1.3.2　风险责任人

从风险角度看，风险责任人可能是项目中最重要的角色，他负责跟踪风险，并确保制定并实施了风险策略。一旦为风险事件指派风险责任人，该责任人就需要为风险管理过程中所有的后续步骤担责。这并不意味着所有风险应对方案都将由风险责任人制定，但确实意味着这些应对方案的实施都将落在风险责任人的肩上。

虽然风险责任人可能偶尔也是项目经理，但风险责任人通常是个独立的角色。

1.3.3　风险团队

风险团队可能是项目团队，也可能规模比项目团队更大。风险团队包括所有的风险责任人以及所有风险管理过程步骤的参与者。在任何风险管理环境中，都应集思广益，因此让整个团队一起来识别风险、制定策略和管理风险，可获得最佳的结果。

1.3.4　项目角色

需要让各种项目角色加入风险管理过程中。每个部门都从不同的角度审视风险，例如，法务部重点关注的可能是合同风险和合规风险，财务部最关心利润风险和成本风险，不同供应商的关切可能相互冲突，而技术人员最关心的是技术风险。

只需向每个部门或项目角色提出问题"有哪些风险？"，风险经理就可从不同的角度切入，探索范围广泛的风险。

1.3.5　风险职责

风险管理职责随组织层级而异：

在企业层级，企业风险管理系统应包含相关的过程，用于在项目组合和项目层级分配高层级风险职责与低层级风险职责；风险职责作为一个整体，为战略目标和组织使命提供支持。

在项目集层级，风险职责显然与项目集面临的风险相关。

在项目层级，风险职责是在组织、项目集和项目的容许限度内管理风险，并识别出尽可能多的风险。对于那些被认为是"高优先级"的风险，项目层级的职责包括微观层级的风险管理，这包括制定和实施应对措施、跟踪风险和反思经验教训。再次重申，反思经验教训是风险管理过程中的一项重要任务。

1.4　风险档案

风险档案通常包含大量文件，这些文件（与职责一样）随组织层级而异。风险档案记录了组织的风险历史。PMI®对风险的看法表明，它们赞同哲学家乔治·桑塔亚纳（George Santayana）的观点，这位哲学家指出，那些不能牢记过去的人注定将重蹈覆辙。

风险档案中最重要的两个文件是风险知识库（涉及组织的多个项目）和风险登记册（针对特定项目）。

1.4.1　风险知识库

风险知识库是一系列来自以往项目的风险登记册，被组织成让你能够对相似项目、相似客户、相似环境和相似风险进行比较。这个知识库是一个知识管理文件，记录了组织的历史以及以往面临过的风险和采取的应对措施。

1.4.2　风险登记册

风险档案中的风险登记册是一个重要的考点，因此要通过考试，必须对风险登记册应包含和可能包含的内容有全面认识。

对于风险登记册中的每项内容，都必须知道为何要包含这项内容以及它详细到什么程度合适，这很重要。通常，风险登记册是使用电子表格程序或数据库程序编写的，可包含各种各样的信息，如表 1-2～表 1-4 所示。

表 1-2　　　　　　　　　　　　风险登记册（第 1 部分）

风险事件	可能性	影响	整体风险	优先级	风险责任人	受影响的方面
	这是在风险管理计划（Risk Management Plan, RMP）中定义的	这是在风险管理计划中以描述方式定义的	可能性乘以影响	排名顺序	姓名和联系信息	部门、项目组成部分或工作包/用户故事

表 1-3   风险登记册（第 2 部分）

受影响的方面	上报	应对策略	应对策略描述	实施进度	实施审核	关闭条件
部门、项目组成部分或工作包/用户故事	姓名和联系信息	规避、接受（主动或被动）、减轻、转移或上报	对策略的描述	应对策略的实施时间	日期	描述何时可能关闭风险以及如何关闭

表 1-4   风险登记册（第 3 部分）

关闭条件	跟进	结果	存档
描述何时可能关闭风险以及如何关闭	日期	应对措施的结果/未采取措施	日期和位置

前述几个表格概述的每项内容都在风险管理和知识管理中发挥特定的作用，本书后面将对其中一些做更详细的介绍，PMI-RMP®考生必须对风险登记表有清晰的认识。

- 风险事件：可能发生，进而导致项目向好或向坏的事情，它描述的是一种未来可能发生的现象，但当前并没有发生。陈述"团队成员可能罹患新冠肺炎"是一个风险描述，因为它说的是未来可能发生的现象。陈述"一个团队成员罹患新冠肺炎，不能上班，给我们带来了时间和金钱损失"表示的是问题，而不是风险事件，因为它说的是当前发生的事情，而非未来的一种状态。

- 可能性：风险事件发生的概率，可以定性或定量的方式表示。无论采用哪种表示方式，都必须在风险管理计划里清晰地描述这些表示。

- 影响：风险事件发生时，将给一个或多个项目或组织目标带来的损失量，以及这种影响的性质。同样，影响也可以定性或定量的方式表示，但在风险管理计划中必须对这些影响表示进行描述。例如，如果琼在项目中期罹患新冠肺炎，将导致进度至少推迟 1 个月（高），这清楚地说明了影响的性质以及影响的相对程度（这是在风险管理计划中定义的）。

- 整体风险：综合考虑可能性和影响的结果，有时表示为可能性和影响的乘积。在无法定量的情况下，可能是同时考虑了可能性和影响的相对性说明，但反映了风险经理、项目经理和风险责任人对可能性和影响的定性理解。整体风险将在第 11 和 12 章进行更深入的讨论。

- 优先级：表示为序数或风险类别，优先级决定了应优先处理哪些风险。

- 风险责任人：负责检查特定风险，并制定和实施合适应对措施的人。整个项目可能有很多风险责任人，但每个风险都只有一个。

- 受影响的方面：这可以有很多不同的意思，因为"方面"可以指项目元素（如 WBS、用户故事）、组织部门或其他东西。在风险管理计划中，应定义相关的术语。

- 上报：超过临界值和/或容许限度时，应将风险进行报告的对象（他位于组织层级的更高层）。没有足够的职权或资源来管理风险时，就应将风险上报。
- 应对策略：应对策略指的是 PMI® 任何的主要应对措施之一，这将在第 14 章进行更深入的讨论。
- 应对策略描述：对根据应对策略将采取的措施（或不采取任何措施）的描述。
- 实施进度：不是涉及的活动的实施进度，而是风险应对措施的实施进度。
- 实施审核：可以是固定的日期，也可以是对这样的项目状况的描述，即项目处于这种状况时，将对风险应对措施的实施情况进行审核。
- 关闭条件：简短的描述，阐述了在什么情况下，当前风险事件可能关闭。默认为"项目完工时"，但也有其他关闭条件（这些条件消除了风险或导致风险不再令人担心）。
- 跟进：一个具体日期，风险责任人必须在该日期检查风险及其应对措施的状态。也可不指定具体日期，而指定一个相对时间（如每隔一季度或每隔半年）。
- 结果：对于很多风险，这一项都为"这个风险根本没有发生"。对于那些变成了问题的风险，这一项为采取的策略/应对措施的效果。
- 档案：本章前面讨论过，将项目文件存档是经验教训和知识管理的一个重要方面。在风险登记册中，这一项指出了有关当前风险的信息的虚拟位置或物理位置。同与个别风险相关的大多数活动一样，个别风险事件的存档职责也由风险责任人承担。

大多数风险登记册都没有极端到包含前面介绍的所有内容。在哪些信息最重要方面，每个组织都有自己的看法。然而，在支持记录风险历史以及编写合理的知识库方面，前面介绍的每列都有其独特的作用。

1.5　复习题

1. 你所在组织唯一而重要的供应商（Acme）在 3 年前就已关门歇业，但风险知识库中依然包含如下风险说明：Acme 可能关门歇业，导致供应链延迟。请问这个风险说明表示的是什么？
   - A. 一个经验教训。
   - B. 风险经理的一个行动方案。
   - C. 风险责任人的一个行动方案。
   - D. 一个应关闭的风险。
   - E. 一个假设条件。
2. 你要审查有关项目风险（包括风险发生的可能性和影响）的文件，你可能审查下面哪个文件？

- A. 问题日志。
- B. 风险日志。
- C. 风险知识库。
- D. 风险分解结构。
- E. 风险登记册。

3. 风险档案可能包含哪些文件？
   - A. 风险登记册、风险分解结构和风险知识库。
   - B. 风险登记册（针对当前项目的风险）和风险知识库（针对其他已完成或正在进行的项目及其风险）。
   - C. 风险登记册（针对其他已完成或正在进行的项目及其风险）和风险知识库（针对当前项目）。
   - D. 风险分解结构（列出了风险及其来源）。
   - E. 可能影响项目风险的所有项目文件。

4. 管理层想要确保每个人都明白项目目标的性质，并确定哪些因素可能妨碍这些目标的实现。可通过项目章程来达此目的。请问谁在项目章程上签字？
   - A. 项目经理。
   - B. 项目发起人。
   - C. 项目经理和团队。
   - D. 项目发起人和团队。
   - E. 客户。

5. 鲍比·马蒂尼被指派为如下风险的风险责任人：在项目实施期间，一位团队成员可能被火车撞上。请问鲍比·马蒂尼的主要职责是什么？
   - A. 传达团队和火车的状态。
   - B. 跟踪不断变化的风险性质、采取必要的应对措施并报告进度。
   - C. 如果火车停运，就通知管理层。
   - D. 如果这位团队成员处于危险中，就通知项目经理。
   - E. 如果该团队成员死亡，就将这种情况记录在风险登记册中。

本章涵盖如下主题：

- 风险态度、风险偏好和风险成熟度；
- 风险假设条件；
- 制约因素驱动的风险；
- 相关方和风险文化；
- 组织基础设施。

第 2 章

风险环境和风险文化

风险与组织环境、物理环境和社会环境关系密切，这是 PMI-RMP®认证考试的一个重要考点。有些组织的管理层可能要求详尽地调查并严肃地对待风险，而有些组织可能对风险及其带来的影响漠不关心，在 PMI®看来，这种态度是制定风险策略时需要考虑的一个至关重要的因素。

要识别风险并对其给项目带来的相对影响进行评估，风险经理需要了解如下方面：项目的性质；项目将在什么样的环境中实施；在风险管理方法的实施过程中，将面临的制约因素和/或障碍。另外，风险经理还承担着如下职责：确定谁对风险环境了如指掌；确定谁在支持或拒斥风险策略方面起着举足轻重的作用。

PMI®要求项目经理采取积极的态度，深入了解组织的总体风险文化规范以及相关方的风险意识，进而识别相关风险，确定其发生概率以及给项目带来的相对影响，并在风险管理计划中将这些信息清晰地呈现出来。这将在第 3 章进行深入讨论。

为确保风险管理获得成功，PMI-RMP®认证考试要求按照正规的最佳实践来确定项目目标和风险目标。在这方面，PMI-RMP®认证考试的重点在于：要卓有成效地管理风险，必须考虑相关的企业环境因素，同时具备合适的组织过程资产和策略方法。请注意，重要的不是将风险消除，而是对其进行管理；卓有成效的风险管理环境可确保即便风险发生，其影响也将在项目及其支持组织的容许限度内。

本章首先探讨这些环境方面的因素，再讨论在按照最佳实践对项目环境进行评估，以确定环境可能带来或消除的风险的过程中，项目经理（或风险经理）扮演的角色。

在整个风险管理过程中，这些环境因素可能发生变化，因此风险经理必须将这方面的变化记录在案，并传达给有关的相关方。

本章讨论《PMI-RMP®考试内容大纲》中的如下目标：

领域	任务	考试目标
风险策略和规划	任务 2	评估项目环境，了解威胁和机会

2.1 "我知道了吗"小测验

"我知道了吗"小测验让你能够做出评估，确定是否需要详细阅读本章。对于这些测验题，如果对其答案或其涉及的知识没有把握，请详细阅读本章。表 2-1 列出了本章的各节及其对应的测验题。要获悉这些测验题的答案，请参阅附录 A。

表 2-1 　　　　　　　　　　"我知道了吗"测验题对应的章节

章节	小测验题
2.2	1、2、4、6
2.3	7
2.4	7
2.5	5
2.6	3

警告：小测验旨在评估你对本章主题的掌握情况，为此请将不知道答案或拿不准视为回答错误。如果将猜对答案视为回答正确，将扭曲自我评估结果，带来虚假的安全感。

1. 确定组织的风险承受意愿时，你查看风险管理计划中的信息，发现如果预算超过 15%，项目将被叫停。请问这种信息有助于了解组织的哪个方面？

   A. 风险偏好。

   B. 风险容许限度。

   C. 风险态度。

   D. 风险管理方法。

2. 在你的团队中，有位成员发现项目记账系统涉及购物卡，这让组织面临着潜在的造假风险。上次这样的造假情况被发现时，整个团队都被开除，且每个团队成员的个人信用因此而出现了污点。请问你该建议该团队成员如何做？

   A. 将这种问题记录在案，并将其作为经验教训。

   B. 立即将这种风险上报给你和更高的管理层。

   C. 只要这种风险没有变成问题，就保持沉默。

   D. 将这种问题记录在案。

3. 以前，你所在的组织都对项目的方方面面进行规划，并详细到最细微的细节，换而言之，规划是该组织的一个烙印。最近，该组织接手了一个创新型项目，其中涉及的工作是该组织从未做过的，所属的领域也是该组织完全陌生的。该组织没有任何有关如何完成这些工作的规范，但你领导的团队知道，要成功地完成这些工作，必须不断地沟通。考虑到这个项目的类型以及组织的历史情况，哪种方法最适合用来实施这个项目？

   A. 瀑布型。

   B. 混合型。

   C. 敏捷型。

   D. 看板。

4. 为更好地从风险角度认识项目环境，你决定进行 SWOT 分析。这意味着你将研究哪些方面？

　　A. 项目的优势和劣势以及组织的机会和威胁。

　　B. 项目的优势、劣势、机会和威胁。

　　C. 组织的优势、劣势、机会和威胁。

　　D. 组织的优势和劣势以及项目的机会和威胁。

5. 你认识到自己的终极职责是，通过交付项目成果来让客户满意。为实现这个目标，你反复地对项目做了商业论证，结果表明，这个项目在开头两年可带来 17%的投资回报。然而，你越深入地阅读该商业论证，就越感到迷惑，进而认识到需要有熟悉该商业论证背后的思维方式的人员提供相关的洞见。换而言之，你想了解收益实现计划以及为该商业论证提供支持的文件。请问为获得这些信息，最佳的方式是与谁接洽？

　　A. 商业分析人员。

　　B. 会计。

　　C. 风险管理官。

　　D. 老板/经理。

6. 你所在的组织有着辉煌的成功历史，它在让客户满意方面很有一套。团队成员之间能够很好地合作，即便他们以前从未在一起工作过。项目都能在预算范围内按时完工，同时符合相关的规范。由于担心让组织别具一格的"秘密武器"被泄露，组织没有将任何有关该"秘密武器"的信息记录在案。请问在风险管理成熟度方面，该组织达到了什么样的程度？

　　A. 不断的成功表明，组织处于完全成熟阶段。

　　B. 已成熟到让成功能够复制的程度。

　　C. 已成熟到团队成员能够确保成功的程度。

　　D. 不成熟。

7. 你负责的项目要为在爱达荷最负盛名的庄园举办的新年庆典活动提供装饰品。如果这些装饰品不能在 12 月 31 日中午交付，就来不及安装。当地的天气预报说，至少在该庆典活动前后的 3 天内，都不会下雪，而项目的实施就是据此进行的。请问下面哪种有关该项目的说法是正确的？

　　A. 12 月 31 日中午是假设条件，不会下雪是制约因素。

　　B. 12 月 31 日中午是制约因素，不会下雪是假设条件。

　　C. 12 月 31 日中午和不会下雪都是假设条件。

　　D. 12 月 31 日中午和不会下雪都是制约因素。

2.2　风险态度、风险偏好和风险成熟度

　　　　无论是什么组织、个人或文化，都设置了某些界限。这些界限犹如交通规则，可能是外显的，也可能是内隐的。外显规则被明确地记录在案，使用确定无疑的语言指

出了什么样的风险和风险应对方法是完全可以接受或完全不能接受的。内隐知识与外显知识一样重要，但并未以界限或过程步骤的方式进行明示，或者是无法定量的。风险经理根据这两种知识（外显知识和内隐知识）确定有多大的自由活动空间，超过这个空间后，风险将变得不可接受或者成为问题。

这些界限决定了风险态度、风险偏好、风险容许限度、风险临界值和风险成熟度。

探索这些术语前，明白如下一点很重要：这些术语适用于各个层级，包括个人、部门、组织、文化和地理区域。风险容许限度随不同的组织而异，对一个组织适合的风险容许限度，可能根本不在另一个组织的考虑范围内。在 PMI-RMP®认证考试中，如果没有特别说明，这些术语都是针对项目而言的。

2.2.1 容许限度

对于容许限度（tolerance），PMI®所做的正式定义是这样的：以定量方式指出了可接受的要求范围。容许限度可以是财务方面的，如以上下浮动的方式指定的项目成本；也可以是进度方面的，即指定可接受的进度范围。可基于理想情况，对容许限度进行定量，但容许限度也可充当"表演结束者"，导致组织立即采取相应的措施。

容许限度是预先确定的，并作为重要组成部分记录在风险管理计划中，旨在确保在如下方面的认识达成一致：对项目或发起组织来说，多大的风险是可以承受的。

如果使用通俗的说法，对司机来说，容许限度就是马路两边的壕沟。达到容许限度后，将暂停项目，并通过重新审视确定项目是否值得继续下去，如果不值得，项目将永久性停工。

2.2.2 临界值

临界值（threshold）指出了偏离要求到什么程度后，将导致行为发生变化。临界值是根据容许限度确定的，指出了在什么情况下，可能需要调整项目的方向或采取特定的措施。到达临界值后，通常需要向更高的管理层级报告当前的风险状况。

临界值也可用于指定下限，例如，可能通过指定某种临界值来避免过度关注微小或微不足道的风险。

在大多数项目中，损失 10 000 000 美元的风险肯定超过了临界值，但损失 10 美元的风险很可能没有超过临界值。为避免识别出过多的风险并对其进行跟踪，指定下限型临界值很重要。

2.2.3 风险偏好

临界值和容许限度反映了组织、项目和个人的风险偏好。要理解风险偏好，最简单的方式是，将其视为组织的承受能力：如果风险可能妨碍目标的实现，但还不足以让组织改变行为，它就完全在风险偏好的范围内。要对相关方做详尽的评估，必须将其风险偏好都考虑进来。项目经理必须考虑如下各方的风险偏好：

- 客户；
- 管理层；
- 团队成员；
- 供应商；
- 组织；
- 治理委员会；
- 政府；
- 公众。

虽然项目的推进在组织看来是可以接受的，但公众的强烈抗议（这昭示着风险超出了公众的风险偏好范围）可能足以导致项目停工。因此，项目涉及的风险偏好并不是统一的，而必须考虑各种不同的风险偏好。

风险-回报对风险偏好有重大影响。在头奖较小的情况下，很多人都不会去购买彩票，而随着回报越来越大，最终将催生出大量的彩票购买者。例如，头奖超过 5 亿美元后，乐透彩票的销售量将呈几何级数增长。

2.2.4　风险态度

风险态度与风险偏好联系紧密。与风险偏好一样，风险态度也可能随相关者而异，是通过可观察到的行为呈现出来的。这些行为并非固定不变，而会随市场环境、法律环境和政治环境的变化而变化。

风险态度不仅会影响组织面对特定风险的态度，还会影响其风险应对措施。要求摩托车驾驶人员佩戴头盔的法律最初在美国的众多州实施时，有些摩托车驾驶人员认为这种要求是小题大做。他们提出的论据是，熟练的摩托车驾驶人员不需要佩戴头盔，应该可以自行选择是否佩戴头盔。相反，负责应对未戴头盔带来的风险的急诊室医务人员是这种法规的主要支持者。在医疗界，存在强大的头盔佩戴法律的支持力量。

2.2.5　风险成熟度

很多组织根本就没有研究自己的风险管理成熟度。要提高风险成熟度，首先需要确保风险管理做法的一致性，而这与是否有完善的文件和执行力直接相关。如果没有有关风险和风险管理做法方面的严格文件，组织在风险管理方面就根本谈不上成熟。

风险成熟度可能随不同的领域而异，但无论对风险的看法是什么样的，只要没有统一的风险管理做法和文件，组织在风险管理方面就是不成熟的。

风险成熟度涉及如下方面：

■ 上报路径；

■ 风险管理方法；

■ 风险管理工具；

■ 风险管理技术；

■ 报告格式；

■ 报告方案。

对于上述各个方面，重要的考虑因素是是否有文件对其做了明确规定，以及是否可根据项目规模做相应的调整。如果不能在这些方面保持一致，组织就不能被视为是成熟的。通过文件确保一致的方面越多，组织就越成熟。

在有些情况下，SWOT 分析结果在某种程度上反映出了组织的成熟度。SWOT 分析让你能够获悉组织的优势和劣势（外部影响），还有项目面临的机会和威胁。

2.3 风险假设

在风险规划、风险识别和应对措施制定过程中，假设条件都会带来重大的影响。所谓假设条件，指的是个人或组织为方便规划而相信为真的条件。鉴于风险是可能在未来发生的现象，因此假设条件在项目环境评估过程中扮演着重要的角色。例如，如果认为项目将在墨西哥实施，就将大量假设条件考虑进来了：天气暖和；主要语言是墨西哥式西班牙语；除极端情况下，电力供应都能满足需求。

上述任何假设条件不成立都将带来大量的风险。例如，墨西哥式西班牙语不同于欧洲西班牙语和危地马拉西班牙语，如果出现语言障碍，将影响培训和指导，这对任何项目来说，都可能是一个必须考虑的风险源。有鉴于此，必须收集风险假设，并在项目团队和项目组织内部共享。评估假设条件的潜在影响时，需要回答如下三个问题：

■ 假设条件成立吗？

■ 如果不成立，会不会直接影响项目成果？

■ 要不要将假设条件转换为风险描述？

如果前两个问题的答案是肯定的，且影响足够大，将给项目目标的实现带来直接影响，就应将假设条件转换为风险描述。这将在第 7 和 8 章更深入地讨论，但此时只需编写如下基本的风险描述：如果事实证明"假设条件"不成立，就可能给项目带来"影响"。

参加 PMI-RMP®认证考试时，务必对如下一点有清晰的认识：PMI®认为，管理层、团队成员和客户都会开诚布公地分享各自的假设条件及其依据。虽然不同的项目相关方有不同的假设条件，但这些假设条件都必须记录在案，并通告给项目涉及的各方。

2.4　制约因素驱动的风险

为确保对风险环境有全面的认识，假设条件必须记录在案；同理，必须收集、记录并报告所有的项目制约因素。假设条件表示的是信念，制约因素与此不同，它们表示的是项目必须遵守的硬性规定。例如，项目总成本不得超过 24 000 000 美元（包括时间成本和材料成本）；项目必须在今年 9 月 4 日之前完成；项目完工后，搭建的系统必须能够支持至少 5 600 个最终用户。以上这些都是制约因素描述，它们都是对项目的硬性规定。然而，除了时间、成本和质量方面以外，还有很多其他方面的制约因素。制约因素来源众多，其中包括项目客户直接规定的制约因素。下面列出了一些制约因素来源：

- 政府法规；
- 文化规范；
- 道德实践。
- 物理方面的限制（如尺寸、重量）。

未能在项目早期识别出制约因素是项目面临的一种常见风险。例如，如果忽视了影响项目操作性的法规，可能导致大规模返工和报废。制约因素会影响项目管理方式，还决定了哪些因素对确保工作得以完成直观、重要。

制约因素可能是内部的，也可能是外部的。内部制约因素通常是自己施加的，如项目团队或管理层决定必须在项目中采用特定的方法。外部制约因素来自外部组织，如政府。对于制约因素，没有权重的概念，因为它们都是非黑即白的：项目要么遵守了制约因素，要么没有遵守。为遵守制约因素的项目是不合规的。从理论上说，不合规项目是不能实施的（考试中亦如此）。

2.5　相关方和风险文化

所有风险管理计划都必须考虑相关方管理和参与的问题。所谓相关方，指的是那些会给项目带来正面或负面影响，或者项目会给其带来正面或负面影响的人。相关方登记册不仅记录了相关方（最好以姓名的方式列出），还记录了大量会直接影响相关方风险态度和风险偏好的信息。相关方登记册如表 2-2 所示。

表 2-2　　　　　　　　　　相关方登记册

相关方姓名	联系信息	职务	项目角色	重要期望	参与度（当前和期望）	所处的凸显模型位置	其他背景信息
唐·迪尔	301-606-6519（手机）	副总裁	供应商代表	将始终使用该供应商的产品	支持（当前）支持（期望）	高-低	住在郊区，不进城

续表

相关方姓名	联系信息	职务	项目角色	重要期望	参与度（当前和期望）	所处的凸显模型位置	其他背景信息
马里·霍利迪	301-482-4519	最终用户	Beta 测试人员	系统一开始就能正常运行	支持（当前）领导（期望）	低-高	居家办公，名义上的对外联络人员
朱厄妮塔·温	301-662-7877	系统管理员	负责集成其他系统	系统基于既有平台	中立（当前）支持（期望）	高-高	讨厌新鲜事物，更愿意使用既有工具

　　详尽的相关方登记册可帮助风险经理清楚几乎每个项目参与方的思维过程，例如，表 2-2 所示的相关方登记册表明，唐期望在整个项目期间都使用其产品，这可能带来风险，因为他可能不考虑项目组织的实际情况，或者将项目引向相反的方向——要求系统提供过高的服务和性能水平。

　　相关方登记册还可能包含来自凸显模型或相关方参与度矩阵的信息。

2.5.1　凸显模型

　　凸显模型呈现了相关方的两个方面，用于确定哪些相关方是更为重要的过程参与者。经典的凸显模型包含两个维度——权力和利益，如图 2-1 所示。

低	利益	高
高权力低利益：对项目能否向前推进有直接影响，但并不参与项目或其活动的重要参与者，如法务部门、财务部门		**高权力高利益**：对项目能否向前推进有直接影响，且项目向前推进能够给其带来利益的重要参与者，如项目发起人、客户
低权力低利益：不太关心项目的相关方，如竞争对手的供应商、以往项目的团队成员		**低权力高利益**：积极参与项目，但对项目是否向前推进几乎没有发言权的参与者，如团队成员、供应商

图 2-1　相关方凸显模型框架

　　请勿将相关方登记册和凸显模型与相关方参与度矩阵混为一谈。相关方参与度矩阵是一种用于跟踪相关方参与程度的工具，PMI®将参与度分为如下几种（可用于表示相关方的当前参与度和期望参与度)。

- 不了解:不了解型相关方指的是那些对项目不了解的相关方,因此其风险意识很低。对当前参与度和期望参与度进行分类时,只有"不了解"类别是不能向下迁移的,即不能让处于其他状态的相关方进入"不了解"状态。
- 抵制:抵制型相关方指的是那些了解项目,但对其成果、方法或实施方案持反对态度的人。通过分析这些相关方,可识别出一些风险。这些相关方愿意同其他相关方开诚布公地分享其抵制的原因,从而指出了相关的风险。
- 中立:中立相关方指的是那些对项目成败漠不关心的人。这种漠不关心的态度对项目来说是祸还是福呢?这取决于他们在组织中所处的地位或对项目涉及的专业知识的掌握程度。
- 支持:支持型相关方指的是为确保项目成功而提供支持的人。他们希望项目取得成功,因此只要得到召唤,就会为促使项目成功而出力。他们不是项目代言人,也不会为项目团队呐喊助威,但在必要时愿意参与到项目中来,以提高项目获得成功的机会。
- 领导:领导型相关方指的是不仅为确保项目成功提供支持,还会公开为项目成功欢呼喝彩的人。领导型相关方秉持如下态度:只要有机会就公开为项目唱赞歌,并力图找到让项目能够取得更大成功的途径。

2.5.2 相关方的风险容许限度

前面讨论风险偏好和风险态度时说过,为确定风险环境,必须考虑相关方的风险偏好和风险态度。在凸显模型的高-高象限中,只要有一个风险厌恶型相关方,就可能导致项目经理不愿承担特定的风险;而位于该象限的风险爱好型相关方很可能愿意承担相应的风险,哪怕有可能因此而蒙受损失。

要确定相关方的风险容许限度,应对相关方进行访谈,并提出相关的问题和示例场景。在涉及多个参与方的环境中,风险具有难以捉摸的特性,而这些问题可让这些风险更清晰地呈现出来。下面列出了一些这样的问题:

- 出现什么情况会导致你叫停项目?
- 如果项目超出预算 X 美元,管理层是否会重新审视,进而决定是否叫停项目?
- 如果项目交付日期将延迟 X 天,管理层是否会重新审视,进而决定是否叫停项目?
- 如果项目可交付成果因 X、Y、Z 而受到指责,管理层是否会重新审视,进而决定是否叫停项目?

请注意,所有这些问题都旨在找出导致项目被叫停的状况,而容许限度就是由这些状况指定的。如果相关方不明白这些问题,可提供相关的示例场景,以帮助他们理解问题。

- 出现什么情况会导致你叫停项目？例如，项目因使用动物做试验而遭到动物权利保护组织的指责。
- 如果项目超出预算 X 美元，管理层是否会重新审视，进而决定是否叫停项目？例如，在任何里程碑处，项目预算超出了 10%。
- 如果项目交付日期将延迟 X 天，管理层是否会重新审视，进而决定是否叫停项目？例如，项目的最终交付日期或里程碑时间将延迟两周以上。
- 如果项目可交付成果因 X、Y、Z 而遭到指责，管理层是否会重新审视，进而决定是否叫停项目？例如，如果项目因文化挪用而遭到指责。

对相关方容许限度（相关方而不是项目团队或项目组织确定的界限）进行评估时，需要同时考虑相关方凸显模型和相关方参与度矩阵。相比于位于低权力象限的相关方，对于位于高权力高利益象限的相关方，需要更严肃地考虑他们的容许限度。但即便是位于低权力象限的相关方，也需要对其容许限度加以跟踪，因为这些相关方可能因其攻击性行为而迁移到高权力象限，导致他们的容许限度比初始评估阶段更需要加以重视。

2.5.3 风险责任人

通过将相关方指定为风险责任人，可提高其项目参与度。所谓风险责任人，指的是负责跟踪风险，并常被要求负责实施风险策略（或监督风险策略实施）的人。风险责任人必须对风险事件及其来源有广泛而清晰的认识，这包括如下方面：

- 风险事件的性质和描述，以及风险事件发生的可能性及其带来的影响；
- 风险对相关方和项目本身的影响；
- 风险的可接受程度及其容许限度；
- 建议和采取的风险应对措施；
- 建议和采取的风险应对措施的当前状态；
- 审核或关闭风险的时间。

风险责任人需要承担报告相关风险的责任，同时有权在相关风险发生时采取相应的应对措施。理想情况下，风险责任人这个角色应由与风险事件后果存在利害关系的人来承担。项目经理负责确保风险责任人能够在紧急情况下采取合适的措施。

2.5.4 相关方风险规划

虽然风险由风险责任人负责处理，但识别风险事件及其来源并做出相应的规划，将让所有的相关方受益。风险源是一个重要的考点，因为风险源有助于识别风险并对其进行分类。风险是根据风险源进行分类的，这种风险分类方法包括风险分解结构和 PESTLE 分析。几乎在每个项目中，都存在 PESTLE 风险源：

- 政治风险；
- 经济风险；
- 社会风险；
- 技术风险；
- 法律风险；
- 环境风险。

　　向相关方提问时，不能仅询问存在哪些风险，而应以分类的方式询问项目面临的风险：存在哪些政治风险，存在哪些社会风险等等。风险分类可确保大部分风险都被识别出来。

　　一定要让相关方参与进来，他们应该是项目的积极参与者。无论在项目中扮演什么角色，每个相关方都将带来不同的经验，而你的职责是确保这些经验能够被大家知悉，为此可像第 7 章将讨论的那样使用引导工具和技术，如焦点小组、头脑风暴、思维导图等。开展这项工作的引导人必须熟练地使用这些工具和技术，并对相关方了如指掌。

　　在项目层级（致力于达成具体的目标），存在相关方；在项目集层级（包含多个聚焦于相同客户、平台或部门的多个项目），存在相关方；在项目组合层级（一种高层级治理结构，涵盖了所有过去和当前的项目），也存在相关方。

2.5.5　项目集相关方

　　只有单一利益诉求的相关方少之又少，很多相关方的利益都不限于单个项目，而涉及整个项目集。项目有明确的起点和终点，而项目集没有，这改变了相关方的风险姿态。在项目集层级，其中的项目如走马灯般更换，相关方考虑的可能是多年的利益。他们从长远的角度看待项目集，这通常会促使其将评估范围扩大，而不限于单个的组织或可交付成果。

2.5.6　项目组合相关方

　　与项目集相关方一样，项目组合相关方也从更广阔得多的角度考虑环境中存在的风险。他们不仅会考虑各种项目、项目集和工作，还将整个组织都纳入考虑范围。通过秉持这种广阔的视角，不仅考虑到了项目风险，还考虑到了管理风险和组织风险。项目组合相关方扮演着商务分析师的角色，他们编制业务实现计划、制定项目策略，并从项目集和项目组合的角度出发，考虑业务实现带来的影响。

2.5.7　数据处理

　　收集有关相关方的风险信息后，便可将记录存档。对于这些档案，应按法律要求保留足够长的时间，但超过法律要求保留的时间后，就应将其销毁或重新进行评估。在这种环境中，卓有成效的风险经理的职责是确保有合适的数据处理方法，并严格遵守这些方法。在如何存储和检索风险信息方面，没有统一的方法；但在该生成哪些工件方面，有统一的认识。在这方面，两种最重要的工件是风险登记册和风险知识库，其中前者详细记录了当前项目的风险，而后者包含以往所有项目的项目风险和详细信息，这两种工件都将在第 7 章进行更深入的讨论。

2.6 组织基础设施

所有风险都是在特定的组织气候中发生的。从很大程度上说，组织气候是由如下方面决定的：为组织提供支持的基础设施；可供项目经理使用的工具和技术的部署情况。在风险管理中，主要关注的是基础设施中的风险源，这包括沟通、设施、设备、硬件和容量等，它们可能是风险管理过程的推进器，也可能是影响风险管理过程实施的障碍。

2.6.1 沟通

最重要（最普遍）的基础设施要素是沟通。风险沟通工具和技术确保所有相关方都将知晓并参与风险管理过程，用于风险沟通的组织基础设施涵盖既有的所有信息交换工具和过程，这可能包括电子邮件、备忘录、会议、焦点小组等沟通手段。

2.6.2 设施、设备和硬件

正如新冠病毒爆发期间表明的，组织的沟通设施并非都是物理性的。在促进信息共享方面，Zoom、Skype 等虚拟设施同物理设施（如会议室）一样重要。没有良好的沟通设施，在风险沟通方面可能大败而归。

2.6.3 容量

风险信息共享大都是在私下进行的，通常不在人多的场合收集风险信息。虽然如此，组织用于收集和分享信息的设施的容量依然可能成为风险源。这里说的容量可能是会议室的座位数量，也可能是组织内联网的存储容量。

更大的容量通常意味着能够更好地在组织内部和外部实现知识转移，而高效的知识转移是风险管理过程的一个重要方面。

另一种重要的考虑因素是项目组织方式。存在大量已知的传统变数时，瀑布（预测型）方法可最大限度地降低风险；在可能出现大量未知的新状况的情况下，敏捷（适应型）方法可降低风险；在同时存在已知和未知变数的情况下，适合采用混合模型。项目组织方式是在项目早期选择或确定的，如何选择通常取决于组织文化以及要完成的工作的性质。

2.7　复习题

1. 你所在的组织宣称，由你负责的那个项目的成本无论如何都不能超过 200 万美元，如果超过这个界限，组织一分钱都不会多花。团队成员艾哈迈德发现了一个风险，它将导致项目成本远远超过 200 万美元，但艾哈迈德却不断让你别担心，因为这种风险很可能不会发生，而且即便发生，也有办法解决。请问艾哈迈德给你的安慰反映了其风险观点的哪个方面？

  A. 风险态度。

  B. 风险偏好。

  C. 风险容许限度。

  D. 风险临界值。

  E. 风险文化。

2. 你所在的组织看起来很喜欢制作文件。它将每次风险会议的行动决策都记录下来，并严格执行。这些档案由经验丰富的档案管理员维护，并定期举行研讨会，旨在审查并分享获得的经验教训。请问在你看来，该组织的风险管理成熟度处于什么样的水平？

  A. 在上述描述中，没有任何有关成熟度的指标。

  B. 该组织的成熟度很低，因为不应将每次会议的行动决策都记录下来。

  C. 该组织的成熟度很高，因为大部分团队成员在组织中的职位都很高。

  D. 该组织的成熟度很高，因为它保留并分享信息。

  E. 成熟度在不断提高，因为过程在不断改进。

3. 你负责的项目原本打算在俄亥俄州的扬斯敦实施，但最终却由马来西亚吉隆坡的团队开发。根据原来的打算，你选择了大扬斯敦地区的供应商，因此现在必须与它们联系，询问它们能否在地球的另一边开展工作。请问你是根据什么选择的供应商？

  A. 假设条件。

  B. 制约因素。

  C. 假设条件和制约因素。

  D. 供应商的假设条件。

  E. 供应商的制约因素。

4. 你的项目有个发起人，她一直是该项目的主心骨。她参加每次的团队会议，向同级和上级宣传该项目，并密切关注该项目，看看自己在什么地方能够帮上忙。请问在传统的权力/利益凸显模型中，她很可能处于哪个象限？

  A. 高权力高利益。

  B. 高权力低利益。

  C. 低权力高利益。

D. 低权力低利益。

E. 信息不够，无法做出判断。

5. 你无法相信，自己身处一个偏僻的角落，这里的互联网速度以 Mb 而不是 Gb 计，电网即便是在最佳的情况下也是不稳定的，同时在雨季的很多时间内，办公场所的水都有大约 1 英尺深。请问这些都是谁的错误或哪方面造成的缺点。

A. 管理层，因为它们早就应该知道这些问题。

B. 选择这个地方的客户。

C. 组织基础设施，因为在这个地方，情况都是这样的。

D. 相关方容许限度，因为相关方能够容忍这些问题。

E. 项目容许限度，因为它决定了这些都在可接受的范围内。

6. 你 17 岁的孩子把车开进了壕沟。作为风险专家，你指出这种结果到达了什么？

A. 临界值。

B. 容许限度。

C. 风险偏好的界限。

D. 风险态度的界限。

E. 你做事规矩的界限。

本章涵盖如下主题：

- 风险吸收；
- 组织和项目的风险容许限度；
- 让容许限度和临界值保持一致；
- 触发因素；
- 识别文化冲突。

第 3 章

容许限度、临界值和触发因素

本章涉及的大部分信息都将记录到风险管理计划中。任何项目都涉及大量相关方，因此确保风险文化一致至关重要，因为只有这样才能让各方在考虑风险或在风险变成问题时做出合适的反应。

在 PMI-RMP® 认证考试中，要求风险经理（或项目经理）收集本章谈及的各种信息，并根据项目的具体情况对这些信息进行解读。

风险经理（或项目经理）还需负责审核这些信息随时间的流逝而发生的变化，因为容许限度可能随环境的变化而变化。

本章讨论《PMI-RMP®考试内容大纲》中的如下目标：

领域	任务	考试目标
风险策略和规划	任务 3	基于风险偏好确认风险临界值

3.1 "我知道了吗"小测验

"我知道了吗"小测验让你能够做出评估，确定是否需要详细阅读本章。对于这些测验题，如果对其答案或其涉及的知识没有把握，请详细阅读本章。表 3-1 列出了本章的各节及其对应的测验题。要获悉这些测验题的答案，请参阅附录 A。

表 3-1   "我知道了吗"测验题对应的章节

章节	小测验题
3.2	1
3.3	2～5
3.4	6

警告：小测验旨在评估你对本章主题的掌握情况，为此请将不知道答案或拿不准视为回答错误。如果将猜对答案视为回答正确，将扭曲自我评估结果，带来虚假的安全感。

1. 你受雇于 Acme 公司，在你负责的新项目开工时，顶头上司要求确定组织的风险吸收水平，请问他想要知道的是什么？

  A. 组织能够应对多大的风险。

    B. 你认为该项目能够应对多大的风险。

    C. 单个项目风险多大算太大。

    D. 组织能够接受哪些风险管理方法。

2. 下面哪项对项目风险容许限度的描述最佳？

    A. 一个接近临界值的点，到达该点后组织将改变其行为。

    B. 风险的可接受范围。

    C. 导致组织改变其行为的信号或条件。

    D. 一个这样的点，即到达该点后，风险将被上报给更高的管理层，让他们进行审核或决定要采取的行动。

3. 火车接近铁路道口时，在离道口大约 3 000 英尺（1 英尺 ≈ 0.3048 米）时，警铃响起、灯光闪烁、道闸被放下。这要求驾驶员在道口前将车停下来，以防发生事故。用风险术语说，这些都属于什么？

    A. 警铃和灯光为触发条件，3 000 英尺为容许限度。

    B. 警铃和灯光为触发条件，3 000 英尺为临界值。

    C. 警铃和灯光为容许限度，3 000 英尺为触发条件。

    D. 警铃和灯光为临界值，3 000 英尺为容许限度。

4. 有两个团队成员经常就组织的风险偏好发生争吵，琼认为组织过于厌恶风险了，而马丁内认为组织过于喜好风险了。请问哪个团队成员认为组织承担的风险太大了？

    A. 琼，因为他认为组织经过详细评估后愿意承担风险。

    B. 马丁内，因为他认为组织经过详细评估后过多地拒斥风险。

    C. 琼，因为他认为组织经过详细评估后过多地拒斥风险。

    D. 马丁内，因为他认为组织经过详细评估后愿意承担风险。

5. 你所在的组织是一家市值数十亿美元的企业，其客户遍布全球，开发的项目价值从数十万美元到数亿美元不等。当前，你是一个价值 90 万美元项目的项目经理兼风险经理，且管理层认为这对你来说是个机会，让你能够证明自己能够胜任风险经理职位。为做好这项工作，你告诉上司，只要发现可能导致成本增加 10 万美元的风险，你都会将这种风险告诉她。她建议你降低这个数字，只要发现可能导致成本增加 5 万美元的风险，就将这种风险上报给她。请问这里的 5 万美元指的是什么？

    A. 组织能够吸收的风险水平。

    B. 项目能够吸收的风险水平。

    C. 项目经理能够接受的风险容许限度。

    D. 项目团队的风险触发条件。

6. 你的客户认为，人类活动引起的气候变化是个严峻的现实，每个项目都必须考虑这一点。在你的团队中，有些成员对客户的这种关切不以为意。每次你召开风险审核会议时，客户都透过这个政治敏感问题的棱镜来评估风险，而团队成员此时都会翻白眼并大声叹息。面对这种情况，身为项目经理的你该如何做呢？

A. 在每次风险审核会议开始时都进行说明，指出在会议期间将如何管理冲突，并指出所有与会人员都必须遵守的行为规范。

B. 确定将不列入会议日程的主题，凸显这些主题对更全面认识当前讨论的风险没有帮助。

C. 留出固定的时间让大家自由讨论，再指出关于这个主题咱们以后再找时间讨论。

D. 给各方相同的时间，让他们表达自己的观点，然后结束讨论。

3.2　风险吸收

风险吸收指的是个人、项目、文化和组织的承受能力。身体健康而强壮的年轻人可能能够承受车祸带来的影响，但存在健康问题的百岁老人可能无法承受。从组织的角度说，有些风险可被项目组织独自吸收，而有些可能需要由不同的项目或组织共同分担。

个人经常需要做出与风险吸收相关的决策。包含免赔条款的机动车保单就涉及风险吸收的问题，如表 3-2 所示。

表 3-2　　　　　　　几款不同的保单

	保单 A	保单 B	保单 C
综合险（第三者责任险）	不含	含（免赔额 250 美元）	含（免赔额 500 美元）
碰撞责任险	1 000 000 美元	500 000 美元	20 000 000 美元
碰撞责任险免赔额	400 美元	100 美元	1 000 美元

投保人根据其风险吸收水平来选择保险额度。很多人选择不购买综合险，因为其保费太高，同时（更重要的是）他们觉得自己能够独自承担这种风险。但有些人希望免赔额低些，因为他们以前遇到综合险责任超过免赔额的情况。

风险厌恶者（风险规避者）可能选择保单 C，因为他们不想自己吸收任何重大风险。购买保单 B 的人更愿意冒风险，因为他们可能觉得不太会出现责任超过 500 000 美元的事故，因此愿意自己吸收超出 500 000 美元的那部分风险。

交易的另一方，即保险公司，根据驾车人的年龄和以往事故记录以及车辆状况来评估风险。如果驾驶员年龄为 40 岁，驾驶记录良好且驾驶车龄为 10 年的丰田卡罗拉，保险公司很可能愿意吸收向其销售车辆保险带来的风险；如果驾驶员年龄为八九十岁，平均每年出现一次事故，且驾驶的是刚购买的玛莎拉蒂，保险公司将进行详细的评估，确定自己愿意吸收多大的风险。

在这个有关车辆保险的示例中，风险由双方分担：驾驶员承担一些，保险公司也承担一些。保险公司销售保险时，精算师决定承受多大的风险是可以接受的。风险分担情况反映了双方的相对风险吸收能力。

　　风险吸收并非只关乎财务方面，而几乎可能反映项目的各个方面。在环境污染风险方面，公司可能愿意接受出现一定数量的某种污染物；在技术风险方面，开发人员可能愿意吸收软件包（尤其是 Beta 版）中存在 bug 这样的风险。法务部可能发现合同中存在能够以不同方式解读的措辞，但由于这些措辞是客户要求的，法务部可能愿意吸收这种模棱两可带来的风险。

3.3　组织和项目的风险容许限度

　　容许限度指的是个人或组织愿意承受的限度。组织的风险容许限度和项目的风险容许限度完全是两码事，PMI-RMP®认证考试对此做了区分。无论是对项目还是对组织来说，风险容许限度指的都是一个假想的分水岭，它的一边是可以承受的，而另一边是不能承受的。

3.3.1　组织的风险容许限度

　　虽然组织的风险容许限度不是项目经理决定的，但项目经理必须对其进行跟踪，因为它反映了组织文化规范的如下方面：什么是能忍受的或者什么是不能忍受的。组织做出企业级决策时，必须将组织的风险容许限度考虑进来。

　　咱们来看一个有关组织风险容许限度的典型示例。1986 年，地球岛屿协会（Earth Island Institute）发起了针对金枪鱼捕捞方式危及海豚的法律之战，当时每年因某些金枪鱼捕捞方式而面临死亡的海豚数以万计。针对这些捕捞方式，地球岛屿协会发起了公众意识宣传活动，并制定了区分"无害海豚"金枪鱼和"危及海豚"金枪鱼的标准。随着公众意识的增强，海豚罐头生产公司被迫承认这种标准，并只收购"无害海豚"金枪鱼。有鉴于此，诸如 Star-Kist、Bumblebee 和 Chicken of the Sea 等公司确定了相关的组织风险容许限度。

　　这些公司的决定影响着其供应链上的每个人：决定了在什么地方能够买到金枪鱼；决定了金枪鱼供应商能否存活下来。所有的金枪鱼供应商被问及时，都必须证明其捕捞方式不会危及海豚。

　　这就是组织风险容许限度的性质：它影响着在组织各个层面开展的工作；它划定了不可逾越的界限和行为准则；它指出了哪些活动、开销、延迟或行为是不能接受的。组织的风险容许限度是不可逾越的红线，其影响广泛而深远。

3.3.2　项目的风险容许限度

　　项目的风险容许限度由项目经理和风险经理设置，它与组织风险容许限度有很多类似之处。项目的风险容许限度反映了项目文化规范的如下方面：什么是可以忍受的；什么是不能忍受的。与项目相关的决策必须在项目风险容许限度的背景下做出。

　　传统上，对于任何项目，都需设置与时间、成本和质量相关的容许限度。为此，对于上述每个主要的项目制约因素，都需提出如下问题：多远算太远？

　　对于进度（时间），相关的容许限度可能是有关延迟或交付日期的说明，例如，这个小部件必须在 7 月 22 日前交付，否则合同将自动失效。

　　对于成本，相关的容许限度也被表示为界限，如项目总成本不得超过 280 万美元，否则项目终止协议将自动生效。

　　对于质量，相关的容许限度可能与项目绩效的任何方面相关。

　　无论是进度、成本和质量，相关的容许限度都是不能逾越的红线。与组织容许限度一样，一旦逾越了项目的容许限度，项目将不再往下推进。

　　这些信息由风险经理和项目经理编制，并与项目团队以及重要的相关方分享。

　　这些容许限度必须直接反映组织的风险偏好和项目相关方的风险偏好。组织领导方式或项目所有权发生变化时，风险偏好也可能随之变化，在这种情况下，必须对容许限度做重新评估。如果将容许限度与相关各方分享了，则每当修改或审核容许限度时，都应邀请这些相关各方参与进来。

3.3.3　临界值

　　临界值是容许限度的直接反映。容许限度指定了一个界限，逾越该界限后，组织（项目）将停运，而临界值指定了与容许限度距离多远是可以接受的。到达临界值后，相关各方将改变其行为。

　　铁路公司可能认为，在铁路道口出现死亡事故是不可接受的。与之对应的临界值可能是这样的：火车与道口的距离不超过半英里（约 800 米）。因此，火车距离道口不超过半英里时，如果有人穿越铁路，就很可能逾越了临界值。

　　大多数驾驶员都看不到 2 500 英尺开外的火车，但这并不影响前述临界值的性质，因为铁路公司认为这是一个合理的安全临界值。换而言之，铁路公司认为，在火车距离小到 2 500 英尺后，就应提醒相关各方改变其行为。

3.3.4　触发条件

　　为让项目相关方知悉即将到达临界值，可能需要指定触发条件。在前面的铁路道口示例中，可使用各种形式的触发条件，其中有些比其他的更有效。在汽车流量和火车流量都很小的郊区铁路道口，使用简单的白色指示牌可能就足以指出火车就要来了，从而让驾驶人员提高警惕。在市区的铁路道口，就不能使用这种简单的白色指示牌，而要使用闪烁的红灯和道闸。仅当火车在规定的距离内时，才开启这些触发条件，指出威胁迫在眉睫。然而，在这两种情况下，都使用了触发条件，因为它们昭示着已触及临界值。

临界值和触发条件有何不同呢？临界值是根据风险事件的潜在影响而确定的理论范围，而触发条件是一种物理或可见的表现形式，它指出昭示着已触及临界值，离容许限度也已不远了。

3.4 识别和化解文化冲突

风险管理方法是非常个人化的，一个人眼中的威胁可能在另一个人看来是机会，因此必然出现冲突。风险厌恶型团队成员一点都不喜欢风险，可能不愿意接受任何严峻的项目风险；而风险喜好型团队成员追求风险，将项目视为尝试使用新方法来完成工作的机会。出现这样的冲突时，项目经理和/或风险经理必须居中协调。

虽然终极目标可能是化解冲突，但在有些情况下，管理（而不是化解）冲突才是最优选择。

关键主题 下面列出了各种冲突管理方法。

- 解决问题（对抗）：由涉及的各方一道制定出创造性解决方案，以化解冲突，被认为是理想的冲突化解方法。采用这种方法的风险经理将不同的风险偏好视为问题和调整，寻求通过创新来加以解决和克服。这被视为理想的（双赢）冲突解决方案，因为它考虑了各方的风险偏好，取得在各方看来都是积极的成果。
- 协作：与"对抗"很像，但不那么看重创新。通过协作，双方都注意到了对方的要求，进而致力于求同存异。
- 妥协：双方都达到了其部分目的，但都未达到其全部目的；双方的看法都获得了对方的部分认可，但未获得全部认可。这是一种有输有赢的解决方案。
- 强迫：这是最不理想的冲突化解策略，它基于其中一方的风险偏好来评估所有的风险。通常仅在涉及法律或道德义务的情况下才采用这种方法。这是一种赢-输方案。
- 撤退（回避）：完全回避这种问题。这可能会引发这样的情况，即风险偏好不同（风险喜好型和风险厌恶型）的团队无法达成一致，争论不断进行下去，最终导致相互敌视。虽然回避永远无法化解冲突，但通过搁置争论，可给双方留下冷静的时间。
- 缓和（包容）：让对风险有不同看法的双方有机会审视大家的共同之处。就体育赛事或天气进行讨论就是两个采用缓和方法的例子，虽然这两个例子都不涉及风险偏好，但确实让双方都有机会审视大家是否有一些共同之处。

对抗、协作、妥协和强迫都属于风险冲突化解方法，而撤退和缓和属于冲突管理方法，它们都无意于将冲突化解。冲突管理旨在让双方都后退一步，进而方便找到化解冲突的方案。

在从整个团队的角度研究冲突时，一个至关重要的文件是团队章程。整个项目团队一起讨论风险时，项目经理和/或风险经理需要通过规范行为最大限度地减少冲突。与其他项目团队一样，在风险管理团队中，规范团队成员的行为也至关重要，这可通过制定团队章程来实现。

　　　　团队章程与项目章程毫无关系，它包含团队行为规范的方方面面，从使用什么样的语言到会议如何召开，是判断行为是否符合规范的指南。团队章程由整个团队一起制定，这通常是项目开始时就需要完成的工作之一。项目启动后，就应立即制定团队章程，并严格遵守。项目经理必须按团队章程对团队成员的互动方式进行规范，并据此让团队成员共同承担识别和管理项目风险的责任，而不能根据情况随意调整做法。

3.5　复习题

1. 在你的团队中，成员塞雷娜和伊冯娜持完全相反的看法。塞雷娜的座右铭是"冒险去尝试，不要怕犯错"，而伊冯娜秉持"一开始就做对"的理念。到目前为止，这种冲突还没有引发很多问题，但在最近的两次会议上，这两人都要打起来了。塞雷娜认为组织应尝试一种创新型技术解决方案，但这种解决方案可能加快项目的进度，也可能导致项目完全停运；而伊冯娜坚持采用一种经过检验的有效解决方案，但采用这种方案时，项目进度将会较慢。从冲突管理的角度看，最佳的方式是哪种？

　　A. 强迫。

　　B. 对抗。

　　C. 妥协。

　　D. 撤退。

　　E. 缓和。

2. 你开车向前行驶，公路护栏两边是陡峭的悬崖，看起来很危险，这让你担心不已。你力图不去想，但悬崖就在那里，让你紧张不安。你接着往前开，感觉到了轮胎下面的减速带导致的车辆震动。请问减速带是为实现哪种风险相关功能而设计的？

　　A. 项目的容许限度。

　　B. 临界值。

　　C. 触发条件。

　　D. 警报。

　　E. 组织的容许限度。

3. 你所在的组织将在罗马尼亚一个废弃的盐矿开展工作。虽然出现塌方的可能性很小，但组织还是为该项目投了重保：保单保额为 10 亿美元，免赔额为 100 万美元。请问免赔额 100 万美元是什么意思？

　　A. 你所在组织认为它能够吸收的风险额度。

    B. 你所在的组织能够承受的风险额度。

    C. 你所在的组织将管理的风险额度，超过该额度后，它将改变行为。

    D. 你所在组织的要防范的风险额度。

    E. 你所在组织的风险意识的高低。

4. 你在一家市值数十亿美元的企业负责一个价值不足 50 万美元的小型项目。这家企业去年遭受了恶意软件攻击，损失 450 万美元，这让它对钓鱼攻击和拒绝服务攻击处于高度戒备状态，进而规定如果有任何团队成员不报告此类计算机事故，都将受到解除劳动合同的处罚。因此你向团队成员发出警告，互联网安全并非可选项，而是必选项。请问你发出的警告与风险的哪方面相关？

    A. 组织的风险容许限度。

    B. 项目的风险容许限度。

    C. 组织的触发条件。

    D. 项目的触发条件。

    E. 个人职责。

5. 你的团队成员以对待客户和其他外方人员的态度略显粗鲁而闻名，他们觉得在日常工作中无须考虑社交礼仪。用其中一个团队成员的话说："我们就是做具体工作的，有很多麻烦的事情等待我们去处理。"虽然你知道社交不是他们的强项，但还是希望他们明白，账单是外方支付的。在这方面，有个团队成员尤其让你头痛，他就是伊万。为确保包括伊万在内的整个团队都能够举止得体，你最佳的选择是采取下面哪种措施？

    A. 开除伊万。

    B. 分别与每个团队成员谈话，表达你的关切。

    C. 在每次团队会议开始时都表达你的关切。

    D. 在团队章程中包含你对团队成员的行为要求。

    E. 发挥你的管理才能，向团队成员说明在与客户打交道时，得体与礼貌的重要性。

本章涵盖如下主题：

_____

- 确保风险管理过程与组织策略一致；
- 风险管理工具；
- 风险源及其用途；
- 风险联盟。

第 4 章

策略风险

PMI-RMP®认证考试致力于确保项目经理和风险经理从全局角度审视风险管理，让风险管理在组织使命和愿景的实现过程中发挥促进作用。风险管理应支持组织愿景，因此该愿景中的每项内容都是基准，可用于判断容许限度是否设置正确、风险应对是否合适。

对于风险管理的每个方面（从宏观到微观），都应提出如下问题：它支持我们的策略吗？虽然大部分策略方面的考虑都是组织层面的，但项目也有策略。与组织策略一样，项目策略也应用作确定风险容许限度和风险应对的指路牌。

在定义和实施风险管理过程以及为这些风险管理过程选择工具时，策略都将发挥其作用。在有些情况下，可根据策略方面的考虑因素来定义或修改风险源。通过确保风险管理过程与策略保持一致，项目经理可与其他相关方建立合作关系，而这些相关方也必须从策略的角度考虑问题。

从上面的讨论可知，要卓有成效地管理风险，策略必须已经制定好。因此，这里的假设是，组织无须回过头去制定策略，相反，企业级策略已制定好并被记录在案，可在项目层级加以实施。

本章讨论策略和风险之间的关系，还将介绍在按照最佳实践对项目策略进行评估，以确定这些策略可能带来或消除的风险的过程中，项目经理（或风险经理）扮演的角色。

在整个风险管理过程（识别、分析、应对和实施）中，这些策略方面的考虑因素都可能发生变化，因此卓有成效的风险经理必须将这种变化记录在案，并与相关方分享。

本章讨论《PMI-RMP®考试内容大纲》中的如下目标：

领域	任务	考试目标
风险策略和规划	任务 4	制定风险管理策略

4.1 "我知道了吗"小测验

"我知道了吗"小测验让你能够做出评估，确定是否需要详细阅读本章。对于这些测验题，如果对其答案或其涉及的知识没有把握，请详细阅读本章。表 4-1 列出了本章的各节及其对应的测验题。要获悉这些测验题的答案，请参阅附录 A。

表 4-1	"我知道了吗"测验题对应的章节
章节	**小测验题**
4.2	1～2
4.3	3～4
4.4	5～6
4.5	7～8

警告：小测验旨在评估你对本章主题的掌握情况，为此请将不知道答案或拿不准视为回答错误。如果将猜对答案视为回答正确，将扭曲自我评估结果，带来虚假的安全感。

1. 组织的愿景宣言包含如下内容：立志成为 *Worker* 杂志评选出的最想加入的"十佳公司"之一。很多团队成员从未见到该愿景宣言，根本知道它包含什么内容。作为项目经理兼风险经理，为确保风险管理方法和过程与前述愿景保持一致，最佳的做法是什么？

   A. 在风险管理过程中将该愿景宣言告知团队成员。

   B. 制定让更多团队成员参与风险管理过程的风险应对措施。

   C. 让尽可能多的相关方参与风险识别过程。

   D. 在风险管理计划中，指出愿景宣言与风险管理方法之间的联系，确保大家都知道这种联系。

2. 你所在的企业非常厌恶风险，根本不愿冒任何可能损害公司形象的风险，它深信公司形象决定了业务的方方面面。作为风险经理，你有责任支持这种看法，因此在选择风险管理工具时，应选择什么样的呢？

   A. 在对重要风险进行定量分析以确定优先顺序方面做得最好的工具。

   B. 兼顾定量和定性分析的工具。

   C. 大多数团队成员和相关方都熟悉的工具。

   D. 能够将组织的历史记录考虑进去的工具。

3. 项目办公室在生成表单、模板和文件方面提供了很好的支持，不仅在项目管理方面如此，在风险管理方面也如此。对此你很是心存感激，这是为什么呢？

   A. 这样你就无须自己创建文件框架，因此节省了时间和精力。

   B. 这样团队成员和相关方看到的文件在形式和格式方面都是他们熟悉的。

   C. 这让你能够对比其他项目的信息，包括已存档的信息。

   D. 因为填写表单需要大量时间。

4. 选择要在风险管理过程中使用的工具时，应主要考虑哪方面？

   A. 工具能否提供你想要的答案。

   B. 工具是否对所有项目团队成员来说都易于使用。

   C. 工具是否在组织的任何地方都可获得。

   D. 工具是否与组织的策略和文化相称，以及能否创造价值。

5. 你所在的组织严重依赖于风险分解结构（risk breakdown structure，RBS）来确保风险识别和评估的一致性，请问风险分解结构是根据什么对风险进行分门别类的？

    A. 风险源。

    B. 随项目而异，取决于大家就什么对组织来说最重要达成的一致看法。

    C. 随组织而异，取决于大家就什么对组织来说最重要达成的一致看法。

    D. 人力资源组织结构图。

6. 下面有关风险源的说法中，哪种是正确的？

    A. 所有项目的风险源都相同。

    B. 所有人都担心的风险源就是最佳的风险源。

    C. 风险源天然地具有二重性。

    D. 每个风险都至少有一个来源。

7. 每当你谈及风险时，团队成员鲍勃都会恐惧。随着你越来越多地与鲍勃谈论风险，你越来越认识到他担心的不是风险，而是风险报告格式不正确或者将文件放到了错误的地方。作为项目带头人，为消除鲍勃的担忧，你可采取的最佳方法是什么？

    A. 告诉他每个人都有这样的担忧，一切都会好的。

    B. 向他提供来自其他项目的模板，让他能够参考这些模板的格式。

    C. 领着他完成风险报告格式设置过程。

    D. 帮助他设置报告格式或检查他所做的格式设置。

8. 你被邀请在一个部门全体成员参加的会议上讲话，上司要求你谈谈你负责的项目采用的风险管理策略。在这个会议上，你该做些什么？

    A. 重申公司政策。

    B. 让大家接受企业策略。

    C. 让大家接受你对企业策略的看法。

    D. 让大家接受你负责的项目采用的风险管理策略。

4.2　确保风险管理过程与组织策略一致

过程在风险管理中发挥着重要作用。在风险管理过程与组织策略保持一致的情况下，风险管理将更可靠、更具威力。根据 PMI® 的定义，风险管理过程包括风险管理规划、风险识别、风险分析（定性分析和定量分析）、风险应对规划、风险应对实施和风险应对控制。在上述每个步骤中，都必须与如下方面保持一致：组织开展业务的方式；在组织看来，什么是可以接受的，什么是无法接受的。

4.2.1　风险管理规划

这可能是确保风险管理过程与企业策略一致的最重要一步。风险管理计划记录了在整个项目实施过程中都将采用的风险管理方法，还描述了风险语言和文化规范。风险管理计划说明了将如何实施其他所有的风险管理过程步骤；定义了诸如"高风险"等术语，以及用于表示概率和影响的其他所有定性值；澄清了所有相关方在每个风险管理过程步骤中扮演的角色和承担的职责，并确定了开展风险审核的相对时间。

4.2.2 风险识别

风险管理过程中的这个步骤常常被误解。要确保风险识别的高品质，不仅要识别发生时可能影响项目目标的事件，还需识别该事件带来的影响（例如，阿方斯可能离开项目团队，导致重要的 Web 开发组件需要返工）。如果没有影响说明，风险经理将不知道为何要在风险登记册中列出某个特定的未来现象。就像大多数企业策略都带有企业的烙印一样，在风险识别过程中，也应让尽可能多的相关方参与进来。

4.2.3 风险分析

风险分析研究各个风险发生的可能性及其带来的影响，以及所有风险的累积影响。风险管理计划指出了要采用的风险管理方法，还说明了将如何开展风险分析（包括定性分析和定量分析）。

1. 定性分析

在定性分析中，项目经理定义高、中、低可能性以及高、中、低影响，这些定义强烈地反映了组织策略，其中有关影响的定义还反映了容许限度。对于高影响，可用示例或大家都明白的说明来定义；在项目终止被认为是最严重的失败的组织中，可能将高影响定义为"项目终止器"，但在不这么认为的组织中，高影响风险可能给人截然不同的印象。定性可能性是通过描述而不是数字定义的，相比于影响，可能性的定性定义更有可能在整个企业中保持一致。表 4-2 展示了一个可能记录在风险管理计划中的可能性定义示例。

表 4-2 风险管理计划中的可能性定义

可能性	描述
高	多半会发生
中	介于高和低之间
低	最多发生一两次
极小	理论上可能发生，但实际上根本不会发生

与影响一样，可能性的定义也可能随项目而异，但在可能性方面的差异不像影响的差异那么大，因为同样的可能性定义可能适用于多个项目。

无论是可能性和影响，有关其高、中、低的描述性定义都可转换为数字，如高为3、中为2、低为1，这将在第 11 章中讨论。

2．定量分析

风险管理计划也指定了定量分析过程，这包括工具（将在本章后面介绍）和数据收集方法。定量分析不同于定性分析的地方在于，它使用的数据集是数字，这些数字是根据实际项目值（如时间、成本）确定的，而不像有些定性分析那样是人为分配的。数字驱动的方法更客观，但需要的时间也更长。

鉴于定量分析的结果是反映成本、进度和其他指标的数值范围，因此在风险管理计划中必须做出规定，指出什么样的数值范围是可以接受的（临界值），以及在什么限度（容许限度）内，组织是可以忍受的。

4.2.4　风险应对规划

对风险发生的可能性及其相对影响进行分析后，将对潜在影响最大的风险进行评估，以规划风险应对，这将在第 14 章中进行更深入的讨论。从策略角度看，这些应对措施应反映组织和项目的容许限度：要么对低于临界值的风险采取应对措施；要么认识到它们的存在，但不采取未雨绸缪的措施。

为此需要评估容许限度，制定应对措施，并确保应对措施与企业和项目的风险策略保持一致。

4.2.5　风险应对的实施和控制

确定应对措施后，风险责任人将发挥重要作用。风险责任人负责确保应对措施得以实施，并跟踪其效果，这将在第 15 章中深入讨论。在这个过程中，还将重新评估风险应对措施，判断它们是否会带来原本没有的新风险。为此，风险责任人需要做下这样的记录，即"治疗手段是否比疾病本身更糟糕"。

前面介绍的风险管理规划、风险识别和风险分析都需要反复进行。风险管理过程不是一次性的，也不存在放之四海而皆准的风险管理过程，而需要反复调整，以反映当前的项目气候和企业环境。

4.3　风险管理工具

在风险管理过程的每个步骤中，都需要使用相关的工具，这将在本书后面介绍各个步骤时深入地讨论。表 4-3 概述了介绍风险管理过程步骤的章节。

表 4-3 介绍风险管理过程步骤的章节

风险管理过程步骤	相关的章节
风险管理规划	第 5 章
风险识别	第 7~10 章
风险分析	第 11~13 章
风险应对规划	第 14 章
风险应对的实施和控制	第 15 章

使用的工具必须与组织策略相称，例如，在看重信息分散和数据安全的企业中，如果采用要求团队成员密集互动的工具，效果很可能不会太好。在 PMI-RMP®认证考试中，如果遇到询问在特定情况下使用某种工具是否合适的问题，可根据在常见工作场合使用该工具是否合适来选择答案。选择的工具应与过程相称，应反映组织和项目文化，还应在组织容许限度许可的范围内。

必须以一致的方式使用工具。无论工具是软件包还是简单的 Microsoft Excel 模板，都应确保其外观在整个企业中都是一致的。这有助于进行跨项目风险评估，还可确保项目经理知道风险报告应该是什么样的。以一致的方式使用风险管理工具至关重要，这可确保在不同的项目中，需要审核和比较的数据集的外观是类似的。

4.4 风险源及其用途

 每种风险都至少有一个来源。风险源是风险触发因素，让特定风险得以发生。例如，外出度假时，全家可能想乘飞机前往夏威夷。如果只有一趟航班，且在上午 10 点出发，航班时刻表将是一个风险源。实际上，航班紧张通常都是风险源。通过预订第二天的备用航班，可缓解风险。通过选择每隔 1 小时就有一趟前往夏威夷的航班的航空公司，或许能够完全消除航班紧张的风险。这不仅能够最大限度地降低没能赶上飞机的风险，还可最大限度地降低因飞机机械故障而延误的风险、航班超额预订风险以及众多其他与时间安排相关的风险。通过从根源（这里是时间安排）上解决风险，风险经理有望减轻众多不同的担心。

鉴于风险源类型众多，可根据它们对识别的风险进行分类，还可根据它们来生成更大的风险清单。为此，可以不泛泛地提出有哪些风险这样的问题，而按风险源确定风险类别，再依次询问各个类别的风险都有哪些，如：有哪些时间安排风险，有哪些政治风险。

有两种基于上述做法的风险分类模型，其中一个是 PESTLE，它包含一组标准的风险类别（风险源）：

■ 政治风险；

- 经济风险；
- 社会风险；
- 技术风险；
- 法律风险；
- 环境风险。

PESTLE 模型可作为风险管理的起点。有了这组默认的风险类别或风险源后，更容易扩大风险清单，在其中添加企业、项目或文化特有的风险类别。还可以其他类似的提示清单为起点，更深入地讨论风险源或风险类别。

在 PMI-RMP®认证考试中，重点考查的一个工具是风险分解结构，它根据风险源对项目面临的风险进行分门别类。PMI®为风险分解结构定义的风险类别为技术风险、管理风险、商业风险和外部风险，其中每个类别都分为多个子类别，以此类推，直到项目面临的每个风险都可划归到一个或多个类别。

通过在整个企业中以一致的方式使用风险分解结构，可确保在每个项目中都将考虑最常见的组织型风险源，进而考虑大部分策略性风险源。

4.5　风险联盟

风险管理为改善领导风格提供了机会。与项目管理的众多其他方面一样，要很好地开展风险管理，也须采取服务型领导风格。这意味着领导者承担起烦琐而沉重的工作，让其他人能够去完成与风险管理相关的具体工作。这些烦琐的工作可能属于文书型工作，领导者接过这些工作后，其他团队成员可将更多精力投入风险管理过程中，从而极大地增加整个项目的价值。卓有成效的风险经理不仅管理风险，还知道如何指导团队成员为风险管理过程提供支持。

在你这样做的过程中，风险联盟就自然而然地形成了。

风险联盟的形成有赖于风险文化，而风险文化的形成有赖于以一致的方式使用风险术语和风险管理工具，还有赖于风险策略清晰并被大家深入认识。

风险联盟的形成还有赖于项目经理和/或风险经理对整个风险管理有主人翁意识，为风险管理过程及其潜在的成果呐喊助威。如果将风险管理视为额外的管理负担，或者将其视为项目管理中令人忧愁的一个方面，项目经理将错失通过风险管理实践建立联盟的机会。

4.6　复习题

1. 管理层想要激励每个人都更深入地参与风险管理过程，为达此目的，最佳的做法是什么？
   A. 提供严格的风险管理过程实施指南。
   B. 承担更多原本由风险责任人负责的管理任务，为风险责任人提供支持。

C. 与每个相关方接洽，向他阐述风险管理过程。

D. 让项目团队在制订团队章程时包含有关风险管理过程的内容。

E. 让客户参与风险管理过程中。

2. 下面哪一项按正确的顺序列出了风险管理过程包含的步骤？

A. 风险识别、风险分析、风险管理规划、风险应对规划和风险应对实施。

B. 风险分析、风险识别、风险管理、风险应对规划和风险应对实施。

C. 风险管理规划、风险识别、风险分析、风险应对规划和风险应对实施。

D. 风险管理规划、风险分析、风险识别、风险应对规划和风险应对实施。

E. 确定要应对的风险的方法随项目而异。

3. 从风险管理的角度看，PESTLE 指的是什么？

A. 让你能够对风险进行分类的风险源。

B. 项目可能面临的风险类别的俗名。

C. 一种顶端为圆形、用于破碎和研磨东西的工具。

D. 风险管理过程包含的步骤的俗名。

E. 风险分解结构的基石。

4. 下面哪项内容包含在风险管理计划中？

A. 项目特有的风险。

B. 组织特有的风险。

C. 风险类别。

D. 对高可能性的定义。

E. 特定风险应对措施的结果。

5. 在风险管理过程的哪个步骤中，需要制订应对风险的计划？

A. 风险管理规划。

B. 风险识别。

C. 风险分析。

D. 风险应对规划。

E. 风险应对实施。

6. 在风险分解结构中，根据什么对风险进行分门别类？

A. 随风险分解结构而异。

B. 风险责任人。

C. 风险应对。

D. 项目的不同部分。

E. 风险源。

本章涵盖如下主题：

- 3R——RAM、RACI 和 RBS；
- 风险职责和风险担责；
- 风险沟通文件；
- 风险教育与培训。

第 5 章

风险管理计划

在项目启动的同时，便应着手编写风险管理计划。风险管理计划是项目经理或风险经理最先编写的文件之一，其中包含大量信息，从风险角度阐述了该如何管理项目。一种对风险管理计划的常见误解是，它列出了所有的项目风险，但实际上并没有。除非出于参考目的，否则不应在风险管理计划中列出任何风险。在风险管理过程中，风险管理计划的作用是指出将如何管理风险，以及企业的风险规范是什么样的。

正如第 4 章讨论的，风险管理计划反映了组织的风险策略，由项目发起人批准，记录了企业和相关方的容许限度及其对应的临界值（在有些情况下，还有触发条件）。风险管理计划主要从宏观着手为项目提供支持，虽然也可能涉及一些微观问题。例如，风险管理计划指定了风险说明的结构以及如何跟踪和报告风险，但并不包含实际的个别风险说明。

在很多组织中都有标准风险管理计划模板，这种模板通常归项目管理办公室（project management office，PMO）所有。虽然风险管理计划的内容随项目而异，但在所有项目中，风险管理计划的布局都应相同。风险管理计划必须包含反映组织文化和策略的说明性信息。如果组织的风险成熟度足够高，可能有企业风险管理办公室，它将负责编制风险管理计划模板。

本章探讨风险管理计划的结构和内容，还将介绍项目经理（或风险经理）在这种文件的编写过程中扮演的角色。

在项目的生命周期内，风险管理计划考虑的有些因素可能发生变化，卓有成效的风险经理必须将变化情况记录在案，并让相关方知悉。

本章讨论《PMI-RMP®考试内容大纲》中的如下目标：

领域	任务	考试目标
风险策略和规划	任务 5	编制风险管理计划

5.1 "我知道了吗"小测验

"我知道了吗"小测验让你能够做出评估，确定是否需要详细阅读本章。对于这些测验题，如果对其答案或其涉及的知识没有把握，请详细阅读本章。表 5-1 列出了本章的各节及其对应的测验题。要获悉这些测验题的答案，请参阅附录 A。

表 5-1 "我知道了吗"测验题对应的章节

章节	小测验题
5.2	1、2
5.3	1、2
5.4	3~5
5.5	6、7

> **警告**：小测验旨在评估你对本章主题的掌握情况，为此请将不知道答案或拿不准视为回答错误。如果将猜对答案视为回答正确，将扭曲自我评估结果，带来虚假的安全感。

1. 在风险管理过程的每个步骤中，相关方都发挥着重要作用，而不管他们是否是组织的员工。风险管理计划如何确保相关方参与到项目中？
   A. 给个人分配角色，确保他们知道要参与的工作和要提供的可交付成果。
   B. 给个人分配风险，确保他们知道要参与的工作和要提供的可交付成果。
   C. 详细说明风险管理过程及其涉及的内部人员和外部人员，并鼓励他们选择与其角色相称的过程。
   D. 详细说明风险及其涉及的内部人员和外部人员，并鼓励他们选择与其角色相称的过程。
   E. 创建针对内部人员的 RACI 表和针对所有相关方的职责分配矩阵，并大范围地分发。

2. 下面的 RACI 表（见表 5-2）存在什么问题？

表 5-2 RACI 表

过程	职责	担责	咨询	知情
数据收集	克里斯	米格尔	卡尔	雅尼娜
存档	克里斯、雅尼娜	劳拉	卡尔	米科
词典维护	克里斯、卡尔	劳拉、卡尔	米科	雅尼娜
风险管理计划的审核与更新	克里斯	马丁	米科	伊夫林

   A. 克里斯不能承担实施多个过程的职责。
   B. 对于每个过程，都只能由一个人担责。
   C. 卡尔不能在承担实施一个过程的职责的同时，为该过程担责。
   D. 劳拉不能同时为多个过程担责。
   E. 米科不能同时承担咨询角色和知情角色。

3. 风险管理计划必须与其他项目计划保持一致，这是如何做到的？
   A. 在风险管理计划中，根据其他管理计划中的信息来创建一个清单，其中列出了各个过程步骤及其面临的风险。
   B. 有多个相关方参与编写风险管理计划，这些相关方熟悉项目的不同方面，他们的经验使得风险管理计划自然而然地与其他管理计划保持一致。

  C. 风险管理计划是众多管理计划中的一个，而项目管理计划是将这些管理计划合并得到的。

  D. 其他管理计划中有关其过程的信息都是从风险管理计划中借鉴而来的。

  E. 风险管理计划包罗万象，因此自然而然地与其他管理计划保持一致。

4. 为从风险的角度更好地理解项目环境，总是需要开展 SWOT 分析。请问这个过程将以什么样的方式出现在风险分析计划中？

  A. 将在风险管理计划中详细说明项目的优势和劣势以及组织的机会和威胁。

  B. 将在风险管理计划中详细说明项目的优势、劣势、机会和威胁。

  C. 将在风险管理计划中详细说明组织的优势、劣势、机会和威胁。

  D. 将在风险管理计划中详细说明 SWOT 的总体安排以及在什么情况下使用它合适。

  E. 将在风险管理计划中详细说明项目的优势、劣势、机会和威胁。

5. 风险管理计划用多个段落阐述了将在风险分解结构中使用的风险源，在整个企业中，都使用这些风险源来编制风险分解结构。对这些段落进行评估后，你认识到了下面哪一点？

  A. 包含这些内容很重要，因为风险管理计划需要定义风险管理过程的结构以及如何实施这些过程。

  B. 包含这些内容很重要，因为风险管理计划需要包含有关风险源的详细信息。

  C. 包含这些内容很重要，因为风险管理计划需要包含这些信息，以便使用它们来填写风险分解结构。

  D. 不应包含这些内容，因为风险管理计划随项目而异，不应与企业其他项目的风险管理计划一致。

  E. 不应包含这些内容，因为风险管理计划需要讨论具体的风险。

6. 在项目中，谁负责确保对合适的相关方开展合适的风险管理培训？

  A. 项目经理/风险经理对所有项目负责并担责。

  B. 项目管理办公室对所有项目负责并担责。

  C. 在项目经理/风险经理的指导下，项目管理办公室负责确保对合适的相关方开展合适的风险管理培训。

  D. 在项目管理办公室的指导下，经理/风险经理负责确保对合适的相关方开展合适的风险管理培训。

  E. 人力资源部。

7. 对于风险管理计划，你怀疑其中一些有关容许限度和触发条件的描述可能让有些团队成员不满。你还担心该文件中的词库可能成为争议的焦点，因为其中的有些术语含混不清。对于这个问题，最佳的选择是采取下面哪种做法？

  A. 用平实的语言重写词库。

B. 让团队用平实的语言重写词库。

C. 保持词库不变，确保它与组织的其他词库一致，同时相信随着时间的推移，相关方终将会理解这些术语的。

D. 用平实的语言重写词库，并确信相关方马上就会搞明白其中的术语。

E. 保持词库不变，确保它与组织的其他词库一致，同时开展培训，对这些术语进行解释。

5.2　3R——RAM、RACI 和 RBS

风险管理计划旨在提供管理指南，它规定的是如何管理过程，而不是要开展哪些工作。为此，必须清晰地描述这些过程的作用和职责。对需要发挥的作用认识得越清楚，就越容易最大限度地减小过程中出现的偏差。通常，如果没有预先安排好任务，且不同风险管理计划的方法不一致，就容易出现偏差。

如果企业提供了统一的文件，用于指定实施风险管理规划时必须完成的任务，确保一致性的工作将容易得多。下面列出了这些统一文件中最重要的几个：

- 职责分配矩阵（responsibility assignment matrix，RAM）。
- 职责/担责/咨询/知情（responsibility/accountability/consultation/information，RACI）表。
- 风险分解结构。

5.2.1　职责分配矩阵

在风险管理中，职责分配矩阵是一个简单清单，其中列出了要实施的风险管理过程以及负责实施这些过程的角色（或个人）。为让职责分配矩阵更有效地发挥作用，最好将职责分配给角色而不是个人。虽然角色将由个人承担，但通过将职责分配给角色，可提供项目吸收如下风险的能力：团队成员离开和组织结构变更。

职责分配矩阵的优点之一是简单，无须经过大量培训就能理解或解读其含义。表 5-3 展示了一个简单的职责分配矩阵。

表 5-3　　　　　　　　　　　风险管理计划中的职责分配矩阵

过程	马丁内	执行发起人	项目经理	产品负责人
数据收集	X			
存档			X	
词库维护	X			
上报		X		

要使用这个职责分配矩阵，除在其中找到过程外，还需查找"X"。在这个职责分配矩阵中，注意到指定的唯一一个人是马丁内。如果他的职位发生变更，就必须更新这

个文件。对于其他过程，指定的都是负责人的角色，因此即便组织结构发生变化，也无须更新这个文件中相应的内容。在某个人对过程的实施来说至关重要时，应将职责分配给这个人。

对风险经理来说，这个文件可用来分配过程负责人，并在必要时使用这个文件来知悉过程负责人，进而寻求他的帮助。

5.2.2　RACI 表

在风险管理中，RACI 表是更简单的传统职责分配矩阵的扩展。大多数经理都更熟悉首字母缩写 RACI，而不太熟悉其全称。在 PMI-RMP®认证考试中，通常不会使用首字母缩写，但 RACI 表是个例外。职责分配矩阵和 RACI 表之间主要的不同在于，RACI 表包含额外的信息，这些信息指出了风险管理过程的其他参与者。除（职责分配矩阵中有的）职责外，RACI 表还包含其他 3 项内容。RACI 表包含的 4 项内容的含义各不相同：

- 职责（R）：实际实施过程步骤的角色或个人。
- 担责（A）：为过程步骤担责的角色或个人。
- 咨询（C）：可能能够为过程步骤实施提供补充信息的角色或个人。
- 知情（I）：应知悉过程步骤的进度或状态的角色或个人。

与职责分配矩阵一样，无须经过大量培训就能理解或解读 RACI 表的含义。表 5-4 展示了一个简单的 RACI 表。

表 5-4　　　　　　　　　　　　风险管理计划中的 RACI 表

过程	马丁内	执行发起人	项目经理	产品负责人
数据收集	R	C	A	I
存档	C	I	R、A	I
词库维护	R、A		C、I	I
上报		R、A		C、I

要使用 RACI 表，必须明白任何过程步骤都不能有多个担责者，这很重要。虽然参与实施过程的角色可能有多个，而需要知情的人甚至更多，但整项工作的最终担责者只能有一个个人或角色。

5.2.3　风险分解结构

风险分解结构是一种结构，包含在风险管理计划中，因此这个名称确实恰如其分。

风险分解结构是一个框架，用于对已识别或要识别的风险源进行分解，而不是对风险本身进行描述。

在风险分解结构中列出的风险源可能是一般性的（如提示清单 PESTLE），也可能是企业特有的。对于这些风险源，可能进行多个层级的分解。风险分解结构记录在风险管理计划中，因为在项目的生命周期内，可能多次使用它。

在风险分解结构的最低层级，可能列出组织最常面临的一些风险。编制风险管理过程核对单时，可能依据这些层级中的风险源。

如果组织要确保一致性，风险分解结构的编制工作可能由项目管理办公室负责，至少其中较高的层级是这样的。层级越低，列出的风险源越与项目相关。表 5-5 展示了一个简单的风险分解结构。

表 5-5　　　　　　　　　　风险管理计划中的风险分解结构

风险分解结构的第 0 层级	风险分解结构的第 1 层级	风险分解结构的第 2 层级
所有项目风险源	政治风险	国家政治活动
		社区政治活动
		企业内部政治活动
	经济风险	市场增长
		通货膨胀
		关税
	社会风险	媒体报道
		社交媒体介入
		社区看法
	技术风险	新技术的出现
		技术淘汰
		技术验收
	法律风险	游说
		诉讼
		法律责任
	环境风险	陆上环境
		地区环境

5.3　风险职责和风险担责

这两个术语之间的差别在本章前面讨论过，但这里有必要做更深入的讨论，因为很容易将有关职责的问题错误地解读为有关担责的问题或相反。项目经理需要确定相关方也明白这两者之间的差别，因为在很多情况下，你想要让他们为风险管理过程实施的成败担责。

5.3.1　风险管理计划中的风险职责

在风险管理计划中，术语"风险职责"随处可见。项目经理用到这个术语时，是在定义实施特定过程所需的人力投入量，承担这项任务的人必须大致知道他需要做哪些工作。风险词库编写任务涵盖的职责可能比你认为的要多，请看表 5-6，其中列出了与这个过程相关联的职责。

表 5-6　　　　　　　　　　　风险管理计划中的职责描述

过程	任务职责
词库编写	参加项目会议，并记录风险说明； 记录使用的术语及其定义； 向项目办公室或项目经理核实新术语； 与项目相关方分享信息； 与项目办公室分享信息，以用来编写企业风险词库
词库维护	定期（如每隔一个季度或半年）审核整个词库； 酌情更新术语； 记录更新后的术语及其定义； 与项目相关方分享信息； 与项目办公室分享信息，以用来编写企业风险词库

与风险管理计划的其他内容一样，这种信息显然也可能用于多个项目，它们澄清了相关风险管理任务的性质，以最大限度地避免误解。

5.3.2　风险管理计划中的风险担责

在风险管理计划中，术语"风险担责"出现的频率远远低于术语"职责"。

所谓担责，指的是为风险方法的实施和/或后果承担责任。如果风险管理过程出现问题，担责者可能受到惩罚，但如果风险管理过程按预期的那样成功完成了，担责者也将得到相应的奖励。

在很多情况下，特定风险或风险方法的实施者也是担责者。例如，如果项目是要制作一部纪录片，负责概念、方法和理念的制片人很可能也是担责者，编辑、音效/音频人员和制作人员负责实现制片人提出的理念。对于简单的 YouTube 纪录片，可能上述所有角色都由同一个人承担。

5.4　风险沟通文件

要卓有成效地管理风险，必须在整个企业中分享在风险管理过程中生成的所有信息。用于为风险管理提供支持的文件很多，其中包括前面介绍过的各种文件，如职责分配矩阵、RACI 表、风险分解结构和组织风险词库。这些文件中的每个都提供了其他文件未提供的信息，凸显了风险管理过程的某个方面，让你能够更深入地认识风险及其来源和性质。

在与识别和管理个别风险相关的文件中，最重要的是风险登记册，这将在第 7 章中深入讨论。虽然有关如何编写风险登记册将在第 7 章中讨论，但有关风险登记册应包含哪些内容是在风险管理计划中指定的。风险登记册是风险档案的一部分，在第 1 章中做了较为深入的讨论。

任何沟通的关键都是清晰、明确。风险经理有责任对传达风险信息时用到的术语、短语和框架进行澄清。

任何风险沟通都涉及一些要素，其中包括：

- 编写者；
- 最初记录信息以及审核/修订信息的时间；
- 接收方；
- 沟通模式。

沟通内容也存在性质上的差别，PMI®根据这种差别将沟通内容分为数据、信息和报告。

- 数据指的是未经任何处理的原始事实，因此存在的偏差最小。使用这个术语时，意味着没有做任何分析，也没有做任何解读。
- 信息指的是以某种方式处理过的数据。在处理过程中，可能创建类别或对数据进行自然分组。虽然信息存在的偏差有限，但可按特定的方式进行简单排序。因此，信息更具表达力，更有深度。
- 报告以特定的方式呈现信息。报告给信息施加一个限制框架，因此很可能为以特定方式呈现而扭曲信息。在沟通内容中，报告存在的偏差最大。

5.4.1 编写者

所有沟通都存在一定的偏差。一旦对数据进行处理，使其变成信息，就引入了处理者的偏见。如果编写者按风险源对所有的信息进行分类(就像风险分解结构中那样)，就引入了与风险源相关的偏差；如果编写者按地理区域对所有的信息进行分类，就引入了与地理区域相关的偏差。因此，编写者就是偏差的评判人，即便偏差是无意间引入的。

在风险管理过程中，信息编写者很重要，因为他还充当着信息参考源。在很多情况下，风险信息收集人员都会求助于风险或应对信息的最初编写者，以获悉与之相关的假设和意图。

在风险管理过程的很多方面，涉及的单项数据可能有多个编写者。在这种情况下，应承认所有这些编写者为风险管理过程做出的贡献。从这些编写者那里获悉的各种假设和意图可能表明，单个风险实际上可能是根据单个数据点确定的多个风险。

5.4.2　时间

沟通时间可能指最初记录信息的时间，也可能指信息需要更新或审核的时间。例如，1855 年，*Bartlett's Familiar Quotations* 一书的第 1 版出版，从那以后，该书出版了 17 个版本。1968 年出版的第 14 版包含 8 条马丁·路德·金的名言，而在接下来的一版中，增加到了 12 条。名言还是原来的名言，但收入时间说明了马丁·路德·金在大家眼里的重要性。这说明时间很重要。

"9·11"之后编写的风险清单不同于 20 世纪编写的任何风险清单；在新冠病毒爆发后编写的风险清单中，包含在 21 世纪的开头 10 年中根本不会严肃考虑的风险。因此，风险信息的编写时间非常重要。

承认信息变化潮流的存在，并指出这种变化潮流在什么时候可能再次发生，就能拥有丰富得多的数据集，供风险经理使用。

5.4.3　接收方

在发送者-接收者沟通模型中，模型的两端都存在过滤器。发送方通过语言、手势和音调来过滤信息，接收方也过滤信息。在信息收集或信息传播过程中，如果没有考虑接收方及其过滤器，就可能无法传达你的真实意图。如果将驾驶风险视为"车盖因松开而以极快的速度飞出去"，同时不考虑接收方及其文化，就可能导致严重的误解。例如，在美国，驾驶风险可能被视为妇女的帽子被吹掉；而在英国，可能被认为是引擎盖飞出去。对沟通来说，接收方是非常重要的因素，其地理位置、社会地位和文化都会影响对信息的理解。

5.4.4　沟通模式

面对面时，沟通最为清晰。沟通理论家艾伯特·梅拉比安（Albert Mehrabian）指出，在这种面对面的情况下，信息有望达到 100% 的传达。剔除任何一个沟通要素后，都将丢失一定的信息。梅拉比安指出，仅通过单词进行沟通时，只能传达大约 7% 的信息。例如，对于短语"当然，我相信"，可以严肃的语气说，也可用讽刺的语气说；但以书面方式表达时，根本无法分辨表达者的意图。因此，如果能够避免以简单的书面方式进行沟通，便可清晰地分享风险信息。

梅拉比安还指出，通过改变语调和语气，可将传达的信息增加 38%。通过电话分享风险信息可能不是理想的方式，但相对于通过电子邮件交流，沟通效果无疑得到了极大的改善。

面对面沟通呢？这将传达原本被丢失的 55%的信息。在（PMI®做了大量研究的）敏捷环境中，这是一个重要的考虑因素。敏捷管理实践的一个重要支柱是每日站会，这是一种高度结构化的简短会议，每天上午召开，要求所有团队成员都前往会议现场。这种会议很短，要求每个团队成员都回答 3 个相同的问题：

- 你昨天做了什么？
- 你今天准备做什么？
- 你将面临什么麻烦？

这种结构化的数据收集方法很重要，不仅对敏捷管理来说如此，对采用敏捷方法的风险管理来说亦如此。前面有关潜在障碍的问题是一个清晰的风险问题。在很多情况下，这是一个前瞻性问题，而不是有关当前状态的问题，这意味着通过这个问题，通常将收集到前一天识别的风险。

PMI®不要求你熟悉梅拉比安及其理论，但要求你信奉该理论背后的思维方式。另外，你还必须熟悉在敏捷管理中的每日站会上提出的三个问题，并知道其中的哪个问题与风险管理实践联系最为紧密。

对于考试中出现的任何与该领域相关的问题，只要熟悉梅拉比安的理论，就足以找出正确的答案。靠纯粹的单词进行沟通时，分享洞见的能力将受到限制，认识到这一点很重要。如果能让对方看到身体语言和其他非言语沟通方式，将提供最丰富的沟通体验。

在沟通方面，还有一点很重要。鉴于风险管理并没有固定不变的形态，编写文件时确保一致性就非常重要。本章前面讨论的形式和格式让项目经理能够专注于风险实践，而无须去学习图书馆学方面的知识。

5.5 风险教育与培训

针对项目团队的大部分风险教育与培训都是根据风险管理计划开展的，风险管理计划还是指导方针，详细说明了教育与培训的性质，以及想要取得的成果。与所有项目管理培训一样，风险培训也是以结果为导向的，其中的理念是所有培训都旨在培养新的行为方式，以及学会使用促进这些行为方式的工具。因此，必须有相关的措施或指标，可用于评估培训在帮助养成新的行为方式的效果。

风险管理计划描述了风险教育方法，让所有相关方都知道知识将如何传播。风险教育方法包括现场培训或虚拟培训、实践培训或理论培训、临时培训或预定培训。

正如第 2 章讨论的，大部分知识传播涉及的都是外显知识（以分步解说方式进行阐述，从而能够以统一方式付诸应用的知识）；内隐知识传播（依靠个人理解推动的知识传播）要难得多，且传统培训方法也不太适用。

对于不同的相关方，所需的风险教育力度也不同，具体情况取决于相关方的认识水平和项目参与度。因此，风险管理计划应阐明各个相关方都应接受什么样的培训，在很大限度上说，这取决于相关方的项目参与度。项目涉及的不同梯队和相关方分组的培训需求如下：

- 高级管理人员。对于高级管理人员，风险培训包括的内容：分享有关上报规范的信息；确认识别的组织容许限度、临界值和触发条件是管理层所关心的。虽然管理层也可能关注某些任务层级风险，但他们不会将时间投入这些风险中；相反，他们关注的重点是可能需要管理层干预的风险，或者可能引起管理层过度注意的风险（在培训中，也需要澄清"过度"这样的概念，确保对这种形容词的认识是一致的）。

- 团队成员/任务执行人员。对于团队成员和任务执行者，风险教育与培训的重点是信息分享和对术语的一致认识。务必向这些人澄清风险词典中的术语（如高风险、中风险和低风险），这样他们才能在团队会议上（还有与同仁）进行风险对话。风险教育还需让这些人知悉如下方面：风险的相对水平和优先级；如何分享关注到的风险信息。要让团队成员/任务执行人员知道，风险说明并非仅仅指出风险领域的一两个单词，而是完整的句子，指出了风险的性质以及风险发生时可能带来的影响。对于高级管理人员，风险培训可能是一次性的，但对于团队成员，风险培训永远没有终点，因此在风险管理计划中，还需指出针对团队成员的风险培训的频率和持续时间。

- 供应商。首先，需要让供应商知道，他们在项目风险管理中发挥着一定的作用。供应商对其可交付成果的认识比其他任何人都更深入，因此对于与这些可交付成果相关联的风险，他们有更清晰的认识。风险培训并非要让供应商有机会推卸风险责任，而是要让他们认识到其可交付成果给项目带来的风险的相对水平。

风险培训的另一个作用是，让供应商能够更深入地认识到风险将给与其合作的其他相关方带来什么样的影响。

- 客户：客户实际上拥有最准确的项目风险信息。在大多数情况下，项目成果都归客户所有，因此他们知道在其环境中使用这些成果时，将带来的挑战和机会。在培训环境中，有机会定义和重新定义各个方面由哪方负责，还可确保各方都使用相同的语言。

- 其他/外围相关方：与客户一样，针对其他相关方的风险教育也是围绕着项目中使用的风险语言展开的，这涉及风险优先级、风险容许限度和风险临界值。对于有些外围相关方（如当地的社会活动家），可能需要让他们知道，他们需要确定自己的风险容许限度，并将其告知项目负责人。实现这种信息分享可能是风险教育的众多目标之一。

在很大限度上说，对于所有潜在的培训参与者，目标都是相同的，那就是要让他们熟知如下方面：风险信息分享过程；分享风险信息时采用的形式和格式；使用的风险语言；他们在整个风险管理过程中扮演的角色以及该角色的价值所在。

5.6 复习题

1. 你负责的项目将使用敏捷方法（准确地说是 Scrum 方法）进行实施，请问在这种环境中，有些最重要的风险信息将来自哪个信息源？
   - A. 客户，因为他们对自己所处的环境最清楚。
   - B. 团队成员（每周召开的定期例会和状态更新）。
   - C. 你自己，因为项目是你监督实施的。
   - D. 团队成员（每日召开的简短会议）。
   - E. 管理层（（每周召开的定期例会和状态更新）。

2. 在 RACI 表中，将两个团队成员都是用 A 表示的，这意味着什么？
   - A. 将由两人担责。
   - B. 需要将项目状态告知两人。
   - C. 由两个团队成员一起承担实施风险管理和/或风险应对的职责。
   - D. 将向两个团队成员咨询有关风险和/或风险应对方面的问题。
   - E. RACI 表编写得不正确，因为只能由一人为风险和/或其应对担责。

3. 风险分解结构对哪种信息进行分门别类？
   - A. 按责任人对风险应对措施进行分门别类。
   - B. 按风险源对风险进行分门别类。
   - C. 按责任人对风险管理过程进行分门别类。
   - D. 按与之关联的工作对风险进行分门别类。
   - E. 严格地说，风险分解结构是用词不当，因为它没有对任何东西进行分门别类。

4. 下面哪种有关数据、信息和报告的说法是正确的？
   - A. 数据、信息和报告说的是一码事。
   - B. 数据存的固有偏差最大，而报告存在的固有偏差最小。
   - C. 报告存在的固有偏差最大，而数据存在的固有偏差最小。
   - D. 数据是经过筛选的。
   - E. 信息是未经筛选的。

5. 你和你的项目团队想要以最佳的方式进行风险沟通，为此应使用下面哪种沟通模式？
   - A. 面对面会议。
   - B. 虚拟会议。
   - C. 电话会议。

    D．电子邮件。

    E．风险登记册。

6．在使用 Scrum 方法的环境中，下面哪个是最重要的风险问题？

    A．你今天准备做什么？

    B．你负责的任务将出什么问题？

    C．你昨天做了什么？

    D．谁负责管理你面临的风险？

    E．你将面临什么麻烦？

本章涵盖如下主题:

- 相关方及其角色;
- 团队参与;
- 参与规则;
- 非策略风险教育。

第 6 章

协作

风险管理是一种团队性活动,所有良好的风险实践都涉及多个观点不同的相关方。组织从越多的角度审视风险,其风险管理能力就越强,原因是并非风险管理过程的参与者越多越好,而是当组织能够从多个角度审视如下问题时,就会表现得更好:存在哪些风险?该如何应对那些看起来最重要的风险?

为获得上述问题的答案,项目经理需要让尽可能多的相关方参与尽可能多的风险管理过程中。

本章讨论团队在风险管理过程中扮演的角色,以及项目经理在确定这些角色并使其发挥作用的过程中承担的职责。

本章讨论《PMI-RMP®考试内容大纲》中的如下目标:

领域	任务	考试目标
风险策略和规划	任务 6	与相关方规划并领导风险管理活动

6.1 "我知道了吗"小测验

"我知道了吗"小测验让你能够做出评估,确定是否需要详细阅读本章。对于这些测验题,如果对其答案或其涉及的知识没有把握,请详细阅读本章。表 6-1 列出了本章的各节及其对应的测验题。要获悉这些测验题的答案,请参阅附录 A。

表 6-1   "我知道了吗"测验题对应的章节

章节	小测验题
6.2	1、2
6.3	3
6.4	4、6
6.5	5

警告:小测验旨在评估你对本章主题的掌握情况,为此请将不知道答案或拿不准视为回答错误。如果将猜对答案视为回答正确,将扭曲自我评估结果,带来虚假的安全感。

1. 你的团队刚组建一周，但他们合作得非常好，给你留下了深刻的印象。在每次风险会议上，他们看起来都没有羞于分享风险信息，并很享受一起工作的愉快时光。根据塔克曼团队发展模型，该团队处于哪个阶段？
   A. 组建期。
   B. 激荡期。
   C. 规范期。
   D. 执行期。
   E. 修整期。

2. 你作为供应商，身处客户–供应商关系中。请问在这种关系中，谁对项目环境中存在的风险最清楚？
   A. 项目发起人。
   B. 客户。
   C. 项目经理。
   D. 团队成员。
   E. 最终用户。

3. 马琳看起来很愿意迎接任何挑战，且喜欢采取各种大胆而冒险的做法。她试图让其他人也跟随她的脚步，即便这些人指出组织不会批准这些做法。她对健康和安全法规不以为然，指责这些法规阻碍她前进的脚步。她指出，如果每个人都按她说的做，整个项目的完工时间将减少一半。考虑到项目已经延迟了，她的建议很有吸引力。对于她的做法，你该如何应对？
   A. 让她领导大部分风险应对实施工作，因为她能加快项目的进度。
   B. 找马琳单独谈话，指出项目必须完全合规，即便这意味着项目将进一步延迟。
   C. 在定期的团队风险会议上，指出项目必须完全合规，即便这意味着项目将进一步延迟。
   D. 让马琳找出导致延迟的项目方面，并研究规避法规的方法。
   E. 将项目枪毙。

4. 你定期举行风险会议，但大多数团队成员都以虚拟方式与会。你使用各种技术和平台，它们都获得了网络管理员的批准。埃斯是刚加入的新团队成员，他以远程方式与会，但无法进行除智能手机外还需要其他设备的通信。考虑到这种限制，你该如何办？
   A. 使用其他支持使用智能手机与会的平台。
   B. 改进这位新团队成员使用的技术。
   C. 让所有团队成员都使用智能手机与会。
   D. 确保当前使用的平台至少有一个支持智能手机，同时能够满足其他环境方面的要求。
   E. 转而采用面对面会议。

5. 几年前，你所在的企业发起了广告宣传活动——通过大幅海报宣传如下主题：不要冒险。每张海报都通过图像呈现极其恐怖的场景——有人死亡或重伤。在最近的一次会议上，你需要分享一条安全信息,因此说了下面这句话:"让我们都牢记公司不允许我们忘记的那四个字。"结果会议室的所有人都异口同声地回答道:"不要冒险。"你目瞪口呆。你原以为只有自己深受广告活动的影响,但实际情况并非如此,这给你留下了深刻的印象。这个故事指出了哪个有关风险教育的要点?

A. 反复宣传可让信息(甚至行为)深入组织每个人的心中。

B. 令人震撼的图像(即便是阴森的)让信息深入人心。

C. 公司的支持是让风险信息深入人心的关键。

D. 精准的风险宣传让信息深入人心。

E. 粗略的风险宣传让信息深入人心。

6. 你告诫风险团队,必须遵守基本的会议、行为和职业操守规范。为了解这些规范,团队成员最好参考哪个文件?

A. 项目章程。

B. 项目管理办公室指南。

C. 企业办公室指南。

D. 团队章程。

E. 人力资源员工指南。

6.2 相关方及其角色

 风险无处不在,它们会出现在策略层级、项目组合层级、项目集层级和项目层级。在上述每个层级,都有大量相关方,有些相关方还会出现在多个层级中。所谓相关方,指的是要执行的工作将给他们带来积极或消极影响的人,或者将给要执行的工作带来积极或消极影响的人。最显而易见的相关方是团队成员和客户,但还有其他的相关方。

存在大量不同相关方,可将其分为几乎无穷多个类别,但通过使用第 4 章讨论的凸显模型,项目经理和风险经理可对相关方的相对影响进行评估。在风险管理过程的每个步骤中,相关方都扮演着特定的角色:

步骤 1. 风险管理规划:在这个步骤中,除在编制风险管理计划中扮演具体角色外,相关方还对风险管理计划中重要的内容进行审查。他们评估风险词库、风险临界值、风险容许限度和风险管理过程,确保他们有必要的实施能力。如果相关方未积极参与这个步骤,则可能只审核风险管理计划中指定的可交付成果,确保它们是有用或有意义的。

步骤 2. 风险识别:这可能是相关方扮演的最重要角色,因为对于在项目生命周期内可能出现哪些风险,每个人都有独特的看法。在这里,个人经验发挥着重要作用,因为基于以往经历的苦乐,相关方可能挖掘出其他人不容易发现的风险。风险说明的格式是在风险管理规划中确定的,但风险说明本身是在这一步编制的。

步骤 3．风险定性分析：与风险识别一样，在这一步中，个人看法也发挥着重要作用。某个风险在一个人看来是高影响、低可能性的，但在另一个人看来可能是低可能性、低影响的。虽然高、中、低是在风险管理计划中（通过风险词库）定义的，但个人认识依然发挥着重要作用。鉴于不同的人有不同的看法，因此必须对让他们得出结果的假设条件进行验证，并将这些假设条件记录在案，这很重要。

步骤 4．风险定量分析：在风险管理过程的这个阶段，最重要的相关方可能是掌握了数学或统计学知识的人。面对风险定量分析的统计学倾向，那些没有定量分析背景的相关方可能不知所措。语言本身就可能让人应接不暇，再加上数学输出的诠释性特征，风险定量分析犹如一个狩猎场，置身其中的有些相关方面对风险数字时，可能像亮灯下的鹿一样惊恐。在风险管理过程的这个阶段，能够理解并出色地解读统计信息的相关方的价值不可估量。需要指出的是，在有些项目中，根本不会开展定量分析。

步骤 5．风险应对的制定：作为一项创造性工作，风险应对的制定提供了很好的机会，让你能够挖掘出新点子和新方法，帮助减轻、接受、转移和上报风险。与风险识别一样，相关方的参与度越高，应对制定工作就能完成得越出色。换而言之，相关方越多，想出的应对方法就会越多。

步骤 6．风险应对的实施：同样，风险应对的实施要取得成功，也有赖于各种相关方。然而，在这个阶段，应将相关方明确地指派为风险责任人，让其承担有限而具体的职责，这些职责是在第 5 章讨论的职责分配矩阵中规定的。

步骤 7．监督和控制风险：对于一个或一组风险，当其发生的可能性或影响发生变化时，关注的人越多，这种变化被注意到的可能性就越大。相关方就是关注风险的人，在让风险经理和/或项目经理获悉这种变化方面，他们发挥着重要的作用。

6.2.1　策略风险和相关方

除影响过程本身外，相关方对组织可能或应该关注哪些风险也会有影响。居住在河滨的相关方明白每次暴雨都可能引发洪灾；逃过圣海伦斯火山灾难的相关方能够意识到火山活动带来的风险；有过客户拒不付款经历的相关方可能将应收账款视为普遍问题。

相关方的个人经验丰富了风险表，而风险经理/项目经理有责任确保这些重大风险得到妥善应对，同时又不过分地小题大做。

6.3　让团队参与确定风险偏好、风险态度和风险优先级

从理论上说，在深入探究风险管理过程之前，项目经理已经对团队参与度做了评估，确定了各个团队成员是（这在第 4 章中讨论过）不了解型、抵制型、中立型、支

持型或是领导型的。有了这些信息后，风险经理需要做的促使团队参与的第一项工作便完成了。

　　然而，风险经理还需搞清楚团队处于团队发展过程的哪个阶段。随着项目的推进，要搞明白团队的行为特征，熟悉塔克曼团队发展模型（也被称为塔克曼团队发展阶段模型）很重要。这个模型包含 5 个主要阶段：

- 组建期（Forming）；
- 激荡期（Storming）；
- 规范期（Norming）；
- 执行期（Performing）；
- 修整期（Adjourning）。

6.3.1　组建期

　　组建阶段为团队成立的早期，在这个阶段，团队成员假定其他人都会为所有人的利益着想，且所有团队成员看到的都是同事最好的一面。所有团队成员都被召集起来后，便进入了组建期。在这个阶段会分配职责和角色，但并非每个人都会欣然接受。

6.3.2　激荡期

　　在激荡期，团队成员主张自己在项目某些方面的职权。虽然实际上没有这样的职权，但他们可能认为自己有。这也许导致团队成员之间发生冲突，因为多名团队成员可能都认为自己有资格承担同一个角色。在激荡期，鉴于团队成员之间的冲突可能升级，如果团队成员没有就各自的职责达成一致，那么风险也可能升级。

6.3.3　规范期

　　团队成员在团队中的位置确定并得到认可后，便进入了规范期。在这个阶段，团队成员能够在自己的角色范围内有效地发挥作用。在风险管理方面，规范期意味着团队成员接受了同事的风险态度和风险偏好，并对不同团队成员能够应对的风险吸收有清楚的认识。在这个阶段，团队成员都专注于自己的风险认识和自己负责的风险应对，因此发生冲突的次数有限。

6.3.4　执行期

　　在执行期，团队成员本着乐于助人的精神，乐于提供和接受建设性意见。对风险团队来说，在执行期，团队成员将就风险、可接受程度以及其他团队成员的容许限度达成更为清晰而一致的认识。进入执行期后，大家对风险和风险应对的认识达成了一致，这让风险责任人能够获得最大的支持。

6.3.5 修整期

这是塔克曼团队发展模型中唯一一个令人悲伤的阶段。在这个阶段，团队将正式解散，因此对风险团队来说，在这个阶段，将把大量的信息记录下来并归档。

6.3.6 团队驱动的数据收集方法

在前述塔克曼团队发展模型中的每个阶段，项目经理都可能需要从团队成员那里收集风险信息。为此，可采用任何团队驱动的数据收集方法，但就收集风险信息来说，最常用的是下面这些：

- 头脑风暴。
- 名义小组技术（nominal group technique）。
- 焦点小组。
- 访谈。
- 德尔菲法。
- 会议。

其他数据收集方法将在第 7 章中讨论。

1. 头脑风暴

头脑风暴是鼓励自由发表看法的一种小组会议，最适合用于这样的团队环境：团队成员对他人的想法持开放态度，并能够在他人分享想法时忍住要立即加以批评的冲动。卓有成效的风险经理熟知头脑风暴的基本规则：

- 没有想法是糟糕的，欢迎提出任何想法。
- 头脑风暴未结束前，不对想法加以批评或评估。
- 每个人都可以参与，但不强制参与。
- 头脑风暴将不断进行下去，直到所有参与者都分享了其所有想法，而不管这将持续多长时间。

头脑风暴通常有利于直言不讳的团队成员发表其想法，而沉默寡言的团队成员通常参与度较低。

2. 名义小组技术

虽然大家更熟悉的是名义小组技术（nominal group technique）的首字母缩写 NGT，但在 PMI-RMP®认证考试中，不会使用缩写，而使用全名。由于 PMI-RMP®认证考试是国际性的，因此会避免使用大部分缩写。名义小组技术有时也被称为纸上头脑风暴：给每个参与者一张纸和一支笔，让他们将问题答案记录下来。问题可能是这样的：这个项目面临哪些风险？或者，为管理大部分风险，哪种方法最合适？参与者必须在预定的时间内将其答案记录下来。

然后，参与者将其列出的清单交给引导人，引导人再将它们记录下来，供小组讨论并确定优先级。在不喜欢口头分享想法的人较多时，使用名义小组技术通常效果较好；使用名义小组技术还可留下文件记录。这种方法的主要缺点是，留给大家对结果进行讨论和评估的机会有限。

3. 焦点小组

焦点小组将为数不多的几人聚在一起讨论问题，这些人对要讨论的问题早就有自己的认识。小组成员为组织中不同派系的代表，也可能是将与项目成果打交道的各种相关方。讨论由引导人主持，确保焦点小组专注于目标问题或关切。由于人数较少，焦点小组参与者都是精挑细选的，确保能够听到具有代表性的相关方的声音。焦点小组的缺点是，可能无意间遗漏某些代表，导致无法听到他们对项目风险的看法。

4. 访谈

访谈是一种经典的信息收集方法，让你能够从个人（而不是小组）那里收集大量的信息。虽然可能不被视为团队驱动的数据收集方法，但访谈可确保每个被采访者都能够就风险发出自己的声音。开展访谈时，不应在具有胁迫性的环境中进行，同时确保只有采访者和被采访者在场。

提出的问题应该是开放性的，而不是封闭性的。所谓开放性问题，指的是被采访者能够展开讨论的问题；所谓封闭性问题，指的是只能做出肯定或否定回答的问题。显然，通过提出开放性问题，可获得更多可供你使用的数据。

5. 德尔菲法

德尔菲法一直是项目管理专业人员认证考试（PMP®）和 PMI-RMP®认证考试的重要考点，这种方法用于在风险讨论中收集信息，同时消除个人偏见。

德尔菲法是这样开展的：确定讨论主题，并将该主题交给相关领域的至少 3 名匿名专家（匿名旨在排除职业认可带来的偏见）；拟订问题，并将其交给前述每位专家，请求他们回复；整理专家的回复，重新拟订问题，并附上所有专家的回复，这让其他专家能够看到同行的看法，但不知道同行是谁。

现在进行第二轮——审核，并将审核结果交给引导人。引导人收集审核结果，重新拟订问题，将所有数据都发给所有参与者。这些参与者可增添新的看法或对之前几轮中专家的看法提出批评。

德尔菲法的重点在于，至少要有 3 位专家参与，且至少进行 3 轮。

6. 会议

会议是所有风险管理过程的助推器。要确保会议取得成功，前提是有议程、只有需要与会的团队成员参加且有时间限制。所有这些特征都会让会议更加成功，无论会议是面对面的还是虚拟的。

（1）面对面会议

在面对面会议中，交换的信息最为丰富，因为词语、语气和身体语言（非言语沟通方式）都将发挥作用。组建风险团队时，这种会议能够让大家彼此有更深入的认识，因为与会者能够将面孔和名字对应起来。这种会议可调动所有感官，同时几乎不依赖于任何技术，这消除了技术障碍。在这种会议上，每个团队成员的个性和每次数据共享都暴露无遗，从而最大限度地减少了误解。

（2）虚拟会议

虽然虚拟会议（使用 Zoom、Skype、GoTo、Webex 或其他技术）支持远程与会，但存在严重的局限性。与会人员必须会使用相关的技术，还需配置高品质麦克风和摄像头。很多虚拟会议都是在没有摄像头的情况下召开的，这极大地限制了互动。由于远程与会人员身处不同的地方，其所处位置的活动可能分散其注意力；对主持虚拟会议的风险经理来说，团队章程制定的基本规则显得尤其重要。另外，还可能存在时区不同和语言/方言不同的问题。

（3）调解会议中出现的冲突

风险经理（或会议引导人）的一项重要职责是，尽可能减少无谓的冲突。为此，最佳的方法是制定并遵守会议基本规则。但即便如此，依然会出现意料之外的会议冲突。虽然解决冲突的最佳方式是开诚布公地讨论，但有时冲突会导致团队背离会议的初衷。面对这样的情况，引导人或经理必须知道如何加以管理。在很多情况下，需要暂时搁置偏离议程的主题，以后找时间再讨论。有关搁置的主题应在何时以及如何讨论，必须有明确的规定，这种信息包含在团队章程中，在第 3 章中讨论过。

与其他冲突一样，理想的会议冲突化解方法是"解决问题"：通过彼此交流想法，找到化解冲突的创造性解决方案。

6.4　参与规则

基本规则是促使团队参与的基石，但风险团队还需熟悉其他可能需要遵守的参与规则。具体地说，这包括如下方面的规则：

- 容许限度；
- 触发条件；
- 上报；
- 报告；
- 信息分享。

6.4.1　容许限度规则

容许限度是风险管理的红线，它们是这样的点，即一旦越过，项目就将停工。令人惊讶的是，即便在明确界定了容许限度的情况下，有些团队成员也会（因为其贪婪的风险偏好）跨过这些边界。因此，就像汽车限速一样，团队成员需要能够区分临界值和容许限度，并明白违反这两种限制意味着什么。

有些驾驶员认为，在有些公路上，速度限制与其说是规则，不如说是建议。他们认为在超速和被地方当局拘留之间，存在一个时速 5~10 英里的缓冲地带。如果限速 55 英里/小时（mph），那么容许限度是多少呢？

对于那些相信法律就是绝对规则的人来说，答案是 55 mph。在居住在当地司法管辖区内的人看来，可将速度增加到 64 mph，而不会被要求靠边停车；即便被要求靠边停车，也不会吊销驾照。在内华达州，有位驾驶员在 65 mph 限速区将车开到了 125 mph，被交警要求靠边停车。他驾驶的克尔维特被扣押，他自己因危险驾驶被判监禁。他这种驾驶行为显然越过了容许限度。

在弗吉尼亚州，超过最高限速 20 mph 后不再被视为超速，而被视为危险驾驶。这个限度明显是容许限度，相应的后果也很清晰。换句话说，弗吉尼亚州的容许限度规则非常明确。

在项目中，这样的规则可能受项目成本、时间压力或质量要求的严格性影响。容许限度规则可能记录在组织的内部文件中，也可能是买卖合同中规定的。这种规则可能很简单，如表述为越过合同容许限度后，将被视为重大违约（导致可交付成果不能用或可用性急剧降低的违约）。这意味着可能导致合同失效。

6.4.2　触发条件规则

触发条件是可见的物理表现形式，昭示着离容许限度已经不远。在铁路道口，触发条件为警铃、灯光和道闸，这在第 3 章中说过。与容许限度规则一样，触发条件规则也应明确地指出不遵守规则的后果。不同的是，相比于对违反容许限度规则的惩罚，对违反触发条件规则的惩罚必须更轻。问题是违反触发条件规则可能很快导致违反容许限度规则。

每年都有人抢在缓慢行驶的火车到来前越过道闸，这违反了触发条件规则。仅 2018 年，美国就有 99 位驾驶人员在越过道闸时死亡。如果他们能够在火车到达前越过道闸，可能只是违规驾驶，这就是违反触发条件规则的后果。然而，对那 99 位死亡的驾驶人员来说，他们从违反触发条件规则变成了违反容许限度规则，因此付出了生命的代价。

总之，触发条件规则也凸显了违反规则的后果，必须将这些规则明确地传达给所有团队成员。

6.4.3　上报规则

在什么情况下，你告诉管理层可能会出问题？在什么情况下，你告诉客户，可交付成果无法及时交付？这些问题都与上报规则相关。如果临时才制定上报规则，这样的规则将毫无用处。在出色的风险团队中，每个团队成员都准确地知道，在什么情况下，当风险事件的发生可能性或影响发生变化时，需要将这种情况上报。

风险管理计划必须包含有关如何向不同管理层级上报风险的指南。这些规则必须是预定好的，以防风险团队成员根据自己的偏好或偏见做出相关的决策。上报规则必须包含如下内容：

- 每种风险都应上报给哪个管理层级？
- 在什么情况下，需要将风险上报给更上一个管理层级？
- 风险上报后，它就由更高的管理层级管辖，不再在团队的管辖范围内。

最后一点很重要。PMI®认为，将风险上报后，除非管理层要求，否则项目团队或风险团队就不再积极地参与管理这个风险，并假定管理层已接管它。

6.4.4　报告规则

所有的风险报告都必须遵循一组清晰的规范。这些规范神圣不可侵犯，因为它们几乎涵盖了所有可能出现的情况。报告规则对如下方面做了规定：何时编写报告、由谁编写、由谁协助编写、报告的存档位置/如何存档。在很多情况下，这些规则由项目管理办公室制定，以确保它们与组织的其他报告实践保持一致。这些信息最终将记录在风险管理计划中。

6.4.5　信息分享规则

在很多企业中，知识产权就是可用来购买商品的货币，因此信息分享规则非常重要，可防止组织成员挥霍组织最有价值的资产。这些规则记录在沟通管理计划中，就如下方面做了规则：谁能够收到信息；对于每个人，可与其分享哪些信息。

例如，美国政府制定了针对政府正式文件的信息分享规则。非保密文件几乎谈不上敏感，可随便公开；"保密"信息指的是如果公开，可能对国家安全有直接影响的信息；"机密"信息指的是如果公开，将对国家安全有严重影响的信息；"绝密"信息指的是如果公开，将给国家安全带来极度危险的信息。

这些分类就是信息分享规则。如在可能泄露"绝密"信息的环境中工作，则相关方必须通过审查，并遵守有关文件和信息管理的审查规则。

在企业中，情况也类似：相关方必须明白哪些信息可随便分享，哪些信息属于重要的知识产权。

6.5　非策略风险教育

要促使相关方参与风险管理过程，最佳的方式是通过培训和教育。无论是经验型的还是机械型的,培训都有望让所有人员从类似的角度审视风险,并明白企业为何要对其面临的风险进行管理。

令人惊讶的是,这不像策略风险教育那样,组织力图开展有关如下方面的教育:可接受的风险吸收以及管理层的风险态度和风险偏好。

相反,这是机械型培训,针对的是如下方面:风险原则和风险过程以及本章前面讨论的其他考虑因素。

培训内容可能包括有关如何正确地编写风险登记表或指派风险责任人的指南,还可能阐述为何要将风险信息存档以及如何存档、何时存档、存放在什么地方,还有这些档案的性质。

> **注意:**法律要求将信息存档多久就存档多久,但当文件和历史记录的存档时间超过法律要求后,就将其删除或销毁。

这种培训还包含团队成员权限方面的内容,这旨在让团队成员对其职权边界有清晰的认识。通过这种培训,团队成员将知道自己在实施风险应对的过程中,可在多大范围内自主抉择。

6.6 复习题

1. 你想要从风险团队中的专家们那里获得一致的意见,但知道他们相处得不太融洽。为完成这项工作,使用哪种方法从这些专家那里收集数据最合适?

   A. 焦点小组。

   B. 头脑风暴。

   C. 会议。

   D. 德尔菲法。

   E. 名义小组技术。

2. 你的团队成员极具合作精神,能够在合理的时间内完成任务。每个团队成员都清楚自己在团队中的位置,并恪尽职守。他们不喜欢求人帮忙,总是独自完成任务。请问这个团队处于塔克曼团队发展模型的哪个阶段?

   A. 组建期。

   B. 统一期。

   C. 激荡期。

   D. 规范期。

   E. 执行期。

3. 你要使用头脑风暴来收集风险数据,你对这个过程可以有哪些期望(双选)?

   A. 团队成员将详细分析自己和同事的想法。

   B. 团队成员将公开而自由地分享想法，直到所有想法都被充分讨论。

   C. 将把收集的数据记录在案，再与整个团队分享。

   D. 这个过程将快速推进，并编写一个按优先顺序排列的回复清单。

   E. 这个过程持续的时间可能比预期的长，且可能有些团队成员会在这个信息分享过程中唱主角。

4. 在正召开的会议上，团队成员识别出了一个以前未发现的重大风险。团队看起来深受讨论的鼓舞，而你也很想更深入了解这个风险可能带来的影响。为处理这个新出现的主题，你该如何做？

   A. 将这个议题安排到未来某次可以腾出时间讨论它的会议中。

   B. 删除既有会议议程中的议题，为讨论该议题腾出时间。

   C. 延长既有会议议程，以便有时间讨论该议题。

   D. 在本次会议上继续讨论该议题。

   E. 询问团队成员愿意怎样做。

5. 你所在的组织热衷于签署保密协议，而且这些保密协议也适用于公司政策。在每个项目中，所有参与者都被要求签署这样的协议并严格遵守。在一次风险会议上，客户询问你是否考虑过出差给项目带来的风险，因为如果一次出差数月，团队成员可能辞职。你所在的组织有公司内部政策，对每月的出差天数做了限制，这旨在让职工能够平衡工作和生活。请问面对客户的上述问题，你该如何回答？

   A. 仅告诉客户这种问题已经解决了，不再说别的。

   B. 向客户阐述前面说的公司政策。

   C. 向客户提供前述公司政策的书面版本。

   D. 以假设的方式指出，以前面临过这种问题的公司都制定了限制每月出差天数的政策。

   E. 什么都不说。

6. 你所在组织的上报规则非常明确：在一个财年中，每当项目超支 3%，就必须找出原因，并将导致继续超支的风险上报给首席财务官。在上一个财年，你负责的项目的开支低于预算 7%。现在是新财年的第一个月，处境相当艰难，该月的开支已超过预算 3.5%，但还有 11 个月的时间来弥补。请问此时你该如何做？

   A. 联系首席财务官，让他来处理这个超支问题。

   B. 再等一个月，看看届时是否还超支。

   C. 将超支情况以及超支情况有望改善的理由记录在案。

   D. 等超支突破 3.9% 后再采取措施。

   E. 联系首席财务官，告诉他你能够处理好这个开支问题。

本章涵盖如下主题:

- 识别方法;
- 初步数据分析;
- 风险登记册。

第 7 章

基于团队的实用风险识别

风险识别涉及编写清晰、易于理解且格式统一的风险说明。风险识别是一种对未来的洞察，因为风险属于未来可能出现的现象，当前并非发生。从越多的角度审视，风险识别效果越好：客户了解其环境中存在的风险；供应商熟知与其产品或服务相关的风险；团队成员知道将其纳入团队带来的风险（还有完成项目工作需涉及的风险）。

要出色地识别风险，必须对风险说明有基本认识。风险说明可采取各种形式和格式，但格式确定后，就必须严格遵守。经典的格式说明格式包括如下两种：

■ 如果/那么。

■ 某种事件可能发生，进而带来某种影响。

通过使用统一的格式编写风险说明，可让风险更容易识别。风险不可能用几个字说清楚，"进度"说的不是风险，而是风险类别或风险源，"资源"和"天气"亦如此。在风险识别过程中，那些用几个字描述风险的人肯定会给自己和组织带来麻烦。

团队成员不仅需要了解风险说明的格式，还需了解风险的性质。风险是未来可能发生的现象，当前并未发生。"我开车时可能撞上一头鹿，导致车辆严重损坏。"这个风险说明抓住了风险的特征——未来可能发生。风险发生后，就从未来状态变成了问题，而问题管理与风险管理是两码事。

团队成员还需意识到，风险可从正面的角度看，也可从负面的角度看。换而言之，风险既是威胁，也是机会，就像坏事可能发生，好事也可能发生一样。这两种角度都需要考虑进来。

本章探讨风险识别工具、如何使用这些工具来收集数据以及如何使用风险登记册来建立风险档案。

本章讨论《PMI-RMP®考试内容大纲》中的如下目标：

领域	任务	考试目标
风险识别	任务 1	开展风险识别实践

7.1 "我知道了吗"小测验

"我知道了吗"小测验让你能够做出评估，确定是否需要详细阅读本章。对于这些测验题，如果对其答案或其涉及的知识没有把握，请详细阅读本章。表 7-1 列出了本章的各节及其对应的测验题。要获悉这些测验题的答案，请参阅附录 A。

表 7-1　　　　　　　　　　　"我知道了吗"测验题对应的章节

章节	小测验题
7.2	2、6
7.3	3、5
7.4	1、4

警告：小测验旨在评估你对本章主题的掌握情况，为此请将不知道答案或拿不准视为回答错误。如果将猜对答案视为回答正确，将扭曲自我评估结果，带来虚假的安全感。

1. 你的上司属于数据驱动型管理人员，她酷爱数据，觉得数据越多越好。她对你的风险管理工作有浓厚的兴趣，想要知道项目面临的风险。请问下面哪个是提供这种信息的最佳工具？
   A. 风险登记册。
   B. 风险分解结构。
   C. 工作分解结构。
   D. 风险报告。
   E. 风险应对报告。

2. 你正主持一场风险识别会议，与会者包括项目团队和客户代表。你想要加倍小心，避免分享太多有关项目的负面信息，同时希望每个与会人员都积极参与。请问在这种环境中，下面哪种技术最适合用来达成此目的？
   A. 头脑风暴。
   B. 名义小组技术。
   C. 焦点小组。
   D. SWOT 分析。
   E. 偏差分析。

3. 马琳曾管理一个项目，该项目与你当前负责的项目类似。她将每次团队会议的会议记录都进行了转录，生成的文件数以 GB。如果将这些文件都打印出来，将有数千页。当前处于你负责的项目早期，请问你该如何处理马琳提供的会议记录？
   A. 联系马琳，询问她哪些内容很重要。
   B. 审核马琳提供的文件，看看其中记录的风险是否有适用于你负责的项目的，虽然审核工作可能需要很多天才能完成。
   C. 不理会这些文件，因为从本质上说，每个项目都是独一无二的。
   D. 只阅读这些会议记录的重要部分。
   E. 将这些文件删除。

4. 你要确定项目的风险登记册的格式，请问在风险登记册中不应包含下面哪一项？

　　A. 风险责任人。

　　B. 关闭/审核日期。

　　C. 风险应对。

　　D. 问题。

　　E. 风险源。

5. 你所在的企业有很多车辆，每辆都借给了不同的员工。仅在你负责的项目中，需要跟踪的小汽车和小型货车就多达 21 辆。所幸企业配置了 Big Sibling 软件，用于跟踪每辆车的移动情况。你着手研究了项目团队最常走的行车路线，发现他们经常穿过铁路道口、经过树木茂盛的区域以及堵在环城公路上。请问你所做的这种审核工作会带来什么影响？

　　A. 这些遥测数据可能让你能够知道风险的性质，还有风险事件发生的相对可能性。

　　B. 得知自己每次开车时都被跟踪，团队成员可能很不高兴。

　　C. 根据这些数据可能得出不同的结论，因为它们毫无用处。

　　D. 你可能发现团队成员在驾车行为方面存在的问题。

　　E. 意识到自己被跟踪后，团队成员可能更加谨慎。

6. 你正通过访谈了解团队成员的想法，以便编制风险清单。在访谈过程中，你注意到参与者不断地做出肯定或否定回答，可你之所以花时间与团队成员进行一对一交流，是想要获得他们的深刻洞见。请问你可能是在什么地方做错了？

　　A. 为达成目的，你应使用头脑风暴。

　　B. 你提出的可能是开放性问题。

　　C. 你应采用德尔菲法。

　　D. 你提出的可能是封闭性问题。

　　E. 你选错了团队成员。

7.2　识别方法

　　　进行基本的风险识别时，务必牢记其目标是识别尽可能多的相关风险，但任何风险经理都不可能将项目面临的所有风险识别出来。在风险识别阶段，团队还不知道哪些风险需要进一步研究，这种研究是在后面的风险定性分析和定量分析阶段进行的。在风险识别阶段，团队面临的难题是，使用统一的格式描述尽可能多的风险。

　　　确定风险说明的格式后，可采用众多不同的工具来简化问题"这个项目面临哪些风险？"的答案，其中包括第 6 章介绍过的头脑风暴、名义小组技术、德尔菲法、焦点小组、访谈和会议。除这些方法外，还可考虑使用众多其他的方法，其中包括：

　　　■　思维导图；

　　　■　亲和图；

- 根本原因分析；
- 核对单分析；
- 假设分析；
- SWOT 分析；
- 专家判断。

还有多种提出基本风险问题的方式。为此，除提出一般性问题"这个项目面临哪些风险？"外，还可提出另外两个常见的问题：

- 根据这些类别和/或风险源，可确定哪些风险？
- 根据这个人的观点或倾向，可确定哪些风险？

7.2.1　思维导图

大致而言，思维导图就是图形版头脑风暴。在小组环境中分享想法时，将每个想法都张贴到一个公用的白板或屏幕上，让所有参与者都能看到。如果一个想法在某种限度上基于早已提出的另一个想法，就绘制一条从前者到后者的线段。思维导图的主要优点是，让参与者能够明白想法是从哪里来的以及它们是如何演变的。例如，"我可能遭遇交通事故，导致车辆严重受损"可能演变为"我可能撞上一头鹿，导致交通事故"，再演变为"我的保险费可能增加，变得难以承担"，如图 7-1 所示。

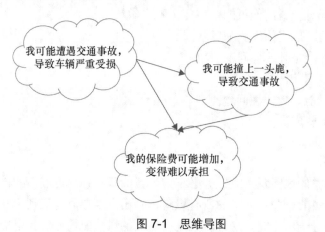

图 7-1　思维导图

在思维导图中，很容易找出想法的起源，这有助于简化风险识别（和风险源识别）工作。

7.2.2　亲和图

亲和图在很大限度上是基于头脑风暴技术的，但稍有不同。在大家提出想法时，将相应的风险写在纸张或便利贴上，每张纸上都记录一个风险事件（当然是使用合适的格式）。与头脑风暴一样，大家不断提出想法，直到没有人有更多的想法为止。接下来，创建亲和图：以每次一张的方式将所有纸张都贴到白板或屏幕上。第一个人将他记录的一张纸贴到白板或屏幕上，另一个人从他记录的纸张中选择一张，并将其贴到白板或屏幕上。在每张纸上记录的风险都与前一张纸上记录的风险属于同一组，且这两张纸被贴在相邻的地方。随着越来越多的纸张被贴到白板上，自然而然地进行了分组。最终，白板上贴满了风险，且风险之间离得越近，关系越紧密，如图 7-2 所示。

图 7-2　亲和图

风险是依次由不同的人添加的（大家轮着添加），这避免了某种特定的观点占据主导地位。

7.2.3　根本原因分析

在根本原因分析中，使用的是另一种图。这种图有时被称为石川图，但通常称为鱼骨图或因果图。根本原因分析是基于风险事件的影响进行的。如果管理层最关心的是成本超支，那么就只考虑这种主要影响；而在另一个石川图中，考虑的主要影响可能是"不能在规定时间内完成"。换而言之，绘制鱼骨图时，只关注特定的影响。传统上，鱼骨图主要涵盖四方面的原因——人、方法、材料和机器，但随着时间的推移，很多组织做了调整：根据自己的风险经验，添加了不同的原因。这些原因类别也可以是从风险分解结构或标准（如 PESTLE）中提取的风险源。

在根本原因分析中，提出的问题很简单。如果鱼骨图基于最初的 4 种主要原因（如图 7-3 所示），问题集将包括以下内容：

- 哪些与人相关的原因可能导致不能在规定时间内完成？
- 哪些过程原因可能导致不能在规定时间内完成？
- 哪些材料原因可能导致不能在规定时间内完成？
- 哪些机器原因可能导致不能在规定时间内完成？

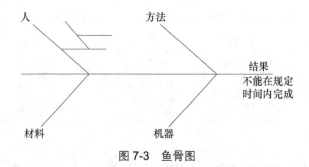

图 7-3 鱼骨图

回答这些问题后，接下来要追问的问题都很简单。如果导致不能在规定时间内完成的与人相关的原因是"我们可能没有足够的人手"，那么接下来要追问的问题是"为什么？"。

此时将进入"5 个为什么"过程。下面列出了这个过程包含的问题（同时请参阅图 7-4）：

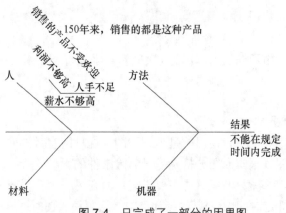

图 7-4 只完成了一部分的因果图

- 我们人手不够，可能是因为薪水不够丰厚。这是为什么呢？

- 薪水不够丰厚是因为公司的利润不那么高。这是为什么呢?
- 我们销售不是老百姓需要的商品。为什么这样做呢?
- 150 年来，我们都是这样做的。这是为什么呢?
- 在 20 世纪，这种做法可行，因此我们相信这种做法现在也行得通。

通过对鱼骨图的每个分支都追问 5 个为什么，主题 (theme) 便呈现出来了。如果一个主题反复出现在不同的"鱼骨"上，它就可能不仅仅是导致风险的原因，而很可能是根本原因。根本原因是反复出现在因果图的不同鱼骨上的原因，或者是出现在这样的"鱼骨"末端的原因，即它对应于导致结果的最重要问题。

7.2.4　核对单分析

核对单是历史经验的反映。每个核对单都反映了正面或负面经验，即特定的措施或活动给项目带来的益处或损害。度假核对单可能包含列项"牙膏"，该列项提醒你前往酒店的礼物商店购买牙膏。同理，在风险识别过程中，核对单列项指出了在未来的工作中可能需要完成的任务。核对单可能帮助你识别出风险和/或威胁。

不要认为核对单是神圣不可侵犯或包罗万象的，但务必对其进行分析，确保考虑到了其中包含的列项，因为以前有人将这些列项视为风险或风险源。

7.2.5　假设分析

假设是为方便规划而信以为真的条件。假设分析旨在确定这个信念系统及其影响。在项目管理中，假设无处不在：项目经理经常就天气、物理环境、基础设施、人员和众多其他的方面做出假设。假设分析的第一步是审核假设，并确保它们被正确地记录在案。

这一步完成后，接下来的任务是将假设转换为风险说明。如果假设为"至少有两周是天气干爽的"，那么风险说明可能是这样的：如果没有两周的干爽天气，混凝土浇筑阶段将不得不推迟。这里的重点是，假设分析可能识别出众多不同的影响；不像因果图那样旨在找出导致一个结果的众多原因，假设分析推断单个原因可能带来的各种影响。

7.2.6　SWOT 分析

SWOT (strength, weakness, opportunity, thrent；优势、劣势、机会和威胁) 是 PMI-RMP®认证考试中保留的为数不多的几个缩写之一。SWOT 分析的重点是项目外部的优势和劣势，这并不意味着这些优势和劣势是组织外部的，而是说这些优势和劣势并非项目带来的。在图 7-5 和图 7-6 中，采用了传统的 SWOT 格式，在顶端列出外部考量因素，并在底端列出项目特定的考量因素。

<table>
<tr><td align="center">**优势**</td><td align="center">**劣势**</td></tr>
<tr><td align="center">外部</td><td align="center">外部</td></tr>
<tr><td align="center">项目驱动的</td><td align="center">项目驱动的</td></tr>
<tr><td align="center">**机会**</td><td align="center">**威胁**</td></tr>
</table>

图 7-5　SWOT 格式

<table>
<tr><td align="center">**优势**</td><td align="center">**劣势**</td></tr>
<tr><td>组织有30年的混凝土浇灌经验；组织不存在供应链方面的担忧</td><td>随着新增建筑量的下降，混凝土市场在不断萎缩；砂石需求旺盛</td></tr>
<tr><td>为完成工作，客户愿意不惜任何代价；客户所在地区的天气一直不错</td><td>最出色的团队成员可能另谋高就；用于完成工作的设备已使用30年</td></tr>
<tr><td align="center">**机会**</td><td align="center">**威胁**</td></tr>
</table>

图 7-6　SWOT 示例

在图 7-6 所示的 SWOT 示例中，该公司是一家始建于 20 世纪末的混凝土浇灌企业。涉及的项目是一个以客户为中心的紧急项目，客户要求尽快完成任务。

右下象限列出的是威胁，而左下象限列出的是机会。在风险环境评估过程，机会被视为积极的风险。

SWOT 是从全局角度审视风险，而非详细分析。

7.2.7　专家判断

顾名思义，要使用专家判断，组织得有专家。这可以是项目所属领域的专家、项目特定方面（如技术方面）的专家或风险管理专家。不管是哪种类型的专家，都必须确保其专业知识与手头的项目和风险直接相关。专家判断天然地存在一定限度的偏见，使用的专家可以是内部的，也可以是外部的，他们可能是团队成员、咨询人员、主题专家、职业协会代表或项目办公室代表。鉴于邀请的每个专家都有不同的经验和信念，因此不可避免地存在一定的偏见。

7.2.8　风险问题

无论使用哪种集思广益方法，需要提出的基本问题都是存在哪些风险。

然而，对于这个问题，可以采用众多不同的方式提出。通过结合使用风险分解结构，可调整这个问题的措辞，询问来自各种风险源的风险。例如，可以这样提问：存在哪些风险？通过稍微调整措辞并限定风险类别，团队成员和风险识别过程的参与者常常能够发现更多的风险。如果泛泛而谈的风险问题（即存在哪些风险）没能引出足够多的答案，可接着追问一系列问题，并在每个问题中都限定风险源，这样或许可能引出足够多的答案。例如，可接着提出下面的问题：

- 有哪些进度风险？
- 有哪些成本风险？
- 有哪些合规风险？
- 有哪些政治风险？
- 有哪些环境风险？
- 有哪些社会风险？

通过限定风险类别，可能发现其他一些原本可能被遗漏的风险。

如果风险问题是组织、项目办公室或其他部门预先确定的，可能被统称为提示清单。顾名思义，提示清单用于提醒你考虑其中列出的方面（就像刚才的清单）。

也可从不同的组织或项目角度出发，用不同的措辞来表述风险问题。在这种情况下，参与者可扮演受项目影响的其他人的角色，例如：

- 如果你是首席财务官，将把哪些因素视为风险？
- 如果你是客户，将把哪些因素视为风险？
- 如果你是现场的工人，将把哪些因素视为风险？

同样，通过从不同的角度勾勒风险，可能发现其他一些原本可能被忽视的风险。

7.3　初步数据分析

在风险识别过程中，可能会有新发现，例如，在有些情况下（尤其是使用诸如亲和图等工具时），风险之间的关系可能浮出水面。这种关系可能是来源相同、导致风险的原因相同或影响相同。

项目/风险团队必须密切关注这样的共性，因为它们有助于了解被收集的数据的背景。

另外，在风险管理过程的早期，就可能制定解决方案。虽然此时就这样做太早了（因为有些识别出来的风险不够重要，无须制定相应的应对方案），但项目经理和团队必须记录相关的信息，因为这些信息说不定以后就能派上用场。

7.4 风险登记册

 风险登记册是风险识别过程最重要的输出。正如第 1 章讨论的，风险登记册是风险档案的支柱。在风险识别过程中，将在风险登记册中填入数据，而这些数据将在项目团队成员之间公开而自由地分享。

来自以往项目的历史风险登记册是组织的重要过程资产，因为它们提供了有关项目面临的风险的知识，其中的风险、联系信息和结果的价值不可估量，对帮助编制新的风险清单和解读风险大有裨益。

可将当前项目的风险登记册作为提示清单，据此确定要收集哪些风险数据。正如第 1 章讨论的，这个数据集可能包含如下信息：

- 风险事件；
- 风险 ID；
- 发生的可能性；
- 带来的影响；
- 整体风险；
- 优先级；
- 风险责任人；
- 影响的方面；
- 上报；
- 应对策略类型；
- 应对策略描述；
- 实施进度；
- 实施审核；
- 关闭条件；
- 跟进；
- 结果；
- 存档位置。

显然，在项目的早期阶段，并不能获取所有这些信息，因此风险登记册的完整程度取决于可获取哪些信息。对于有些风险，有关它的有些信息可能永远没法获得或者根本就不会去寻找。对于那些不那么重要的风险，风险登记册中有关它们的数据集可能始终是不完整的。

另外，风险登记册可能在风险识别中发挥重要作用——帮助更快地识别出额外的风险。例如，如果风险应对措施的实施进度遇上了繁忙的季节，可能昭示着存在一种以前未曾考虑过的新风险。如果受影响的方面都是由某个人或部门负责的，这可能带来一种新风险——这个人或部门应接不暇。

　　需要指出的是，风险识别后的每个风险管理步骤，都要么将风险登记册作为输入，要么将其作为输出（对其进行更新）。

7.5　复习题

1. 你管理的项目团队是视觉导向的，在看到来源时能够更深入地认识关切。你曾通过头脑风暴来分析一个长长的风险清单，但结果表明，这种清单只是减少了讨论，对分析风险的帮助不大。你想使用与团队习性相称的工具，请问哪种工具最合适？
   - A. SWOT 分析。
   - B. 石川图。
   - C. 风险登记册。
   - D. 思维导图。
   - E. 亲和图。

2. 顶头上司要求找出项目面临的关键风险，她认为应该将重点放在几个重要的风险源上。她想要的不是长长的原因清单，而是根本原因。请问为达此目的，使用哪种工具最合适？
   - A. 思维导图。
   - B. SWOT 分析。
   - C. 亲和图。
   - D. 石川图。
   - E. 绩效审查。

3. 下面哪种有关核对单分析的说法是正确的？（双选）
   - A. 核对单是个完整的图谱，包含组织的所有项目面临的风险。
   - B. 核对单反映了历史。
   - C. 核对单是针对每个项目编制的，因为每个项目都是独特的。
   - D. 核对单将由每个团队成员进行审核。
   - E. 核对单由项目管理办公室存档并分享，因为所有风险经理使用的核对单都相同。

4. 你向团队宣布，由他们来识别项目面临的风险。请问他们的目标是什么？
   - A. 识别尽可能多的适用风险。
   - B. 识别所有的风险。
   - C. 识别主要的风险。
   - D. 识别将给项目带来实际影响的风险。
   - E. 识别该项目特有的风险。

5. 你与团队一道花费数小时的时间编制了一个长长的风险清单。在讨论期间，有位团队成员指出，要是有一个客户代表供我们差遣，这些风险中的 90% 都可得到减轻。对于这个团队成员分享的看法，你该如何处理？

A. 置之不理，因为现在考虑风险应对问题过早了。

B. 将这种应对措施与相应的风险一起记录下来。

C. 以书面方式向客户提出前述要求。

D. 找到与客户关系良好的团队成员，让他们判断一下，客户接受这种建议的可能性有多大。

E. 在风险登记册中，将这种看法与风险一起记录下来。

6. 留在室外的物资可能遭到野生动物的侵扰，对于这个问题，客户琼的反应近似恐惧症患者。琼知道，所有物资都由重型塑料包裹，且外面喷洒了动物驱赶剂。你在多年管理类似项目的经历中，从未将此视为问题。尽管如此，你还是想让琼认为，这种担心从本质上说已经解决了。为达此目的，可找出这个问题的根本原因，并指出这些根本原因发生的概率极低。为此采取哪种做法最合适？

A. 进行 SWOT 分析。

B. 使用"5 个为什么"进行石川图分析。

C. 以访谈方式进行因果分析。

D. 使用假设技术绘制鱼骨图。

E. 使用名义小组技术集思广益。

本章涵盖如下主题:

- 作为风险驱动因素的制约因素;
- 作为已识别风险的假设条件;
- 自由地讨论制约因素和假设条件。

第 8 章

制约因素和假设条件

在风险管理中，制约因素和假设条件有天壤之别。制约因素是定义项目边界（从某种意义上说，是项目风险的边界）的限制因素；而假设条件是为方便规划而是认为是真实的因素。例如，最后期限属于制约因素，但相信过了最后期限后，客户不会接受可交付成果的任何组成部分，则属于假设条件。如果客户告诉你这是一个事实（而不是信念），那么它就是制约因素。

制约因素和假设条件都是风险驱动因素：制约因素因其限制特征而引发风险；假设条件表示未知的某个方面，因此会引发风险。

制约因素和假设条件之间存在紧密的联系。假设条件被证实后，将变成制约因素（或者说是已知风险）；而即便对制约因素做了清晰的描述，不同的人对它也会有不同的认识——将其视为不同的假设。

项目经理必须与所有团队成员分享有关假设条件和制约因素的信息，从而确保大家对环境的认识是一致的。管理项目风险的人员还必须能够区分已知-已知、未知-已知、未知-未知和已知-未知风险。

本章讨论制约因素和假设条件的性质、这两者之间的关系以及为何相关方需要了解它们。

本章讨论《PMI-RMP®考试内容大纲》中的如下目标：

领域	任务	考试目标
风险识别	任务 2	检查假设条件和制约因素分析

8.1 "我知道了吗"小测验

"我知道了吗"小测验让你能够做出评估，确定是否需要详细阅读本章。对于这些测验题，如果对其答案或其涉及的知识没有把握，请详细阅读本章。表 8-1 列出了本章的各节及其对应的测验题。要获悉这些测验题的答案，请参阅附录 A。

表 8-1 "我知道了吗"测验题对应的章节

章节	小测验题
8.2	2、3

续表

章节	小测验题
8.3	1、6
8.4	4、5

警告： 小测验旨在评估你对本章主题的掌握情况，为此请将不知道答案或拿不准视为回答错误。如果将猜对答案视为回答正确，将扭曲自我评估结果，带来虚假的安全感。

1. 你负责的项目涉及复杂的技术，具备完成相关工作所需技能的人很少，你对此深感担忧。为让你安心，有人指出劳旺达比其他任何人都更熟悉相关技术。当前，还未给这个项目指派团队成员，但所有人都预期劳旺达将加入团队。请问下面哪种说法是正确的。
   A. 劳旺达将加入团队是个假设条件。
   B. 劳旺达将加入团队是个制约因素。
   C. 需要让劳旺达加入团队是个制约因素。
   D. 需要让劳旺达加入团队既是假设条件，又是制约因素。
   E. 劳旺达将加入团队既是假设条件，又是制约因素。

2. 有一个项目，它的很多可交付成果都是庆祝夏末节（10月31日—11月1日）所需的物品。夏末节标志着收获季节的终点，庆祝所需的装饰品通常包括玉米秆和南瓜。这个项目需要提供的一项可交付成果是12 000个亮橙色的南瓜，其中每个的重量都不得低于3磅。合同规定，这些南瓜必须在10月30日正午之前运到客户指定的地点，但你合作的货运公司刚打来电话，说卡车起码得到30日12点45分才能到达指定的地点。请问下面哪种说法是正确的？
   A. 30日正午这个最后期限是个假设条件，需要验证。
   B. 30日正午这个最后期限是个制约因素，违反它就意味着合同违约。
   C. 30日正午这个最后期限是个制约因素，违反它就意味着重大违约。
   D. 30日正午这个最后期限是个假设条件，即使违反它，问题也不大。
   E. 30日正午这个最后期限是个目标，需要做进一步分析。

3. 管理层告诉你，你负责的项目必须在俄亥俄州扬斯敦的办事处实施。你根本就不喜欢远程管理，因为你知道在自己不熟悉的城市开展工作存在风险。在俄亥俄州东北部开展工作存在大量未知因素，这让你不寒而栗。你更希望在斯克兰顿的办公地点实施这个项目，但管理层指出，要么在俄亥俄州的办公地点实施，要么不实施。现在你认识到，在俄亥俄州的办公地点实施是什么？
   A. 是个假设条件，必须假定它是成立的。
   B. 是个制约因素，可能带来其他风险。
   C. 是个未知-未知风险，可能让每个团队成员都大吃一惊。

D. 是个已知-已知风险，每个团队成员都必须接受。

E. 一个无关紧要的风险，否则管理层就不会选择这样做。

4. 在项目中期，发生了不可思议的事情：电网供电不足，给所有服务器和设备提供的电压都不够。在此之前，没人通知你将出现这种半停电状态，这导致整个服务器组同时停止运行。鉴于电力公司未告知限电或停电的问题，因此没有团队成员认识到可能出现这种情况。与技术人员交流时，他们指出自己从未听说过这样的事情。对于这个风险，应将其归为哪一类？

A. 已知-已知风险。

B. 已知-未知风险。

C. 未知-已知风险。

D. 未知-未知风险。

E. 不是风险，而是假设条件。

5. 你被指派为一个新项目的项目经理兼风险经理，这个项目的工作是建造沼气收集和发电装置，这是你所在的组织从未做过的。这个项目的前景让你振奋，但你也认识到，在制定项目章程到项目完工的过程中，可能会出问题。具体会出什么问题你不知道，但鉴于这个新项目存在的各种变数，你敢肯定会出现未曾计划到的事情。请问这些事情属于哪类风险呢？

A. 已知-已知风险。

B. 已知-未知风险。

C. 未知-已知风险。

D. 未知-未知风险。

E. 不是风险，而是假设条件。

6. 你的一位团队成员（克里斯李）刚宣布她怀孕 3 个月了，预产期大约是项目将移交给客户的时候。在与客户搞好关系方面，克里斯李绝对是最最出色的，而且她已经与客户建立了牢固的关系。在此之前，你一直以为克里斯李将在项目移交过程中发挥关键作用，但此时你不得不在风险登记册中添加一个新风险：项目移交期间，克里斯李可能分娩，必须将项目移交工作交给其他人管理。这里发生的是什么情况？

A. 一个风险变成了问题。

B. 一个假设条件变成了问题。

C. 一个假设条件变成了制约因素。

D. 一个假设条件变成的风险。

E. 你选错了团队成员。

8.2　作为风险驱动因素的制约因素

会议必须在正午（太平洋时间）开始；项目预算为 1 000 000 美元，一个子儿都不能多；向客户提交可交付成果时，必须放在礼盒中并配上音乐。这些都是制约因素。它们是给项目施加的"必做"条件，提供了有关项目将如何实施的参数和边界。制约因素可能与 3 个经典的方面（时间、成本和需求）相关，也可能与项目的任何方面相关。在项目章程、合同或谅解备忘录中，每当用到词语"应该"或"必须"时，都清楚地表明这是给项目施加的制约因素。

团队成员必须知道项目的制约因素，因为这些制约因素也是风险参数。对项目环境有了清晰认识后，就能确定各个风险所属的类别。经典的风险类别包括如下 4 个：

- 已知-已知；
- 已知-未知；
- 未知-已知；
- 未知-未知。

确定风险类别很重要，需要动用项目储备时尤其如此。对于已知-已知和未知-已知风险，将动用应急储备（主要是时间和成本）来应对；对于其他风险，应动用管理储备来应对。下面更详细地介绍这些风险类别。

8.2.1　已知-已知

有些风险是几乎每个人都知道的。开车时可能出现交通事故；玩皮划艇，可能因侧翻而溺亡；在室外作业时，可能被昆虫咬伤。对大多数人来说，这些都属于已知-已知风险。其中第一个已知指的是意识，即你知道这些事情可能发生，或者说意识到了这些事情。如果在项目实施过程中发生这些事情，你不会感到惊讶。第二个已知指的是知道风险发生的可能性和带来的影响。这两种值随项目而异，但在很大限度上说是已知的，即对风险发生的频率以及它们对项目目标有多糟糕的影响（对机会型风险来说，是对项目目标有多大益处），有大致的认识。

已知-已知风险发生后，将动用应急储备。应急储备可用于工作包、用户故事或整个项目，是专门为这样的风险准备的：与项目工作相关且很可能在项目环境中发生。应急储备由项目经理或风险经理管理，并有财会人员协调动用资金，以确保它们得到妥善的使用。

8.2.2　未知-已知

有些风险是几乎每个人都应该知道的；如果团队成员不知道，唯一的原因是大家很久没有考虑这些风险、它们很久没有发生或者被人忘记了。这些风险为未知-已知风险，这种风险发生时，普遍反应是"原本应该想到的"或者"竟然把它给忘了，真是难以相信"。例如，讨论交通事故时，你可能早就预料到自己可能被车或鹿撞到。但在缅因州或阿拉斯加开车时，还应想到可能被驼鹿撞到；如果你没想到，却真的被驼鹿给撞了，并不是因为这种事故对你来说完全是未知的。考虑到所处的环境，这种事故应该是你早就知道的。

与已知-已知风险一样，应对未知-已知风险时，也将动用应急储备。应急储备是专门为这样的风险准备的：与项目工作相关且很可能在项目环境中发生。

8.2.3　未知-未知

"9·11"，陨石撞击地球，传染病大流行，超级火山喷发，这些风险对大多数风险经理来说都是未知-未知的。在这些风险发生前，应对它们的风险管理人员几乎发现不了任何迹象。这些风险的影响水平和发生的可能性也是未知的。虽然这种风险发生后，项目经理必须去应对，但这些都不在计划中。在全面的风险识别过程中，这些风险大多被忽视了，因为潜在的未知-未知风险数不胜数，总有风险未被纳入考虑范围内。另外，对于未知-未知风险，几乎没有有关它们的历史信息，因此无法做出该如何管理这些风险的决策。

由于这些风险不是项目驱动的，且是完全出乎意料的，因此应对这些风险时，动用的不是应急储备，而是项目的管理储备。顾名思义，管理储备是管理层管辖的，由管理层决定是否要动用其中的资金，以及如何动用、何时动用。

8.2.4　已知-未知

已知-未知是最后被加入一般性风险类别清单中的。已知-未知风险是这样的风险：项目经理知道它们会在项目环境中发生，但其性质是不确定的。婴儿出生时，父母知道他在未来的人生之路上肯定会遇到风险，但这些风险如何出现是未知的。购买新车时，你知道这辆车在未来会遇到风险，但你无法预测具体将发生什么风险。

这种类别的风险几乎是漂浮不定的，它们可能与项目相关，也可能来自外部风险源，与项目本身毫无关系。因此，应对已知-未知风险时，不动用前面介绍的任何一种储备，而在对它们有更深入的认识或在它们发生后动用专项资金。

8.2.5　纯粹风险和商业（投机）风险

 纯粹风险和商业（投机）风险不属于前面介绍的任何风险类别，但必须知道这两种风险之间的差别，这很重要。纯粹风险指的是只存在威胁这种不利方面的风险，它们发生时不会带来收益，而只会给项目和/或组织目标带来不利影响。

与纯粹风险相反的是商业风险（有风险也有回报）。商业风险发生时，可能带来收益，也可能蒙受损失。承担商业风险旨在获取收益，这种风险通常属于已知-已知风险。要获取收益，通常需要有明确的意图。

8.2.6 制约因素的变更

每当制约因素发生变化时，都需要重新审视风险，确定在新的制约因素环境中，风险发生的可能性和带来的影响是否还与以前一样。重新商谈合同、调整日期或改变了可交付成果的性质时，将出现新的风险；修改项目章程或管理计划后，也会出现新的风险。

来看一个经典示例：在一个客户为政府机构的软件项目中，分包商收到了现场客户的请求，要求将 14 字符的字段加长 1 个字符。分包商以为完成这种修改需要投入的劳动量很少，因此同意了这个请求。分包商未考虑修改这个字段面临的风险：鉴于软件的集成性质，这种制约因素的变化带来了连锁反应，返工和修改耗费了分包商两年的时间。

8.3 作为已识别风险的假设条件

你假定车载导航软件使用的地图是最新的；你假定在接下来的两三个冲刺中，客户指派的产品负责人是同一个人；你假定按要求编写好项目文件后就会付款。

如果所做的假设不成立，结果将如何呢？

风险经理的职责之一是鼓励团队成员质疑假设条件。每个团队成员的经历都不同，因此对假设条件的相信程度也不同。无论是对什么方面（从管理层支持到团队成员行为，再到客户的行事风格），每个人心里都有一套假设条件，而风险经理的职责之一就是，找出这些假设条件，并让每个团队成员都知道。

假设条件记录在假设日志。假设日志是假设分析中的一个关键工件，它非常重要，因为其中的每个假设条件都可转换为一个或多个风险。转换过程很简单，如下所示。

- 记录假设条件：车载导航软件使用的地图是最新的。
- 将假设条件转换为否定的：车载导航软件使用的地图可能不是最新的，导致……
- 确定影响：车载导航软件使用的地图可能不是最新的，导致我们前往客户场所时未能选择最短的行车路线，结果没能赶上会议。

对于任何假设条件，只需以否定方式加以表述，就可推导出一个或多个风险。例如，如果使用的地图不是最新的，可能导致团队成员爽约，或者让团队成员沮丧，进而退出团队。影响清单可能很长。

每个假设条件都至少提出了一个需要考虑的风险事件。

8.4　自由地讨论假设条件和制约因素

　　在有些情况下，要让团队成员自由地讨论制约因素和假设条件，可能是一项颇具挑战性的任务。有些人会错误地将假设条件视为制约因素，而有些人认为的制约因素并没有硬性指标。在下面 3 个陈述中，一个是假设条件，其他两个是制约因素：

- 项目必须在 10 月 5 日前完工；
- 项目预算不得超过 200 万美元；
- 项目必须符合管理层的战略目标。

　　由于这 3 个陈述都包含"必须"或"不得"，因此有些人认为它们都是制约因素。实际上，最后一个陈述非常模糊，不管做何解释，都属于假设条件。即便组织的战略目标描述得非常清晰，不同团队成员对它们的解读都可能有天壤之别。

　　虽然在目标描述中，通常包含字样"必须"或"应该"，但团队成员必须明白，制约因素是明确而清晰的，且是由指标驱动的。

　　团队成员明白假设条件（信念体系）和制约因素（明确地记录在案，且由指标驱动的限制）之间的差别后，就能够自由地讨论假设条件和制约因素了。

8.4.1　假设条件、制约因素、容许限度和临界值

　　假设条件和制约因素通常会影响或源自项目风险容许限度，反之亦然。在有些组织中，200 万欧元的项目可能催生这样的信念，即如果最终预算与这个数字相差不超过 10%，说明做得不错。通常这属于假设条件，但明确的容许限度（不得超过 200 万欧元）属于制约因素。由于假设条件和制约因素之间的模糊边界，在项目开支达到 190 万欧元时，一个团队可能惊慌失措，而另一个团队可能认为离天花板还有一定的距离，因此还有很大的腾挪空间。

　　要自由地讨论这些关切，可采取各种形式，但无论采取哪种形式，都必须定期而及时地展开风险对话。在敏捷环境中，可利用每日站会提出的三个问题来展开这种讨论，尤其是第三个问题：你将面临什么麻烦？

　　这种讨论提供了绝佳的机会，不仅有助于识别将面临的风险，还可帮助识别催生这些风险的假设条件或制约因素。

　　由于这种会议每天都召开，且所有团队成员都将与会，这让你能够定期地强化对项目假设条件和制约因素的认识。

　　在传统的项目管理中，就假设条件和制约因素进行交流时，可采用建筑和公共事业行业采用的方法：会议开始时分享"安全信息"，并鼓励分享"风险信息"。

8.5　复习题

1. 分包商组建了一个由 20 名画家组成的团队，为的是实施缅因州波特兰市中心的一个建筑

修缮项目。在该项目实施期间，巴斯钢铁造船厂在试运行船只时，船只不受控制，以极快的航速进入波特兰港口，撞坏了数十艘游艇，还损坏了前述待修缮建筑的一个配楼。在这座城市长达 400 年的历史中，从未发生这样的事情。请问刚才描述的是哪种风险？

A. 已知-已知风险，应对时将动用管理储备。

B. 未知-已知风险，应对时将动用管理储备。

C. 未知-已知风险，应对时将动用应急储备。

D. 未知-未知风险，应对时将动用管理储备。

E. 未知-未知风险，应对时将动用应急储备。

2. 你接到一个任务，负责关闭最后一个重要的大型机系统。这个系统运行的软件被很多人视为"老古董"，但正常运行了几十年。虽然如此，但组织依然想把更多的信息从这个系统迁移到更新的系统中。当前无论是大型机系统还是较新的系统，都运行正常，但你知道，在项目实施期间，可能出现严重的问题，只是不知道具体是什么问题。请问这是哪类风险的典型示例？

A. 已知-已知风险。

B. 未知-已知风险。

C. 未知-未知风险。

D. 已知-未知风险。

E. 绩效风险。

3. 哪些团队成员需要分享其对项目做出的假设？

A. 内部团队成员。

B. 外部团队成员。

C. 所有的团队成员和相关方。

D. 关键相关方。

E. 供应商。

4. 下面哪种说法是正确的？

A. 所有风险都是由某种假设条件驱动的。

B. 容许限度通常决定了制约因素。

C. 制约因素通常决定了容许限度。

D. 假设条件决定了制约因素。

E. 假设条件决定了容许限度。

5. 你负责一个预算为 800 万美元的项目。管理层告诉你，只要预测的预算超过 830 万美元，就将对这个项目进行审核，决定是否终止。管理层要求在预测的预算超过 790 万美元（不包括应急储备）时，必须告知他们。请问下面哪种说法是正确的？

A. 800 万美元是容许限度，而 830 万美元是临界值。

    B. 790 万美元是临界值，而 830 万美元是容许限度。

    C. 790 万美元是临界值，而 800 万美元是容许限度。

    D. 800 万美元是临界值，而 830 万美元是容许限度。

    E. 800 万美元是临界值，也是容许限度。

6. 审核合同条款时，你发现其中有一个条款规定，参与项目的全部 10 人都必须通过绝密信息接触政审，并通过测谎仪测试。在你管理的员工中，只有部分人员通过了政审，且只有两人通过了测谎仪测试。这个规定是以书面形式记录在合同条款中的，并非需求。有鉴于此，你该如何做？

    A. 认识到另外 8 人必须通过政审和测谎仪测试，因为这是项目的一个假设条件。

    B. 认识到另外 8 人必须通过政审和测谎仪测试，因为这是项目的一个制约因素。

    C. 建议客户等项目开工后再让员工去接受审查，因为这是一个假设条件。

    D. 将这个假设条件记录在案，因为它是一个合同条款而非需求，因此是可选的。

    E. 将这个制约因素记录在案，因为它是一个合同条款而非需求，因此是可选的。

本章涵盖如下主题：

- 合规性和容许限度的意味；
- 容许限度和临界值驱动的触发条件；
- 相关方驱动的触发条件。

第 9 章

触发条件和临界值

触发条件是一个历史悠久的风险管理标准，它是一个警示标志，以可见或物理方式指出已经到达（或即将到达）临界值，而相应的风险可能导致我们即将到达容许限度。风险管理警示标志可与各种风险相关联，从合规风险到安全风险，再到成本风险和进度风险。

触发条件可能随项目背景和环境的变化而变化，但不管触发条件的性质如何，都必须让它们广为知晓。要让人知晓触发条件，可通过培训，也可直接将其呈现出来。

通过运用触发条件，可能降低也可能增大风险发生的可能性及其带来的影响。知道公路两边有减速带可能降低跑到公路外面去的风险，但这种认知也可能带来虚假的安全感，进而增大而不是降低风险。因此，应鼓励团队成员在触发条件（或引发触发条件的临界值）需要重新考虑或质疑时，将此告知项目经理、风险经理或其顶头上司。

本章讨论触发条件和临界值的性质、触发条件和临界值之间的关系以及相关方为何需要搞明白触发条件和临界值。

本章讨论《PMI-RMP®考试内容大纲》中的如下目标：

领域	任务	考试目标
风险识别	任务 3	基于背景/环境记录风险触发条件和临界值

9.1 "我知道了吗"小测验

"我知道了吗"小测验让你能够做出评估，确定是否需要详细阅读本章。对于这些测验题，如果对其答案或其涉及的知识没有把握，请详细阅读本章。表 9-1 列出了本章的各节及其对应的测验题。要获悉这些测验题的答案，请参阅附录 A。

表 9-1   "我知道了吗"测验题对应的章节

章节	小测验题
9.2	1、2
9.3	3～5
9.4	6

> **警告**：小测验旨在评估你对本章主题的掌握情况，为此请将不知道答案或拿不准视为回答错误。如果将猜对答案视为回答正确，将扭曲自我评估结果，带来虚假的安全感。

1. 你正按照政府政策#482-4519 实施项目，上司和客户都让你非常清楚地意识到，违背该政策的要求将导致项目立即终止。请问下面哪种说法是正确的？
   A. 这是一个合规性风险，其结果非黑即白（要么肯定，要么否定）。
   B. 这是一个合规性风险，其临界值为轻微违背，容许限度为严重违背。
   C. 这是一个容许限度风险，其结果非黑即白（要么肯定，要么否定）。
   D. 这是一个容许限度风险，其临界值为轻微违背，容许限度为严重违背。
   E. 这是一个政府风险，其临界值为轻微违背，容许限度为严重违背。

2. 在定期召开的项目会议上，你经常谈及合规性。一次会议结束后，一位团队成员找到你，询问到底什么是合规性，还有合规性要求是谁驱动的？你需要做出简单的解释。请问下面哪一项最有效地回答了"合规性要求由谁驱动"这个问题？
   A. 合规性要求是由各种实体驱动的。有政府的合规性要求、法规合规性要求、行业合规性要求和组织合规性要求等。
   B. 合规性要求是项目成果驱动的。
   C. 合规性要求由项目需求决定；如果没有满足需求，项目便不合规。
   D. 合规性要求是由 3 种制约因素（时间、成本和需求）驱动的，违背这 3 种制约因素中的任何一个都意味着不合规。
   E. 合规性要求是政府和行业法规驱动的。

3. 你负责为情人节特别促销活动制作粉色巧克力熊猫，在制作过程中，你发现熔化的巧克力中很容易出现气泡，导致制作出的巧克力熊猫质量低劣。主要客户注意到了粉色巧克力熊猫中充斥气泡的问题，进而警告说，如果在任何一个巧克力熊猫表面发现 10 个以上的气泡，他们将终止合同。从风险角度看，下面哪种做法最合乎逻辑？
   A. 告诉团队成员，10 个气泡是新的临界值，出现这种情况就停止发货。
   B. 告诉团队成员，7 个气泡是新的临界值，出现这种情况就检查所有的粉色巧克力熊猫。
   C. 告诉团队成员，10 个气泡是新的容许限度，出现这种情况就采取相应的措施。
   D. 告诉团队成员，7 个气泡是新的容许限度，出现这种情况就采取相应的措施。
   E. 停止将粉色巧克力熊猫作为情人节礼物进行销售。

4. 在山间行驶时，你注意到汽车发动机的温度稳步攀升：从凉（由绿色区域和数字 1、2 和 3 指示）升到热，再不断上升，就要到红色危险区域（由数字 9 和 10 指示）了。爬升到海拔 8 000 英尺后，指针已经进入红色区域了，但汽车看起来暂时运行良好。你查看用户手册，其中规定每当温度指针进入红色区域后，将车停下来，至少等到温度指针指向数字 6。如果温度计读数为 9 或 10 持续时间长达几分钟，可能导致发动机受损，且不在保修范围内。请问这里的触发条件是什么？

  A. 温度计上的数字 9 或 10。

  B. 温度计的值接近 9 或 10。

  C. 温度计的值超过 3。

  D. 温度计的值超过 6。

  E. 发动机被风刮走。

5. 为确保遵守了政府法规，公司必须安装烟雾和一氧化碳检测器。你阅读公司厨房配置的烟雾检测器说明书，它指出每隔 45 秒发出一次蜂鸣就意味着电池电量不足；连续而急促的蜂鸣意味着一氧化碳超标；不断蜂鸣意味着检测到烟雾或火情。请问下面哪种说法是正确的？

  A. 每隔 45 秒发出一次蜂鸣，意味着超过了电池寿命容许限度。

  B. 每隔 45 秒发出一次蜂鸣，意味着超过了电池寿命临界值。

  C. 不断蜂鸣是电池电量过低的触发条件。

  D. 不断蜂鸣是一氧化碳超标的触发条件。

  E. 不断蜂鸣意味着不符合合规性要求。

6. 克里斯李是你的一个团队成员，深受暴露于致癌物下的困扰。与克里斯李所属组织签订的合同没有任何涉及致癌物的内容，项目本身也不涉及任何健康保险条款。尽管如此，克里斯李注意到在办公场所周围都是景观木材，它们闻起来像是著名致癌物杂酚油的味道。有鉴于此，你在办公场所周围每隔 10 英尺放置一个警示牌，上面写着如下内容：请注意，景观木材内有致癌物，请务必远离。这像是在安抚克里斯李。请问这些警示牌是什么？

  A. 环境驱动的触发条件。

  B. 项目驱动的触发条件。

  C. 合规性驱动的触发条件。

  D. 相关方驱动的触发条件。

  E. 环境驱动的容许限度。

9.2　合规性和容许限度的意味

    通常，合规性是非黑即白的，组织、项目、个人或环境要么合规，要么不合规。然而，在有些情况下存在模糊地带，因为不合规可能触碰到容许限度，也可能不会。如果不合规将导致项目停工或者是不可接受的，那就触碰到了容许限度；如果不合规只会增加工作量或带来新挑战，这虽然让人痛苦，但可能并没有触碰容许限度。

    这并不意味着合规性不重要，相反，对于项目的合规性要求，最终都是必须达到的。这里的难题是做出判断，确定在多大限度上说是合规的。

    有些合规性要求存在缓冲地带。在高速公路上行驶时，超速就是一个合规性问题。

如果规定的最高限速为 55 mph，那么无论是谁，只要驾驶速度超过 55 mph，就不合规。对大多数驾驶员来说，以 56 mph 的速度行驶是完全可以接受的。有位州公路巡警说过一句名言："超速 8 mph 没啥问题，如果超速 9 mph，我就得抓你了。"这表明在这位巡警看来，63 mph 是不合规的，但他会容忍这种行为，因为他的容许限度是 64 mph。

每位驾驶员都有一定分数，在这些分数被罚没前不会被吊销驾照。例如，如果驾驶员有 15 分，且在一年内从未因违章遭到处罚，可能在高速上以 65 乃至 70 mph 速度行驶是他能够接受的，因为即便因超速而被罚掉两三分，也是能够"承担"的。同理，如果因为一年来糟糕的驾驶行为，驾驶员被罚得只剩下 2 分，其容许限度和临界值将急剧变化，因为一次违章就会导致驾照被吊销。

同理，在项目的生命周期内，情况在不断变化。出现一次风险可能令人担忧，但并不会导致项目临近容许限度；但发生十多次风险后，风险环境将随之而变，这可能导致临界值和容许限度也发生变化。

在项目风险管理中，有关合规性的基本规则如下：

- 项目将遵守所有的强制性规定。
- 只要不合规，项目就谈不上完工。
- 在项目的生命周期内，合规性情况可能发生变化。
- 风险发生后，其影响可能改变合规性认识。

9.3 容许限度和临界值驱动的触发条件

有些触发条件是容许限度和临界值驱动的。如果越过某种界线后，组织或个人就不能继续往下走，那么这种界线就是容许限度。如果合同规定，倘若违反保密协议，项目将停工，那么违反保密协议就是容许限度：分享与项目或客户相关的信息将导致所有工作不再往下进行。在容许限度之前有另一种界线——临界值，到达这种界线后，项目团队和相关方将改变行为，以免触碰容许限度。

鉴于临界值是这样一种界线，即到达该界线后，相关方将改变行为，因为临界值必须关联到触发条件，以便发出警告，指出已经（或即将）到达临界值。这些警示标志可以是视觉型或物理型的。

9.3.1 视觉型触发条件

典型的视觉型触发条件是高速公路旁边的警示牌。"有鹿穿越"或"车道汇入"等路牌提醒驾驶员前方危险，如果不注意就可能越过容许限度。对于保密协议等情况，可能在会议室张贴"祸从口出"标识，提醒大家在会议期间一不小心就会越过容许限度。

视觉型触发条件可能是永久性的（如警示牌），也可能是在实际风险临近时才出现。

例如，在铁路道口，仅当火车就要来了时，才开启闪烁的灯光；仅当出现异常，可能导致发动机受损时，汽车仪表盘上的"检查发动机"指示灯才会闪烁。显然，相比于简单的警示牌，灯光闪烁更有效，但成本更高且需要维护。

如果没有接受相关的教育，有些视觉型触发条件并不能发挥作用。例如，在寒冷的冬天行驶时，如果看到公路上有反光区域，可能意味着该区域中暗藏危险的黑冰。在这种情况下，你并没有看到警示牌，但如果接受了良好的有关如何应对冬季天气的教育，你将认识到这种反光区域就是一个视觉触发条件。

9.3.2 物理型触发条件

物理型触发条件是其他 4 种感官能够感觉到的。虽然驾驶员可能看不到减速带中的凹陷，但绝对能够感觉到行驶在减速带上时出现的震动，这意味着汽车已接近公路两边的坡台或壕沟，很不安全。换而言之，汽车正在越过临界值，而这种物理型触发条件向驾驶员发出了警报。

同理，棒球场的警示道设计用于让外场手改变其行为，以免撞上外墙。球场铺设物从绿色草坪过渡到棕色沙时，棒球手能够感觉到这种变化，进而降低速度或准备跳跃，以减轻撞上外墙这种风险带来的影响。

9.4 相关方驱动的触发条件

每年平均有大约 12 人在大峡谷边缘坠落而死亡，其中很多人站立在大峡谷绝壁上沉迷于自拍，因为在大峡谷南缘，有很多地方没有安装栏杆以阻止这种行为。虽然有警示牌（触发条件），但在有些地方没有物理屏障来防止这种致命的行为。

恐高症是最常见的恐惧症之一，因此很多人都不会接近大峡谷的绝壁。如果每个人都根据自己的风险承担意愿来设计触发条件，那么这种触发条件就是相关方驱动的，它们基于个人的风险偏好。

相关方驱动的触发条件是项目环境中各方确定的触发条件，这些触发条件能否得到实现可能取决于相关方的重要性。如果项目发起人希望每当项目延误超过一周时都响起警钟，那么这些警钟就是相关方驱动的。由于这些警钟源自项目发起人（很有影响力的相关方）的提议，项目经理可能建立这种警报系统，并确保它得到执行。相反，如果一位团队成员担忧客户关系，认为客户来电昭示着客户不满意，进而希望每个人接到客户电话后都报告，这种想法可能被认为小题大做。这个相关方驱动的触发条件（客户来电）可能过于敏感，项目经理或风险经理不愿意去实施。

9.5 复习题

1. 你领导着一个由 8 名咨询人员组成的团队，致力于实施美国国家安全局委托的一个项目。

美国国家安全局是一个高度保密的政府机构，它要求在项目实施期间，你和你的团队都必须始终通过绝密审查。一位最出色的团队成员有犯罪记录，但最近 5 年一直循规蹈矩。虽然如此，他还是无法通过审查。从合规性角度看，你该如何办？

A. 让这名团队成员离开这个项目，仅在需要其专业知识时通过线下方式咨询他。

B. 跟客户说，如果它们想要获得最佳的结果，就不能把合规性看得太重要。

C. 让这个团队成员留在项目团队中，因为政府无权干预人事安排。

D. 确保该团队成员离开并远离这个项目。

E. 把这个项目给毙了。

2. 项目预算为 400 万欧元，但管理层指出，除非预测成本超过 440 万欧元，否则不会关停这个项目。财务部说，预测成本到达 350 万欧元后会告诉你。请问下面哪项为容许限度？

A. 40 万欧元。

B. 350 万欧元。

C. 400 万欧元。

D. 440 万欧元。

E. 750 万欧元。

3. 你的另一半告诉你，每周都必须有 3 天回家吃晚饭，没有例外。由于工作需要，你经常出差，而最近你意识到，下个月需要出差两周。请问这将导致出现下面哪种情况？

A. 将越过一个容许限度驱动的临界值。

B. 将越过一个相关方驱动的临界值。

C. 将越过一个容许限度驱动的触发条件。

D. 将激活一个相关方驱动的触发条件。

E. 将激活一个视觉型触发条件。

4. 下面哪种说法是正确的？

A. 铁路道口上自动开启的道闸是物理型触发条件。

B. 仪表盘上闪烁的灯光是物理型触发条件。

C. 蜂鸣式烟雾检测器是视觉型触发条件。

D. 在天然气中添加的气味是视觉型触发条件。

E. 视觉型触发条件和物理型触发条件是一码事。

本章涵盖如下主题：

———————————————

- 风险登记册的作用；
- 风险登记册的内容；
- 风险分类。

第 10 章

风险登记册

在风险管理中，风险登记册比任何其他文件都重要，它记录了所有风险以及每个风险的性质。虽然风险登记册的内容随组织而异，但理想情况下，同一个组织使用的风险登记册是统一的。风险登记册被循序渐进地充实，随着时间的推移，可使用的信息越来越多，而风险登记册也将随之演变。

随着项目往下进行的时间越来越长，被添加到风险登记册中的风险也越来越多，同时用于支持这些风险的信息也越来越多。

风险登记册应可供所有相关方获取，以便大家对风险及支持它们的信息有一致的认识。鉴于某些风险会带来特别敏感的影响，因此除非出于特殊考虑需要隐瞒风险信息，否则风险登记册应让大量人员都能获取。

虽然不同风险登记册包含的信息可能不同，但所有风险登记册都包含一些通用属性，这些属性包括风险事件、可能性、影响（得失量）、优先级和应对。对于这些属性中的每一个，都应在风险登记册中使用特定形式或格式对其进行描述。这些属性的定义可在风险管理计划中找到，这个文件包含项目中使用的风险词汇或语言。

本章讨论翔实而完整的风险登记册的各列，以及这些列包含的信息的含义。

本章讨论《PMI-RMP®考试内容大纲》中的如下目标：

领域	任务	考试目标
风险识别	任务 4	编制风险登记册

10.1 "我知道了吗"小测验

"我知道了吗"小测验让你能够做出评估，确定是否需要详细阅读本章。对于这些测验题，如果对其答案或其涉及的知识没有把握，请详细阅读本章。表 10-1 列出了本章的各节及其对应的测验题。要获悉这些测验题的答案，请参阅附录 A。

表 10-1　　　　　　　　　"我知道了吗"测验题对应的章节

章节	小测验题
10.2	1、2
10.3	3、4、6

续表

章节	小测验题
10.4	5

> **警告**：小测验旨在评估你对本章主题的掌握情况，为此请将不知道答案或拿不准视为回答错误。如果将猜对答案视为回答正确，将扭曲自我评估结果，带来虚假的安全感。

1. 你正指导团队，让他们正确地使用风险登记册。客户非常紧张，害怕项目出现任何问题。他与项目发起人交流得非常多，导致项目发起人也非常担心项目出什么问题。考虑到他们的担忧，在分享风险登记册中的详细信息时，你该如何办？
   A. 自由而公开地分享风险登记册中的信息，因为客户和项目发起人都需要这些信息。
   B. 基于需知原则分享信息，并由项目发起人确定关键相关方需要知道哪些信息。
   C. 基于需知原则分享信息，并由项目经理确定关键相关方需要知道哪些信息。
   D. 基于需知原则分享信息，并由项目经理和团队确定关键相关方需要知道哪些信息。
   E. 使用密码保护锁定风险登记册文件，只允许项目经理和团队访问。

2. 你刚与团队一起着手编制风险登记册，在确定需要包含哪些列时，你知道很快就会填写这些列。在确定要包含的列后，接下来要确定哪些信息？
   A. 包含在风险登记册中的列定义。
   B. 包含在风险管理计划中的列定义。
   C. 包含在风险登记册中的术语和语言。
   D. 包含在风险管理计划中的术语和语言。
   E. 添加到风险登记册中的风险事件。

3. 你的风险登记册包含一个名为"风险责任人"列，请问风险责任人是谁？
   A. 发现风险的人。
   B. 跟踪风险和应对的人。
   C. 直接导致风险事件的人。
   D. 解决风险的人。
   E. 项目经理。

4. 你的风险登记册包含一个名为"结果"的列，请问该列有何作用？
   A. 指出风险事件最有影响力的潜在结果。
   B. 指出风险事件是否发生了或实施的风险应对是否有效。
   C. 说明管理层为何应该关注当前风险。
   D. 指出风险发生时将给成本和进度带来的影响。
   E. 标识那些从未发生的风险事件。

5. 有个团队成员同客户就到目前为止的进展情况做了长时间交谈，在讨论期间，客户透露了一个消息，有个 5 年的新合同几周内就要招标，而与客户已经有合作关系的公司最有可能赢得这个合同。这个合同涉及的工作正是你所在的公司擅长的，因此你认为这是建立这种业务关系的大好机会。请问在风险讨论中，这个消息意味着什么？

A. 这是一个威胁性风险，因为公司很可能在招标中输给另一家供应商。

B. 这是一个机会型风险，因为公司很可能赢得这份合同。

C. 这是一个容许限度，因为公司没有足够的人手来完成这份合同涉及的工作。

D. 这是一个触发条件，因为潜在问题的警示信号已显而易见。

E. 这是一种可能性，因为存在威胁变成现实的概率。

6. 在项目管理办公室新提供的风险登记册中，包含一些以前用得不多的列。你对这些列包含的风险属性感到陌生（你熟悉"可能性"和"影响"，但不熟悉"邻近性"和"密切度"），因此开始研究它们的含义以及为何可能需要它们。在研究过程中，你发现这些属性有非常具体的含义，且需要定义其程度（高、中、低）。有鉴于此，你需要做哪些工作？

A. 在风险管理计划中，为可能性和物理接近程度定义高、中、低水平。

B. 在风险登记册中，为可能性和物理接近程度定义高、中、低水平。

C. 在风险登记册中，为管理层关心的属性和物理接近程度定义高、中、低水平。

D. 在风险管理计划中，为管理层关心的属性和物理接近程度定义高、中、低水平。

E. 找出更多基于密切度和邻近性的风险。

10.2　风险登记册的作用

对风险事件进行存档、跟踪和编目时，风险登记册必不可少。在确保每个术语都得到了明确定义和表示方面，风险管理计划发挥着重要作用，而风险登记册用于确保每个风险都被记录下来并放在合适的位置（优先级位置或物理位置）。鉴于不断有新的风险出现，风险登记册是逐步完善的，它不会保持不变，但在项目生命周期内，它包含的内容项（category）是相对固定的。

内容项在很大限度上决定了风险登记册的价值和需要投入的劳动量。简单的风险登记册只包含每个风险事件发生的可能性、带来的影响和优先级，编制它需要投入的劳动量很少；而更详尽的风险登记册包含很多列（即内容项），编制起来更难。

风险登记册包含的列是在项目早期确定的，因为项目开工时就将识别最初的一批风险。关键相关方应就要包含哪些列提供建议，因为在需要记录哪些与风险相关的信息方面，他们有别人没有的需求。一个部门最关心的风险可能是进度方面的，但另一个部门关心的是管理层的关切。

由于风险事件是风险登记册记录的最重要内容，因此它们的表示方式必须一致，对于其他大部分列中的信息，也应如此。因此，记录信息时，必须明确要使用的模板或格式。本章后面将对每列做出简单说明。

将风险登记册归档时，必须将其放在项目相关方易于获取的地方，但考虑到所需的安全等级，可能只允许项目经理和风险责任人对其进行编辑。有关访问和编辑该文件的规定必须让所有相关方都清楚，并将其记录在风险管理计划中。

必须按如下基本规则来更新风险登记册：

- 规划变更时更新。
- 变更发生时更新。
- 定期更新。

规划的变更（通常由变更单生成）很容易识别，因为整个项目团队就这些变更做了深入沟通。发生的变更识别起来更难些，因为变更可能不易觉察，但它对项目风险的影响可能很大。佛罗里达的墨西哥湾岸区的飓风警报可能不会被视为项目风险，因为也许只有几位远程工作的团队成员居住在这里。但考虑到失去这些团队成员可能带来的巨大变化，即便是一周的疏散期，带来的影响也比最初想象的要久得多。在这种情况下，就需要对风险登记册进行审核。

对于定期更新，必须在风险管理计划明确界定其时间。这种审核的频率随项目而异，但即便是较小的项目，也至少需要在项目中期做一次这样的审核。

10.3　风险登记册的内容

在详尽的风险登记册中，可能包含大量的内容项（列）。第 7 章说过，这些内容项是一长串需要考虑的属性，其中包括（但不限于）：

- 风险 ID；
- 风险事件；
- 可能性；
- 影响；
- 紧迫性；
- 密切度；
- 邻近性；
- 潜伏性；
- 可管理性和可控性；
- 连通性；
- 可监测性；
- 战略影响；
- 整体风险；
- 优先级；
- 风险责任人；

- 影响的方面；
- 上报；
- 应对策略类型；
- 应对策略描述；
- 实施进度；
- 实施审核；
- 关闭条件；
- 跟进；
- 结果；
- 存档位置。

下面介绍这些内容项及其用途和示例（可能出现在风险登记册）。这个清单绝非包罗万象，但涵盖了风险登记册中大部分较为常见的内容项。

10.3.1　风险 ID

这是一个数字或字母标识符，用于确保在项目的整个生命周期内都能够对风险进行跟踪。

10.3.2　风险事件

描述可能发生的事件及其可能带来的影响。所有风险事件都是未来可能发生的现象，但当前还没有发生。对于驾车穿越澳大利亚的人，一个清晰的风险事件说明可能是这样的：可能撞到袋鼠，导致车辆受损。对影响的描述很重要，因为这将决定后面完善风险登记册时对可能性和影响的评估。

"风险事件"列的内容必须采取统一格式。有些风险经理喜欢使用"如果/那么"格式：如果撞上袋鼠，那么车辆将受损。其他风险经理喜欢使用记录事件和影响的句式，就像前面那个示例那样。

10.3.3　可能性

可能性是（前面描述的）风险事件发生的概率。本书后面（第 11 和 12 章）将讨论如何表示可能性，简单地说，可以定性方式表示（高、中、低和极小），也可以定量方式表示（简单的数字）。风险管理计划应详细指出在什么情况下该使用哪种表示方式，另外，在风险管理计划中的风险词库中，应对诸如高、中、低等术语进行定义。虽然在澳大利亚，在所有撞到动物的事故中，超过 90% 都是撞到袋鼠，但撞到袋鼠的可能性随行车路线的不同差别很大。如果驾驶员倾向于对"有袋鼠穿越"路牌视而不见，撞到袋鼠的可能性为中；如果驾驶员沿城市边界行驶且警惕性很高，撞到袋鼠的可能性为低。

10.3.4 影响

影响是与风险事件相关联的得失量，本书后面（第 11 和 12 章）也将讨论如何表示影响。简单地说，可以定性的方式表示（高、中、低），也可以定量的方式表示（简单的数字）。风险管理计划应详细指出在什么情况下该使用哪种表示方式。另外，在风险管理计划中的风险词库中，应对诸如高、中、低等术语进行定义。在大多数驾驶员看来，汽车受损属于中度影响。如果前述风险事件说明变成了"如果我的车撞到袋鼠，我可能会死"，影响水平肯定会发生变化。死亡属于高度影响，大多数分析人员都同意这种看法。

10.3.5 紧迫性

紧迫性指的是风险多久后可能降临。如果我身处澳大利亚，且在未来两个月没有驾车长途旅行的计划，那么撞到袋鼠这种风险的紧迫性就很低。如果我明天就将出发，沿有大量袋鼠出没的路线行驶，那么前述风险的紧迫性就很高。同样，风险管理计划包含紧迫性水平的定义，这种定义也随项目而异。在工期为两个月的项目中，可能导致进度延误两天的风险属于重大关切，其紧迫性很高；而在工期为 10 年的项目中，可能导致进度延误两天的风险根本谈不上紧迫。

10.3.6 密切度

在 PMI®要求包含在风险登记册的内容项中，密切度（propinquity）是最棘手的一个。密切度通常指的是个人对他人的吸引力，但在风险讨论这种语境下，它指的是对风险的关注度。有些澳大利亚人非常关心袋鼠的命运，如果你的团队中有很多这样的动物爱护人士，前述交通事故风险的密切度将非常高。如果你的团队成员对动物漠不关心，前述交通事故风险的密切度将很低。在确定密切度的过程中，也需要评估各个相关方的相对利益和影响。

10.3.7 邻近性

邻近性指的是物理上的接近程度，即离风险有多远。在审核风险登记册的人中，很多都从未去过澳大利亚，即便去那里也不会自驾。事实上，在很多人看来，根本不存在开车撞到袋鼠的风险，因为他们生活的地方与袋鼠出没的地方相隔非常遥远。天气预报说佛罗里达可能有飓风时，对佛罗里达的人来说，这种风险的邻近性很高，但居住在堪萨斯州的人只会同情，根本就不会感到害怕。你和你的团队离风险越近（从物理上说），邻近性越高。与其他所有内容项一样，风险管理计划必须对高邻近性、中邻近性和低邻近性做出定义。

10.3.8　潜伏性

想想 13 年蝗虫和 17 年蝗虫，它们淋漓尽致地展示了潜伏性，在地下蛰伏十多年。如果没有昆虫学家跟踪它们的周期，它们重返地面时将是完全出人意料的。风险的潜伏性指的是风险事件在一段时间内未显现出来，直到它变成了问题才被发现。如果风险完全没有显现出来，直到变成问题才被发现，那么它的潜伏性就是高的；如果存在不明显的迹象，昭示着它即将发生，那么风险的潜伏性可能为中。同样，有关潜伏水平的定义，记录在风险管理计划中。

10.3.9　可管理性和可控性

多年来，PMI®都将可管理性和可控性视为两个不同的属性，虽然要区分它们很难。可管理性和可控性指的是通过运用管理原则对风险事件加以控制的难易程度。这种属性通常适合用于描述应对策略为减轻的风险，但也可用于描述将被主动接受的风险[对问题（已发生的风险）进行管理，而不对风险本身进行管理]。

10.3.10　连通性

连通性指的是风险事件引发连锁反应，进而影响其他风险事件的可能性。对于特定的风险事件，它与多个活动、机构和工作人员的联系越紧密，其连通性就越高。

10.3.11　可监测性

第 11 章将详细讨论失效模式与影响分析（failure mode effect analysis，FMEA），而可监测性是优良失效模式与影响分析的支柱。可监测性与潜伏性联系紧密，但它们之间有很多不同之处。首先，可监测性指的是，在多大限度上可发现即将发生的风险事件及其触发条件、临界值和容许限度，从而有时间在风险事件发生前采取措施。只有这个内容项的状态为"高"时被视为好事一件。对于可监测性极高的风险，看到相应的触发条件后有足够的时间采取措施。在本书前面的铁路道口示例中，作为触发条件的道闸使得被即将到来的火车撞到这种风险的可监测性极高。相反，在澳大利亚人烟稀少且没有照明的黑暗区域行驶时，撞到袋鼠这种风险的可监测性很低，因为在撞到袋鼠前几乎看不到它。风险管理计划需要做出有力说明，指出可监测性低属于糟糕的情形，而可监测性高是最令人向往的。

10.3.12　战略影响

在这个内容项中，可使用表示方案高-中-低，也可以描述方式指出战略影响。与其他内容项一样，风险管理计划必须对这里使用的术语高、中和低做出详细定义。采用描述方式时，可较为深入说明风险事件的性质及其对组织策略或项目策略可能带来的影响。例如，可以像下面这样描述：

如果洪水淹没了地下室的机房，服务器可能宕机，给公司对客户做出的 24/7 "在线"承诺带来严重影响。

如果在线时间对组织战略至关重要，那么上述说明便将前述风险与组织战略直接联系起来了。对战略影响的描述必须清楚地指出，当前风险事件可能给战略的哪些方面带来直接影响。

10.3.13　整体风险

如果风险经理能够找到某种方式，将前述从"可能性"到"战略影响"的所有内容项整合到单个打分系统中，就可给每个风险事件指定一个定量值。虽然前述所有列（内容项）中的信息都可能很重要，但同样重要的是，必须认识到并非所有这些列都适用于所有风险事件，因此给风险事件打分的最常用方法是，将可能性与影响相乘。第 11 章将更详细地介绍如何定义一种给"高-高""高-中"等组合打分的方法。除了这种简单的打分方法外，计算整体风险的最常用方式是失效模式与影响分析使用的方式。这种方式也将可能性得分和影响得分相乘，但同时将可监测性得分纳入了考虑范围。这种方式生成一个风险优先级数字（risk priority number，RPN），可在"优先级"列中使用它来对风险进行排序。

10.3.14　优先级

"整体风险"列和"优先级"列的唯一差别是，"优先级"列被用来对风险事件进行排序（按从最重要到最不重要的顺序排列），这样优先级最高的风险事件将最终得到最大的关注。

10.3.15　风险责任人

风险责任人负责跟踪风险事件、报告变化情况并确保实施了规定的应对措施，同时对这些工作担责。虽然这种角色常常由项目经理承担（并非理想选择），但风险责任人必须有时间和精力投身于风险事件，确保应对措施得到正确的认识和妥善实施。对于每个风险事件，都只能有一个责任人；但同一个人可以是多个风险事件的责任人。关键在于确保责任人能够跟踪并分享有关其负责的风险事件的信息。

10.3.16　影响的方面

风险管理计划必须对"方面"做出定义。这可以是组织的部门、资源群组、地理区域或项目的其他方面。在这些"方面"，必须有可识别的领头人，以便将风险信息报告给他。

10.3.17　上报

"上报"列回答如下问题：谁将获得有关该风险的信息以及在什么情况下获得？该列的内容类似于下面这样：

首席财务官；如果这个风险事件导致成本的增加不少于 12 000 美元，那么必须当面通知首席财务官。

上述内容也指出该风险是未来可能发生的现象，它指定了具体的边界，还指定了上报风险时采用的沟通模式。该列有两个作用：一是指出谁将获得有关风险的信息以及在什么情况下获得；二是实施应对策略"上报"后，风险将由谁负责。

10.3.18　应对策略类型

第 14 和 15 章将深入讨论各种应对策略，但还存在非常具体的策略，它们有非常具体的名称。同样，风险管理计划列出了这些策略的名称及其适用场景。在电子版风险登记册中，这一列是一个下拉列表，包含如下威胁应对策略：

- 无；
- 被动接受；
- 主动接受；
- 减轻（可能性）；
- 减轻（影响）；
- 减轻（可能性和影响）；
- 规避；
- 转移；
- 上报。

在电子报风险登记册中，这个下拉列表还包含如下机会应对策略：

- 被动接受；
- 主动接受；
- 提高（可能性）；
- 提高（影响）；
- 提高（可能性和影响）；
- 分享；
- 开拓；
- 上报。

这些是 PMI® 标准化的风险应对。

这里只列出了风险应对类别，而没有对它们做详细描述。

10.3.19 应对策略描述

在电子版风险登记册中，这是一个文本框，项目经理或风险责任人在其中描述如何实现前一列指定的风险应对策略。例如，如果选择的应对策略为"被动接受"，描述将是简单的"无须采取措施"。对于车辆可能撞到袋鼠这种风险，如果选择的策略为"减轻（影响"），描述可能是这样的：在前保险杠上安装车头防护杠，以吸收更多的撞击力。描述让各方都准确地知道将如何实施应对策略。

10.3.20 实施进度

有些应对策略要求立即采取措施，有些要求在看到触发条件后再采取措施，还有一些要求以后再采取措施。对所有跟踪风险并监督应对的相关方（尤其是风险责任人）来说，实施进度很重要。

10.3.21 实施审核

应对策略实施后，可能成功（全部或部分成功），也可能失败。实施审核会检查应对策略是否成功，这适用于所有策略，包括被动接受（即各方采取观望态度）。该审核会检查应对措施、其实施情况和成功程度。在安装车头防护杠的案例中，对实施审核的描述可能是这样的：

策略实施成本为 1 300 澳元；3 天后撞到袋鼠，车头未受损，但挡风玻璃必须更换。

在这一列中，记录了有关风险应对策略相对成功程度的信息，可作为经验教训供其他风险经理使用。

10.3.22 关闭条件

总会有这样的时刻，即需要重新审视风险事件，确定它是否还是威胁或机会。如果原来的机会是赢得 10 亿美元的彩票大奖，而现在有人中了这个头奖，那原来的巨大机会便不复存在了。此时该关闭相应的风险，使其进入关闭状态。如果澳大利亚司机移居到了北极圈，就可关闭撞到袋鼠这种威胁了，这也将导致它成为关闭的风险。在这两种情况下，风险的重要程度不再与以前一样。由于每种风险都部分取决于项目环境，因此对于在不同项目中识别的相同风险，其关闭条件也可能不同。

10.3.23 跟进

在"跟进"列中，可回答两个重要问题：一是何时跟进；二是如何跟进。这给风险责任人提供了重要指南，因为如果没有这些信息，风险责任人就必须自己去搞清楚在给定时间采取措施的原因所在。在风险登记册中，"跟进"列包含的内容可能是这样的：

每隔一个季度，都通过肉眼对车辆进行检查。

风险责任人将从上述"跟进"内容受益，受该风险直接影响的所有相关方亦如此。

10.3.24 结果

在有些情况下，"结果"列的内容可能与"实施审核"相同。结果就是风险发生后的实施审核，此时对风险的长期后果有深入认识。结果很重要，因为实施审核通常关注的是以后要如何应对风险，而结果关注的是以前是如何应对风险的。

10.3.25 存档位置

顾名思义，这是风险档案以及与风险事件相关的信息的存储地址（物理地址或虚拟地址）。对风险责任人来说，这种地址很重要，因为他负责把信息提交到这种档案以及从中读取信息；对其他相关方来说，这个地址也很重要，因为他们需要知道到哪里去获取以及如何获取这样的数据，即已收集的有关特定风险事件的信息。

10.4 风险分类

本章前面讨论过，风险分两大类：威胁和机会。威胁是可能发生并给项目或组织目标带来负面影响的事情，而机会是可能发生并给项目或组织目标带来正面影响的事情，它们是风险管理的两个相反方面。

在项目风险管理中，风险分类的一个重要方面是，认识到系统之间的交互和关联可能会使各种风险进一步加剧。与越多的系统交互越多，威胁和机会带来的潜在影响越大。

可在项目层级对风险进行分类，认识到这一点也很重要。大多数项目都是为获得新机会而立项的，新增销售额、新技术和新功能都是项目驱动的，且都意味着机会。另一方面，有些项目带来的可能只有威胁。为淘汰（运行正常的）老旧系统、遵守苛刻的政府新规定或消除反对声音而组建的项目，带来的可能只有威胁，而没带来任何的新机会。

从这种意义上说，必须知道项目的来源以及是谁负责发起的，这很重要。如果项目缘起于较低的管理层级，其整体风险就很低；如果项目缘起于高级管理层，且由高管担任负责人，其威胁和机会水平都将很高。另外，知道项目是组织内部还是外部发起的也很重要。根据组织的文化，是内部发起还是外部发起的可能影响机会或威胁的水平。

10.5 复习题

1. 你正编制风险登记册，但由于你所在组织的风险管理历史不长，因此你属于这方面的拓荒者。上司询问你为何要费力地去做这些行政文书工作，请问你该如何回答？

A. 旨在保护项目团队，以防后来者抱怨他们没有完成准备工作。

B. 风险登记册划定了不可逾越的界线，可防止任何严重威胁的发生。

C. 风险登记册让管理层能够密切关注项目的风险状况。

D. 风险登记册让所有相关方能够密切关注项目的风险状况。

E. 风险登记册是项目团队有风险意识的证明。

2. 今年夏天出人意料地炎热而干燥，而你负责的项目正在加利福尼亚州南部实施，那里的山火是常年的隐患。项目工作场所是一个有 150 余年历史的木质建筑，坐落在大片原始森林的边缘。一个识别的风险事件是这样的：如果发生严重的山火，这个项目工作场所就可能被彻底烧毁，导致无法继续工作。

任何的停工都超出了组织的容许限度。通过查看风险登记册，将发现前述风险具有什么特征？

A. 高可能性、低邻近性。

B. 低可能性、高邻近性。

C. 低可能性、低邻近性。

D. 高可能性、高邻近性。

E. 高可能性、低影响。

3. 今年夏天，加利福尼亚州南部出人意料地炎热而干燥，你负责的项目正在俄亥俄州中部实施，而加利福尼亚州的山火是常年的威胁。项目工作场所是一个有 150 余年历史的木质建筑，坐落在俄亥俄州沃帕科内塔的大片原始森林边缘。一个识别的风险事件是这样的：如果发生严重的山火，这个项目工作场所可能被彻底烧毁，导致无法继续工作。

任何的停工都超出了组织的容许限度。通过查看风险登记册，将发现前述风险具有什么特征？

A. 高可能性、低邻近性。

B. 低可能性、高邻近性。

C. 低可能性、低邻近性。

D. 高可能性、高邻近性。

E. 高可能性、低影响。

4. 你识别了如下风险事件：爱因斯坦可能另谋高就，导致项目没有主题专家，并将布鲁斯指派为该风险事件的风险责任人。请问下面哪一项最准确地描绘了布鲁斯的工作？

A. 如果爱因斯坦另谋高就，他将为此担责。

B. 他负责留意任何昭示着爱因斯坦可能另谋高就的迹象，并实施预定的风险应对。

C. 他负责留意任何昭示着爱因斯坦可能另谋高就的迹象，并在这个风险发生后实施相应的风险应对。

D．如果爱因斯坦另谋高就，他将为此担责，进而实施预定的风险应对。

E．他负责实施预定的风险应对。

5. 下面哪些说法是正确的（双选）？

　　A．邻近性指的是物理上的接近程度。

　　B．密切度和邻近性都指的是物理上的接近程度。

　　C．连通性指的是技术整合。

　　D．紧迫性指的是多久后风险可能发生或策略最晚到什么时候可能依然有效。

　　E．可能性指的是风险事件的严重程度。

6. 在什么情况下关闭风险?

　　A．风险发生过一次后。

　　B．项目经理宣布风险结束后。

　　C．风险不再给项目结果带来威胁或机会后。

　　D．风险责任人确定风险在风险登记册中存在得太久，再也无法监测到后。

　　E．这个问题用词不当，风险永远不会关闭。

7. 风险登记册存储在什么地方?

　　A．项目管理计划中。

　　B．风险管理计划中。

　　C．众多相关方都能够访问的组织知识库中。

　　D．有限相关方能够访问的组织知识库中。

　　E．只有项目团队和其他专门批准的相关方能够访问的组织知识库中。

本章涵盖如下主题：

- 风险分类；
- 分类系统审核；
- 风险管理计划；
- 风险排序；
- 来自相关方的排序支持。

风险定性分析

在很多人看来，风险分析除了数字还是数字，这种看法错得离谱。由于很多风险的准确信息都不易于获取，组织和个人都诉诸风险定性分析，将其视为确定风险事件的相对重要程度的最佳方法。经典的"高－中－低"方案是一种风险定性分析方法，它有时被转换为由红、黄、绿三种颜色构成的交通信号灯图。

风险定性分析是一种快速而有效的风险评估方式，要求对相关术语做了清晰而客观的定义。对特定风险的认识，不同的人可能有天壤之别。鉴于个人经验会带来偏见这种固有的问题，客观地定义术语至关重要。

在项目的整个生命周期内，风险的排名情况和评估结果可能发生翻天覆地的变化，但术语的定义应该始终不变。为找出高影响风险，在项目开头和末尾使用的评估标准必须相同。这些标准记录在风险管理计划中，可供需要的人访问。

这些信息必须是所有相关方都能够访问的，以便大家能够对风险事件的受关注程度达成一致的认识。这还让相关方能够明白，为何对于有些风险，需要积极地应对，而对于其他一些风险，被动地接受即可。

即便不进行定量分析，也能够对风险事件进行排序，虽然定量分析（参见第 12 章）让你能够对如下方面有更深入的认识：投资实施特定应对措施是否合适。按照惯例，先实施风险定性分析，再实施风险定量分析。

本章讨论风险事件分类、影响和可能性评估和优先级确定，以及如何构建风险矩阵以显示和跟踪风险事件。

本章讨论《PMI-RMP®考试内容大纲》中的如下目标：

领域	任务	考试目标
风险分析	任务 1	实施定性分析

11.1 "我知道了吗"小测验

"我知道了吗"小测验让你能够做出评估，确定是否需要详细阅读本章。对于这些测验题，如果对其答案或其涉及的知识没有把握，请详细阅读本章。表 11-1 列出了本章的各节及其对应的测验题。要获悉这些测验题的答案，请参阅附录 A。

表 11-1 "我知道了吗" 测验题对应的章节

章节	小测验题
11.2	1、2
11.3	3
11.4	4、5
11.5	6
11.6	7

警告： 小测验旨在评估你对本章主题的掌握情况，为此请将不知道答案或拿不准视为回答错误。如果将猜对答案视为回答正确，将扭曲自我评估结果，带来虚假的安全感。

1. 你已决定根据 PESTLE 模型对项目风险进行分类，并相信在项目的整个生命周期内，这都将提供不错的风险类别概要。记录归属于不同类别的风险事件时，你想要确保自己（和团队）也能确定它们所属的子类，为此使用哪个工具最有效？
   A. 风险分解结构。
   B. 工作分解结构。
   C. 风险登记册。
   D. 风险管理计划。
   E. 分院帽。

2. 项目管理办公室是 PESTLE 模型的拥趸，该模型包含政治风险、经济风险、社会风险、技术风险、法律风险和环境风险。按这个模型对风险分类后，哪个分支是最重要的？
   A. 随组织、项目和实施评估的人而异。
   B. "政治" 分支。
   C. 所有分支。
   D. "环境" 分支。
   E. "法律" 分支。

3. 你想要扩充已识别风险清单，确保将组织的系统性风险囊括进来。为此，你参考了内部的风险分类系统。请问这种做法让你能够做什么？
   A. 对与企业关系密切的预定类别中的风险进行评估。
   B. 识别出与企业关系密切的预定类别中的风险。
   C. 对与企业关系密切的预定类别中的风险进行定量分析。
   D. 对于与企业关系密切的预定类别中的风险，给它们指派风险责任人。
   E. 按风险管理计划中描述的方法评估风险。

4. 风险管理计划中有个字典，对高、中和低可能性做了定义。其中 "低" 的定义是 "发生过一次"，但你不敢苟同，因为你知道，有些风险是如此重大，一旦发生，项目（乃至整个组织）就会完蛋，所以你认为这个术语必须修改。基于这种关切，你该如何做？

A．你应请求项目管理办公室修改定义。

B．你将可能性和影响混为一谈了，因此应尊重企业原来的做法。

C．你应修改这个定义，因为它在你负责的项目的风险管理计划中。

D．你应咨询风险责任人，因为他可能有不同的看法。

E．你应将可能性为低的风险事件标出来，以便对它们做进一步的评估。

5. 风险管理计划指出，进度方面的容许限度为明年 1 月 1 日。由于天气原因导致的延误，项目进度已极度接近这个期限。在 12 月 15 日，你终于认识到，即便像超人那样工作（节假日也不休息），最早也只能在 1 月 2 日交付项目。你将这种情况告知上司，上司说"容许限度就是容许限度"，请问这是什么意思？

A．上司对项目结果不满意。

B．上司认为应将情况上报，由管理层通过审核决定是否要终止项目。

C．考虑到这可能是你职业生涯的终点，你应该继续往下推进项目。

D．你需要启用触发条件，以便在自己的判断不正确时能够知道这一点。

E．容许限度设置得不合适。

6. 你想要管理尽可能多的重要风险，但又担心自己对何为重要的看法与其他管理团队成员不同。你想要像古老的航海谚语说的那样"掩护船尾"。为确定风险的相对可能性和影响，从而找出需要重点关注的风险，你将如何做？

A．极其详细地定义风险，确保大家对风险事件的性质的认识一致。

B．创建一个风险分类系统，以便评估不同类别的风险及其相对重要性。

C．在风险管理计划中列出那些在你看来最重要的风险。

D．使用风险矩阵。

E．说服风险责任人认可并支持你的工作。

7. 你正带领一个敏捷团队开发一款开创性软件。在这个团队中，有几位程序员对自己所做的工作门儿清，也准确地知道项目将走向何方。他们还认为，如果代码编写得不完美，该软件可能戏剧化地崩溃。你将自己的职业生涯托付给了这些人，即便如此，你还是确保每当这个软件包面临新风险时，他们都会告诉你。为避免他们事无巨细地向你报告，你需要如何做？

A．让他们在每日站会上报告自己遇到的所有问题。

B．让他们在每日站会上报告前一天做的所有工作。

C．让他们在每日站会上报告当天要做的工作。

D．让他们熟悉风险矩阵和风险管理计划中的相关术语。

E．转而采用预测型方法来开发这款软件，以最大限度地降低风险。

11.2　风险分类

在编制风险管理计划的过程中，项目经理或项目团队可能确定了适合组织的风险类别，它们类似于第 7 章提到的 PESTLE 模型。如果项目办公室没有预先确定风险类别，它们可能是项目特定的（通常如此）。一种用于确定风险类别的工具是亲和图（第 7 章讨论过）；它虽然被认为是一种风险识别工具，但也可用来帮助确定对项目来说适合的风险类别。

从各个层面上说，风险分类过程都很重要。它让团队能够扩充风险清单；它能生成风险提示清单，让团队成员想起原本忽视了的风险领域：不是提出"存在哪些风险"这种简单问题，而在提问时指定类别，如存在哪些政治风险、存在哪些环境风险等。通过对风险进行分类，你还能够制定针对不同风险类别的应对措施。虽然对于每个风险，最终都要进行单独的研究，但可根据风险类别制定全面的解决方案：如果风险类别为"进度"，可能存在能够应对众多进度风险的包罗万象式解决方案，例如，将工期延长几个月可能解决（至少是控制）一大堆进度风险。

11.3　分类系统审核

风险分类系统是经过仔细审核和研究的风险分类方式，与一般性风险分类方法没有太大的不同，通常由组织制定，被统一地用于所有项目。分类系统审核属于强制性审核，旨在确保分类的统一性，同时确保组织内部重点关注的风险一致。如果重点关注的是经济风险，可创建一个包含庞大"经济"分支的分类系统。

分类系统可表示为层次结构（家族谱系）或简单表格，其原理与风险分解结构相同，也将每个类别都进一步分成子类别，以便对项目面临的风险事件做全面解读。

分类系统也支持提示清单——由有关项目风险环境的问题组成的核对单。在"经济"分支的底层，隐藏着识别的风险，它们可能与汇率相关，并对供应链成本有潜在的影响，如欧元对美元的汇率会不会低于评价。对于类似于这样的问题，肯定回答都将催生出至少一个风险事件。具体到"欧元对美元的汇率会不会低于评价"这个问题，它可能催生出大量风险（可能是机会，也可能是威胁）。

11.4　风险管理计划

在风险定性分析中，风险管理计划发挥着重要作用。它描述了如何实施定量分析、定义了风险语言，可依据它来确定风险排序策略。风险管理计划定义了诸如"高""中""低"等术语，指出了可能性和影响之间的关系以及该如何解读这些关系。

例如，风险管理计划详细说明了对可能性进行定性评估的方法，这可能类似于下面这样。

- 高：在超过一半的类似项目中都发生过。

- 中：在组织中发生过多次。
- 低：在组织中发生过一次。
- 极小：从未发生过，但有可能发生。

请注意，这里还没有关联到数字，但可轻松地将这些术语关联到数值，以方便后面的分析。

- 高：3。
- 中：2。
- 低：1。
- 极小：0.1。

可能性并非是随项目而异的，可在整个组织中保持一致，即在不同的项目中，给可能性术语赋相同的值。

相反，影响是随项目而异的。在每个项目中，都使用不同的影响值，虽然这些值依然是定性的。

- 高：灾难性的或一败涂地。
- 中：项目成果的功能受到影响，且达到或接近容许限度。
- 低：项目成果的功能受到影响。

这些定义示例针对的是 3×3 矩阵。在更大的矩阵（如 5×5 矩阵）中，术语的定义完全不同。请注意，影响量表也依赖于风险管理计划中有关项目容许限度的信息，因此可能将同一个影响量表用于时间、成本和需求方面。

与可能性一样，有些组织也喜欢给影响量表指定值，以便能够对定性条件做数值分析。给影响术语赋值时，方法与给可能性赋值不同，要求每个术语的值都比后一个术语的值大一个量级。

- 高：8。
- 中：4。
- 低：2。

这里的示例适用于 3×3，对于 5×5 矩阵，相应的值也不同。

按照惯例，可使用九宫格式 P×I 矩阵将这两种量表组合起来。P×I 矩阵也被称为风险矩阵，如图 11-1 所示。

在图 11-1 中使用了不同的颜色来指出风险的严重程度，进而指出了哪些风险的优先级最高。显然，黑色区域内的风险影响最大且发生的可能性最高。

在九宫格中，只要有一个格子（尤其是黑色格子）内的风险太多，就可能昭示着需要按其他指标做进一步评估。这种指标可以是其他任何分为高、中和低的风险属性，从邻近性到紧迫性。

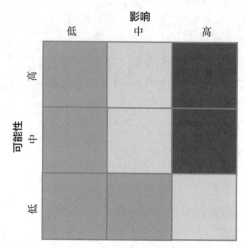

图 11-1　可能性-影响矩阵（P×I 矩阵）

　　格子内的风险事件过多时，为做进一步的评估，最常用的指标是紧迫性。紧迫性指的是多久后风险事件可能发生或者说在什么时间之前风险事件能够得到有效控制。

　　另一个常用的指标是可监测性。在使用失效模式与影响分析的项目中，总是将可监测性作为第三个指标。风险管理计划将对失效模式与影响分析评分进行说明，因为高可监测性为积极条件，而低可监测性（不可见）意味着更高的风险水平。

　　根据 3 个属性评估风险时，九宫格这种图形方法难以使用，因此大多数项目都将转而采用简单的电子表格，这是失效模式与影响分析常用的一款工具。

　　风险管理计划指定了哪些信息将被纳入失效模式与影响分析中。与风险登记册一样，这个数据集可能很大，包含单个失效条件带来的多种影响以及多个严重程度。表 11-2 展示了最简单的失效模式与影响分析数据集。

　　请注意，在滑动量表（sliding scale）上，可监测性值 10 意味着风险事件是完全不可见的，而值 1 意味着在无须做额外工作的情况下，风险事件就始终是完全可见的。最终，这有助于生成风险优先级数字——严重程度、可能性和可监测性的乘积。

　　无论使用的分析方法是基本的 P×I 矩阵（可能性-影响矩阵），还是更复杂的失效模式与影响分析，都将在风险管理计划中记录所有与定性分析相关的术语。

　　风险管理计划还详细规定了各种风险定性评估工作的实施时间，这包括定性评估的频率以及在什么情况下必须进行定性评估。与众多其他的风险管理工作一样，有关何时进行定性评估的基本规则如下：

- 规划变化时进行定性评估；
- 变化发生时进行定性评估；
- 定期进行定性评估。

定期定性评估至少需在项目中期进行一次。如果项目工期超过 1 年，风险管理计划中指定的定期评估很可能是每个季度一次；对于工期为多年的项目，定性评估的频率可能低到半年一次。

表 11-2　　　　　　　　　　　　失效模式与影响分析数据集

工作元素	失效模式	失效模式结果	严重程度(S)	原因/可能性	可能性(P)	控制	可监测性(D)	风险优先级数字
受影响的工作方面	在什么情况下可能发生	结果的性质	风险管理计划中指定	改变概率的条件	风险管理计划中指定	不言自明	风险管理计划中指定	风险优先级数字
文件竣工状态	未正确地编制文件	无有效的竣工记录	6	团队成员可能不喜欢管理任务	7	每个季度审核一次	中 (5)	S×P×D (210)

11.5　风险排序

风险可进行组风险排序或个体风险排序。

11.5.1　组风险排序

在 P×I 矩阵中，高-高（高可能性、高影响）风险显然是排名最靠前的风险群组，换而言之，那些位于矩阵右上角的风险显然是需要优先解决的。

接下来是中-高（中可能性、高影响）风险。有些人可能认为高-中（高可能性、中影响）风险应该与中-高风险一样重要，但并非如此。相比于可能性，影响要重要得多。根据前述 P×I 矩阵中的值，高-高风险的评分为 24（3×8），中-高风险的评分为 16（2×8），而高-中风险的评分为 12（3×4）。在项目只有中度风险，而项目团队需要确定哪些风险值得关注，哪些风险需要优先应对时，前面的相较而言很重要。在 P×I 矩阵中，最重要的风险可能不仅仅出现在一个方格内，从图 11-1 可知，项目团队可能将黑色区域内的风险都视为最重要的，因此项目团队或风险团队需要考虑的最重要风险清单可能很长。

组风险排序的优点在于易于解读和理解，对于确定哪些风险最重要的过程，解释起来很容易。

11.5.2　个体风险排序

然而，在有些情况下，必须确定哪些个体风险事件带来的威胁或机会最大。在这种情况下，可先进行组风险排序，再进行个体风险排序。有很多工具可用来对风险进行排序，在定性分析过程中，这些工具大都需要由团队成员投票。对个体风险进行排序时，可使用的常见敏捷管理工具如下：

- 举手表决。
- 点投票。
- 罗马式投票。
- 达成一致。

进行对风险进行定性排序时，也可使用传统（瀑布式）项目管理方法采用的一款工具——扩展的名义小组技术。

1. 举手表决

无论是在面对面会议还是虚拟会议中，举手表决的关键都是根据与会者的个人看法给风险打分。确定如何打分（拳头=不值得担心；五个手指=灾难性风险，须优先应对），以每次一个的方式向团队成员呈现风险事件，每个与会者都进行投票，通过使用不同的手势给风险事件打分（0～5），如图 11-2 所示。最后，计算风险事件的总分，再给下一个风险投票。

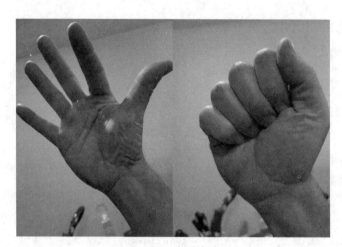

图 11-2　举手表决

给所有风险投票后，根据每个风险的总分进行排序。

2. 点投票

在点投票过程中，给每个参与者都分配指定的点数，并告知参与者这些点数表示与各个风险事件相关的关注程度。风险事件被列在屏幕或白板上。例如，如果分配给每个团队成员的点数为 20，团队成员可将这 20 点投给 20 个风险（每个风险 1 点），也可将这 20 点全部投给一个风险事件(当然，还可将不同的点数投给不同的风险事件，但投出的总点数不得超过 20)。接下来，让团队成员给风险事件投出点数，所有团队成员的所有点数都投出后，计算每个风险事件得到的总点数，并据此进行排序。

3．罗马式投票

罗马式投票是一种要么赞成、要么反对（可以选择弃权）的决策方式。在罗马式投票中，依次描述每个风险事件，描述完毕后，所有参与者都做出拇指朝上或拇指朝下的手势（表示是否应优先应对当前风险），如图 11-3 所示。拇指朝上得分加 1；拇指朝下得分减 1；参与者还可选择弃权，在这种情况下，得分不变。

图 11-3　罗马式投票

投票结束后，计算每个风险的总得分，并据此进行排序。

4．达成一致

在有些情况下，试图达成一致本身就会带来风险。试图达成一致的相关过程你应该熟悉：团队成员聚在一起，试图通过健康的讨论确定哪些风险是最重要的，进而需要优先应对。要以这种方式对风险进行排序很难，因为不同的团队成员对风险的认识不同。

5．名义小组技术

名义小组技术主要用于瀑布式项目管理（传统的预测式项目管理），而不是敏捷项目管理中。正如第 7 章讨论的，名义小组技术在很大限度上说是一种纸上头脑风暴。不同之处在于，名义小组技术会给每个团队成员都分发一个清单，其中包含所有已识别的风险。然后，每个团队成员都分别对这些风险事件进行排序，就哪些风险事件对企业来说最值得担忧提供个人看法。接下来，引导者计算每个风险的得分，并据此对风险进行排序（按从最受关注到最不受关注的顺序排列）。

11.6　来自相关方的排序支持

如果所有人都明白定性分析的目标，排序过程就可取得很好的效果；这个目标是生成足够详细的风险排名，为报告和应对提供依据。排序过程要获得成功，相关方必须熟知在这个过程中使用的方法、语言和工具。

为确保这一点，最有效的方法是让相关方能够访问风险管理计划。如果相关方和项目团队（或风险团队）使用的是相同的语言，就将对如下方面有更清晰的认识：为何要以特定方式应对风险以及如何应对。

了解风险类别和风险源后，相关方就能更清楚地知道哪些风险是项目组织最担心的，以及自己应更多地关注哪些风险。

不能只是与相关方分享风险清单，还需让相关方知道将特定风险源和风险作为关注重点的原因所在。要分享这些信息，必须让相关方参与风险管理过程。通过参与风险分类过程［无论采用的方法是基于历史记录、亲和图、经典模型（如 PESTLE），还是其他方法］，相关方将清楚地知道，这些风险类别是项目特有的，还是所有风险管理过程中都有的。

11.7　复习题

1. 你认识到，只有项目预算的很小一部分可用于实施风险策略。有鉴于此，你想只应对那些最紧迫的风险，但组织坚持要求你同时应对那些不那么显而易见的风险。因此，你决定满足组织的要求，为此可使用哪种确定风险优先级的方法？

   A．举手表决。

   B．点投票。

   C．罗马式投票。

   D．失效模式和影响分析。

   E．P×I 矩阵。

2. 有一系列与风险分解结构配套的问题，这些问题与风险分解结构的分支相关联，用于确定来自相应风险源的风险的相对重要性。其中一个问题是这样的：是否咨询过当地政府机构，询问对项目是否存在分区（zoning）方面的要求，以及这种要求会带来什么影响。请问这个问题是关于哪个方面的？

   A．这个问题是关于经济考量的，包含在风险分类系统中。

   B．这个问题是关于环境考量的，包含在风险分解结构中。

   C．这个问题是关于政治考量的，包含在风险分类系统中。

   D．这个问题是关于社会考量的，包含在风险分解结构中。

   E．这个问题是关于社会考量的，包含在风险分类系统中。

3. P×I 矩阵中有 34 个风险，其中有些（具体地说是低-低风险）几乎不可能发生。你知道，有 12 个高-高风险很重要，将是管理层关注的重点。如果能够很好地管理这 12 个高-高风险，接下来你将应对哪些风险？

   A．高-中风险。

  B．中-高风险。

  C．最紧迫的风险。

  D．中-中风险。

  E．没有，因为重要工作已完成。

4．审核项目的风险管理计划时，劳拉发现其中引用了如下进度容许限度：

  关键路径中的活动出现延误是不能接受的，这越过了组织的容许限度。

  劳拉发现它负责的两个活动已经延误了 3 天，而且还需要 1 个月才能完成。请问她该采取什么措施？

  A．立即通知项目经理和风险经理，因为这种情况可能导致项目终止。

  B．努力工作，力图将失去的时间追回来，因为她知道很可能能够追回来。

  C．努力工作，力图将失去的时间追回来，同时通知项目经理和风险经理，因为她知道这样的努力是徒劳的。

  D．请求延长工期。

  E．辞职。

5．下面哪种说法是正确的（双选）？

  A．项目团队可使用举手表决来确定风险优先级。

  B．项目团队可使用 P×I 矩阵来确定风险排列顺序。

  C．风险登记册定义了诸如高可能性和低影响等术语。

  D．罗马式投票让团队成员能够按其认为的重要性排列风险。

  E．点投票让团队成员能够按其认为的重要性排列风险。

6．团队终于就风险排序达成了一致，请问这意味着什么？

  A．团队一致同意这种风险排列顺序是完美的。

  B．团队可能就风险排序有不同看法，但同意最终结果的占多数。

  C．风险排序工作已完成，整个团队都将接受最终结果。

  D．正确地完成了风险排序。

  E．永远不可能就风险排序达成一致，团队对达成一致的理解有误。

7．相关方想参与风险管理过程，尤其是风险排序过程，请问这意味着什么？

  A．相关方对团队确定风险优先级进行审核。

  B．相关方参与确定风险排列顺序。

  C．风险排序工作由管理层完成。

  D．风险排序工作由项目经理完成。

  E．风险排序工作按规定的流程进行，相关方可能参与，也可能不参与。

本章涵盖如下主题：

- 绩效数据及其含义；
- 综合定量分析和详细定量分析；
- 敏感性分析工具；
- 相对风险权重和优先级。

第 12 章

风险定量分析

在很多人看来，风险分析除了数字还是数字。对持这种看法的人来说，风险分析是风险管理中最吸引人的地方。有了必要的数据后，便可根据数值对风险进行分析，给原本没有确定性可言的风险管理加上确定性光环。

风险定量分析不同于定性分析，因为风险定性分析虽然也可能使用数字，但这些定性值是主观性的（如 1-2-3 记分系统），而在定量分析中，使用的数字是客观的，如费用、耗时和缺陷率。

风险定量分析面临的主要挑战之一是，收集和审核数据需要花费大量的时间和精力。但在数据准确且时间充裕的情况下，风险定量分析的结果通常被认为是不可置疑的。

然而，数据会随时间的推移不断变化：价值随环境的变化而变化，可能性也会随时间的流逝而变换。因此，几周前还完全正确的定量分析结果，现在可能毫无价值。

与风险定性分析一样，风险定量分析也可在多个层面进行：有些组织想要做的是项目层面的风险定量分析，而有些想要在个体风险事件层面进行定量的货币和时间价值分析。卓有成效的项目经理必须能够应对这两种任务。

本章讨论根据数值（有关可能性和影响的数值）对风险进行分析的过程，这包括项目层面和风险事件层面。

本章讨论《PMI-RMP®考试内容大纲》中的如下目标：

领域	任务	考试目标
风险分析	任务 2	实施定量分析

12.1 "我知道了吗"小测验

"我知道了吗"小测验让你能够做出评估，确定是否需要详细阅读本章。对于这些测验题，如果对其答案或其涉及的知识没有把握，请详细阅读本章。表 12-1 列出了本章的各节及其对应的测验题。要获悉这些测验题的答案，请参阅附录 A。

表 12-1 "我知道了吗"测验题对应的章节

章节	小测验题
12.2	1、2
12.3	3、4
12.4	5~7
12.5	8

警告：小测验旨在评估你对本章主题的掌握情况，为此请将不知道答案或拿不准视为回答错误。如果将猜对答案视为回答正确，将扭曲自我评估结果，带来虚假的安全感。

1. 在你负责的项目中，使用挣值法来评估绩效。到目前为止，项目的成本绩效指数为 84%，而进度绩效指数为 111%。与管理层分享这些信息时，从风险的角度说，你可告诉管理层什么？
   A. 项目的超支风险很高，但延误风险很低。
   B. 项目的超支风险很低，延误风险也很低。
   C. 项目的超支风险很低，但延误风险很高。
   D. 项目的超支风险很高，延误风险也很高。
   E. 根据项目当前的状态无法获得任何洞见。

2. 在你负责的一个使用敏捷管理方法 Scrum 的项目中，在最近的 6 个冲刺中，生产了 3 个最小可行产品。你给所有用户故事都指定了故事点数，并使用燃尽图将已完成的故事点映射为进度。在每个冲刺中，你的团队都完成大约 21 个故事点，而按照计划，每个冲刺应完成 19 个故事点。请问在进度和成本风险方面，这说明了什么？
   A. 速度比计划的快，且这种趋势将保持下去，这意味着虽然在项目成本方面没法说什么，但项目延误的风险很低。
   B. 速度比计划的慢，且这种趋势将保持下去，这意味着虽然在项目成本方面没法说什么，但项目延误的风险很低。
   C. 虽然不知道速度，但项目很可能延迟交付。
   D. 速度比计划的快，且这种趋势将保持下去，这意味着成本超支和工期延误的风险都很低。
   E. 速度比计划的慢，且这种趋势将保持下去，这意味着成本超支和工期延误的风险都很低。

3. 你想要确定某个风险事件的预期成本，为此你已经确定了该事件的可能性和影响。为评估这些信息，可使用哪个工具？
   A. 蒙特卡洛。
   B. 预期货币价值。
   C. P×I 矩阵。
   D. 风险矩阵。

　　E．风险评审技术（venture evaluation review technique，VERT）。

4．在一个你负责的项目中，已创建了风险评审技术图和图示评审技术（graphic evaluation review technique，GERT），接下来的重大任务是将它们组合起来。请问你为何要这样做？

　　A．获悉网络中哪些活动带来的风险最大。

　　B．从项目层面的角度出发，基于概率分支获悉特定进度结果出现的可能性。

　　C．从活动层面的角度出发，基于绝对分支获悉特定进度结果出现的可能性。

　　D．从项目层面的角度出发，基于绝对分支获悉特定进度结果出现的可能性。

　　E．从活动层面的角度出发，基于概率分支获悉特定进度结果出现的可能性。

5．你请来了一位蒙特卡洛专家，让她帮助评估潜在的项目结果。她确定了进行有效蒙特卡洛分析所需的所有基本信息，并进行了 1 000 次模拟。请问她执行的模拟次数够吗？她在分析中必须将哪些信息纳入考虑范围？

　　A．执行的模拟次数足够了；分析中只需有任务的持续时间和成本就够了。

　　B．执行的模拟次数足够了；分析中需要任务的持续时间和成本的范围，以及这些范围内的值出现的概率。

　　C．因为不知道项目的规模有多大，所以无法判断执行的模拟次数是否足够了；分析中只需有任务的持续时间和成本就够了。

　　D．因为不知道项目的规模有多大，所以无法判断执行的模拟次数是否足够了；分析中需要任务的持续时间和成本的范围，以及这些范围内的值出现的概率。

6．通过下图所示的概率分布函数可知，项目在 3 月 27 日（或之前）完工的可能性有多大？

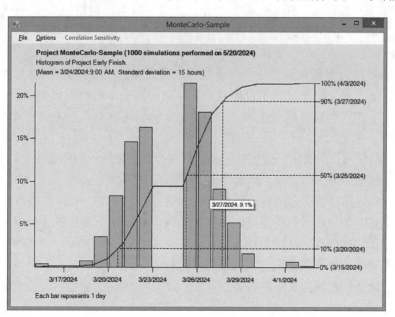

A. 9.1%。

B. 低于在平均完工日期（或之前）完工的可能性。

C. 低于 50%。

D. 90%。

E. 高于在 4 月 1 日（或之前）完工的可能性。

7. 你使用蒙特卡洛分析来确定项目在各种目标日期完工的可能性，根据下图所示的任务信息框可知，下面哪种有关"Task 7 - Normal"的说法是正确的？

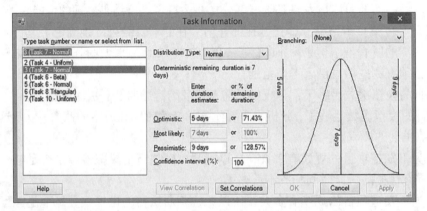

A. 它将在 7 天内完工。

B. 完工时间概率呈正态分布，中间值为 7 天。

C. 是采用基于 Beta（或 BetaPERT）分布的蒙特卡洛方法模拟的。

D. 它将在 5~9 天内完工。

E. 完工时间概率呈三角分布。

8. 你负责一个项目，上司告诉你这个项目能否取得成功，质量、成本和时间都至关重要。你识别出了 3 个重大风险，它们分别对质量、时间和成本有重大影响。让你非常担心的是，你的人手和资金只够应对这 3 个风险中的 1 个，因此你认为应该应对那个相对权重最大的风险。

为确定风险的权重，预期货币价值看起来是一种合理的方法，但你认识到，它并未考虑上司指出的至关重要的三个方面。请问你该如何办呢？

A. 使用预期货币价值，因为对评估相对权重而言，它是唯一一种合理的方式。

B. 自己设置时间、成本和质量值，并据此来确定哪个风险最重要。

C. 请教上司该如何确定风险的权重。

D. 参阅风险管理计划来确定如何确定风险的权重。

E. 运用三角分布来确定风险的权重。

12.2　绩效数据及其含义

在项目实施过程中，会生成大量的绩效信息，这些信息提供了蛛丝马迹，让你能够发现即将发生的风险或已经发生的威胁（问题）。然而，在很多情况下，项目经理都未能将这些数据视为"矿井中的金丝雀"，进而错失了昭示着项目低于预期或即将低于预期的早期迹象。

数据的形式和格式多种多样，因此在定量分析中，关键是确定哪些数据集最具预测性。

影响数据集的最主要因素是使用的项目管理方法——瀑布（传统）方法还是敏捷方法。

12.2.1　瀑布绩效数据

关键主题　经典的瀑布绩效数据为挣值指标，其中每个指标在风险定量分析中都有其独特作用。在挣值法中，主要的数据点包括：

- 完工预算（budget at completion，BAC）；
- 计划价值（planned value，PV）；
- 挣值（earned value，EV）；
- 实际成本（actual cost，AC）；
- 进度偏差（schedule variance，SV）和进度绩效指数（schedule performance indice，SPI）；
- 成本偏差（cost variance，CV）和成本绩效指数（cost performance indice，CPI）；
- 完工估算（estimate at completion，EAC）；
- 完工尚需绩效指数（to-complete performance indice，TCPI）。

上述每个指标都不仅有其本身意义，还在考虑其他数据和趋势以及项目进度时另有其意义。一般而言，这些预测指标仅在项目挣值至少已完成 20% 后才可靠。下面更详细地介绍这些主要的数据点。

1．完工预算

顾名思义，完工预算（BAC）是给项目分配的总预算，这通常是将项目所有工作包的成本相加得到的。在整个项目生命周期内，成本都是一个绩效度量基准，该基准在项目结束时为完工预算。从风险管理角度看，这是项目总开支的目标基准。完工预算包括应急储备，在理想情况下，应在项目的整个生命周期内都保持不变，它为风险管理计划编制人员确定成本的容许限度和临界值提供了终极依据。BAC 是在项目早期确定的，必须通过正规的变更管理流程才能对其进行调整。

2．计划价值

计划价值（PV）随时间而变，它指的是给定时点的项目开支。从风险管理的角度看，计划价值是财会人员高度关注的一个数字。随着项目的推进，计划价值指出了资金消耗速度，即在特定的时点，将支出多少资金。务必向项目团队成员解释计划价值，因为他们可能只关注提前完成工作的好处，而没有认识到因开支超过计划的资金消耗速度而惹怒财务人员的风险。计划价值是一种快照，指出了规划的给定时间总开支。达到或超过计划的项目完工日期后，计划价值应与完工预算相等。

3. 挣值

顾名思义，挣值（EV）是挣值法的基石，它指的是已完成工作的计划开支，因为在挣值系统中，完成工作后，便挣得了相应的价值。如果挣得价值的速度比预期的快，这通常是好消息；如果在挣得价值的过程中，成本比预期的高，这属于坏消息。在所有挣值法定量分析中，挣值都是一个需要考虑的因素。如果一个工作包的预期开销为3 000美元，这个工作包完成后，就有3 000美元的挣值；如果只完成了一半，就只有1 500美元（3 000美元的一半）的挣值。挣值是一种快照，指出了到给定时点为止已完成的总工作量。项目完工时，挣值应与完工预算相等。

4. 实际成本

实际成本（AC）是绩效管理系统中最难跟踪的指标之一，很多组织都能够跟踪实际材料成本，但人工成本跟踪起来要难得多。如果不能跟踪实际成本，将严重阻碍项目经理或风险经理积极地评估进度或开支。这种阻碍可能是一个早期警示信号，昭示着组织在评估成本控制措施功效方面的能力不足，还可能昭示着有触发条件被忽视。

5. 进度偏差和进度绩效指数

进度偏差（SV）和进度绩效指数（SPI）的计算公式很简单：

$$SV = EV - PV$$
$$SPI = EV/PV$$

请注意，在挣值绩效指标中，挣值最为重要。要评估进度偏差，只需牢记下面这个简单的"咒语"：负值不好，正值好。应将数字为负或低于标准视为早期警示信号，昭示着项目进度绩效正在下降，并可能意味着未来也将下降。值得注意的是，项目已完工且过了计划的完工日期时，进度偏差将为0，而进度绩效指数将为1，这昭示着这些指标将指出进度风险不复存在。

6. 成本偏差和成本绩效指数

与SV和SPI一样，成本偏差（CV）和成本绩效指数（CPI）的计算公式也很简单：

$$CV = EV - AC$$
$$CPI = EV/AC$$

再次重申，在挣值绩效指标中，挣值最为重要。在这里，"咒语""负值不好，正值好"也适用。应将数字为负或低于标准视为早期警示信号,昭示着项目进度绩效正在下降,并可能意味着未来也将下降。虽然项目完工时,前述进度指标将毫无意义,但这里的成本指标依然有意义,它还可作为绩效指标。

7.完工估算

估算都是易变的,鉴于这种易变性,可将完工估算(EAC)值作为早期警示信号,用于判断项目将适度还是严重超过预算。EAC 最令人担心的一个方面是,可使用不同的方法来计算它,进而在项目面临的风险水平方面得出不同的结论。主要计算方法有三种,它们的输出各不相同。第一种根据过去的绩效来确定未来的结果:

$$EAC = BAC/CPI$$

如果项目预算为 400 万美元,当前挣值和实际成本分别为 100 万美元和 125 万美元,那么使用这种方法计算时,最终项目成本将为 500 万美元:400 万美元/(100 万美元/125 万美元),得到的完工估算为 500 万美元。大于 1 的 CPI 值意味着当前项目超支了,且将继续以当前比例超支。

第二种常用方法假定以往的绩效属于异常情况,导致当前开支的原因是可以消除的,后续项目开支将完全与计划的一致。例如,在飓风季末期出现的飓风导致项目超支时,项目团队可能预期飓风不会再出现。从公式上看,这看起来会非常不同:

$$EAC = BAC - EV + AC$$

这表示 EAC 为剩余工作对应的成本加上当前的实际成本。对于前面列举的场景,EAC 为 400 万美元 – 100 万美元 + 125 万美元,结果为 425 万美元,与前面计算得到的结果相差很大,这是因为所做的假设(进而使用的计算公式)不同。从风险管理角度看,可以认为这种结果更准确,也可认为这消除了导致早期超支的原因。

第三种方法远不如前两种方法常用,但同时考虑了成本绩效指数和进度绩效指数。它假定进度绩效将直接影响成本绩效,且当前趋势将继续并进一步加剧:

$$EAC = [(BAC - EV) / (CPI \times SPI)] + AC$$

对于前面列举的场景(假设计划价值为 410 万美元),使用这个公式得到的结果差别很大:[(400 万美元–100 万美元) / (0.8×0.244)] +125 万美元=(300 万美元/0.1952) + 125 万美元≈1536.885 万美元+125 万美元≈1662 万美元。请注意,这些数字都可能发出风险信号,而这些风险信号可能提供也可能不能提供额外的价值。

8.完工尚需绩效指数

从风险管理角度看,完工尚需绩效指数(TCPI)可能是最有价值的挣值绩效指标,它回答了这样的问题:根据到目前为止的绩效以及剩余的时间和资金,这个项目还能在预算内完成吗?使用自然语言表示时,完工尚需绩效指数的计算公式如下:

完工尚需绩效指数=剩余工作/剩余资金

用挣值术语表示时，TCPI 的计算公式如下：

$$TCPI= (BAC-EV) / (BAC-AC)$$

还是以前面列出的场景为例，还未完成的工作对应的成本为 300 万美元，剩下的预算为 275 万美元，因此 TCPI 为 300 万美元/275 万美元 = 1.091。这个项目之前的成本绩效为 80%。接下来，成本绩效必须达到 109%，才能在预算内完成项目。这很可能是达不到的。这个绩效指标指出了为重回正轨，项目绩效必须如何变化。

12.2.2　敏捷绩效数据

 挣值数据是预测型项目管理中的标准数据，但在敏捷管理环境中，难以获得这些数据。在敏捷管理中，更常见的做法是根据已完成的冲刺数、用户故事数和故事点数来确定绩效指标。

1. 已完成的冲刺数

已完成的冲刺数是敏捷管理方法中使用的宽指标之一，因为冲刺数大致指出了已过去的时间。由于假设每个冲刺都提供交付价值，同时由于团队是保持不变的，因为已完成的冲刺数指出了项目的进展程度。已完成的冲刺数与是否按计划完成了用户故事无关，它只是一个这样的度量指标：团队是否按时开展了相应的工作（和每日审核）。从风险管理的角度看，这让你能够知道团队是否按计划开展了工作并举行了每日站会。

另外，由于每个冲刺都以冲刺回顾会议（审核经验教训和产品成果）结束，因此完成的冲刺数是一个重要的绩效指标（随着完成的冲刺数越来越多，包含回顾信息的仓库也越来越大）。

2. 已完成的用户故事数

已完成的用户故事数也是一个宽指标，但在衡量绩效方面，比已完成的冲刺数更准确。用户故事规模各异，有些需要投入大量劳动，有些只是相对简单的成果。每个用户故事都表示一定的劳动成果，同时鉴于用户故事的结构，因此每完成一个用户故事，风险水平都将得到一定限度的降低。

用户故事是这样编写的：

[人物]需要[结果]，因为[原因]

例如，可将这种格式转换为下面这样：

现场团队成员需要个人防护装备，因为他们检查现场时面临身体危险。

与完成的用户故事数相关联的绩效信息是风险降低程度，因为每次完成一个用户故事时，都会发生几件事情：

（1）满足了一个用户需求。

（2）成功地产出了一个可交付成果。

（3）消除或减小了一个威胁。

这种绩效信息通常显示在燃尽图（如图 12-1 所示）中，让人一眼就能看清绩效变化趋势。

在图 12-1 中，实线表示计划的绩效，而虚线表示实际绩效，在 4 号冲刺结束时，可明显看出一些风险迹象：

- 根据当前趋势可知，用户故事的完成速度没有计划得那么快；
- 前 4 个冲刺的完成速度低于预期；
- 除非趋势发生急剧变化，否则项目很可能延误；
- 如果存在导致延误的具体原因，应对其进行研究。

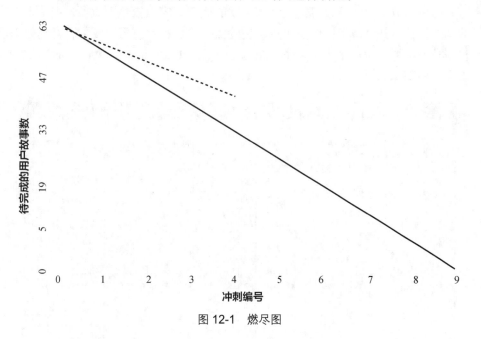

图 12-1　燃尽图

3．已完成的故事点数

并非所有燃尽图评估的都是已完成的用户故事数，相反，有些评估的是更细致的元素——故事点。每个用户故事的故事点数都至少为 1，故事点数指出了为生成用户故事成果而需要完成的工作的难易程度。只有 1 个故事点的用户故事最容易完成，而有 10 个故事点的用户故事至少要难 10 倍。对于评估已完成的故事点数的燃尽图，解读方式与评估已完成的用户故事数的燃尽图相同。

在敏捷管理环境中，不像瀑布管理环境中那样，支持高度精确的风险定量分析方法，如挣值法。由于故事点数通常都是主观值，因此使用这些值的燃尽图具有这样的特质：在定性分析环境中被视为定量分析工具。通过查看已完成的故事点，可研究是否存在不能按时完成工作的风险，或是否存在因速度较快而提前完工的可能性。

12.3 综合定量分析和详细定量分析

定量分析可在整个项目层面或任务层面进行。在整个项目层面，这种分析旨在生成有关项目可能结果的信息；在任务层面，将生成有关各个工作元素（用户故事或工作包）的成本和时间信息。每种层面的定量分析都有其用途和优点。

12.3.1 综合定量分析

在综合定量分析方面，最重要的工具是蒙特卡洛模拟。蒙特卡洛模拟考虑了众多有关结果的数据点，并计算给定结果出现的概率。模拟依赖于对项目中每个工作元素的范围估计，并计算范围内各个点出现的概率。这种计算将重复数百乃至数千次，再根据模拟结果绘制一个表示概率分布函数（probability distribution function，PDF）的图形，如图 12-2 所示。

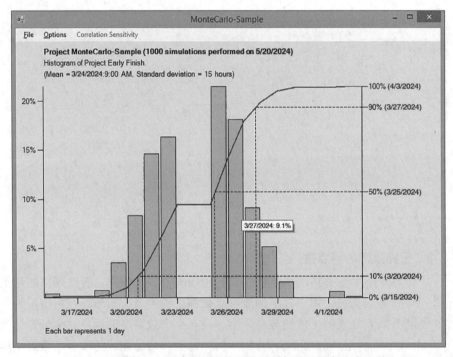

图 12-2　根据 1 000 次蒙特卡洛模拟结果生成的概率分布函数

在这个示例中，只有几次模拟的结果不晚于 3 月 17 日，图中大概从 3 月 19 日起开始急剧上升的黑线指出了这一点。这条黑线从左到右不断上升，它指出了项目在各个日期之前完工的可能性。图形右边的刻度线指出了这条黑线表示的百分比值。项目在 3 月 25 日之前完工的可能性为 50%，而在 3 月 27 日或 28 日之前完工几乎是铁板钉钉的。

图形左边的刻度指出了蒙特卡洛模拟结果为各个日期的概率（百分比）。例如，在执行的模拟中，有超过 1/5 的结果为 3 月 25 日（最高的条形）；模拟结果为 3 月 27 日完工的占比为 9.1%。虽然只有一两次模拟的结果为 4 月 3 日，但项目在这个日期之前完工的概率达到了 100%，换而言之，没有任何模拟的结果比这个日期还晚。

对于蒙特卡洛模拟，需要指出的是，使用蒙特卡洛工具来生成随机样本的主要方法有两种：一种是经典蒙特卡洛，它利用算力为每个工具包选择随机输出；另一种是拉丁超立方（Latin Hypercube），这种方法不是完全随机的，因此严格地说不算蒙特卡洛分析。拉丁超立方确保在每次模拟中，至少有一个变量变了，这消除了蒙特卡洛模拟的随机性。在使用拉丁超立方的模型中，没有两次模拟是完全相同的。虽然这种差别好像微不足道，但相比于传统蒙特卡洛模拟，拉丁超立方可通过更少的模拟得到足够好的结果。

风险经理可能使用拉丁超立方来提高分析速度或应对概率密度函数极度不平常的情形。

关键主题 一种极其少用（劳动密集程度也很低）的方法是计划评审技术（program evaluation and review technique，PERT），它适用于项目层面，也适用于详细的工作元素层面。

在项目层面，PERT 能够快速评估最乐观情况和最悲观情况（使用一种评估最乐观情况和最悲观情况的技术），并重点关注最可能情况。它使用的公式非常简单：

PERT 平均值=[最乐观值+（4×最可能值）+ 最悲观值]/6

例如，如果有一个项目，其最乐观工期为 140 天，最可能工期为 150 天，最悲观工期为 220 天，则 PERT 平均值为（140 + 600 + 220）/6=160（天）。

换而言之，PERT 分析得到的项目平均工期为 160 天，这被称为 PERT 平均值（或 BetaPERT 平均值）。

PERT 使用统一的方法来确定平均值，因此可使用这种简单方法将正态分布特征用于三角分布。三角分布由 3 个 PERT 数据点表示。在正态分布（经典的钟形曲线）中，可使用标准差来确定给定结果出现的可能性。

PERT 标准差的计算公式如下：PERT SD =（最乐观值–最悲观值）/6。

在前面列举的场景中，PERT 标准差为（220 天–140 天）/6，即 13.333 天。

在前面列举的场景中，钟形曲线的中心为 PERT 平均值，如图 12-3 中的正态分布所示。

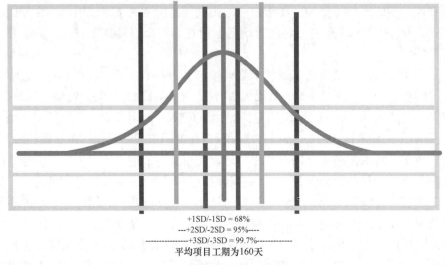

图 12-3 正态分布

从中心向左右各延伸 1 个标准差后，将涵盖这个项目 68% 的可能结果。68% 不是计算得到的，而是统计学中给定的。通过将平均值 160 天加减 1 个标准差，得到的范围将涵盖 68% 的可能结果，如图 12-4 所示。

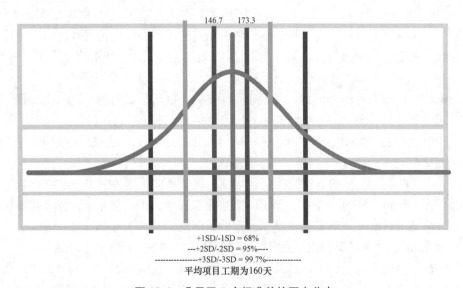

图 12-4 凸显了 1 个标准差的正态分布

这表明，项目工期在 146.7～173.3 天内的可能性为 68%。这里的 68% 是统计学给定的。在正态分布中，确定标准差后，可将平均值加减 1 个标准差来得到一个范围，该范围将涵盖 68%的可能结果。

如果加减 2 个标准差，得到的范围将涵盖 95%的可能结果，如图 12-5 所示。

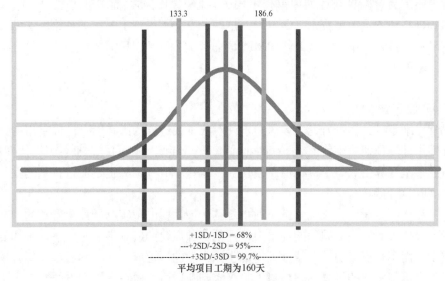

图 12-5　凸显了 2 个标准差的正态分布

这表明，项目工期在 133.3～186.6 天内的可能性为 95%。

如果加减 3 个标准差，得到的范围将涵盖 99.7%的可能结果，如图 12-6 所示。

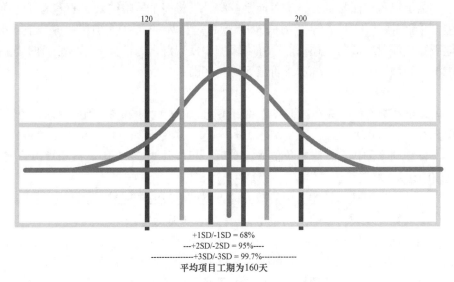

图 12-6　凸显了 3 个标准差的正态分布

这表明，项目工期在 100～200 天内的可能性为 99.7%。

项目层面的计划评审技术分析提供了工期（或成本）的大致范围。

还有另外两种与计划评审技术相关，但不如它那么简单的方法：风险评审技术（VERT）和图示评审技术（GERT）。这两种方法都得到了紧前关系绘图法的支持，但概率不是正态分布的。就 PMI-RMP®认证考试而言，你只需知道它们是带分支的概率网络图即可。

12.3.2　详细定量分析

 详细定量分析可研究个体风险事件对成本或进度的潜在影响。最常用的详细定量分析指标是预期货币价值（expected monetary value，EMV），它整合了可能性和影响：通过乘法运算生成一个目标值。与定性分析中一样，EMV 也是通过将可能性与影响相乘（P×I）得到的。

在详细分析中，风险的影响通常是基于最糟糕的现实场景计算得到的。在一棵很老的大树不断向住宅倾斜的场景中，评估这种风险的成本影响时，将基于修复住宅的成本，而不基于来访的亲戚被大树砸伤而引发的诉讼成本。虽然后者看似有理，但这是不太可能发生的场景。如果树木栽培家判断这棵大树在来年倒下的概率为 10%，而住宅的修复成本为 10 万美元，那么该风险事件的预期货币价值将为 10%×10 万美元=1 万美元。这个 1 万美元并不是将发生的成本，而是采取减轻、转移或其他风险应对策略时要考虑的合理金额。

鉴于风险可能是机会，也可能是威胁，在将多个风险纳入了考虑范围的详细分析中，可能需要从这两个角度考虑。如果项目是花费 50 万美元购买一栋房子，可能存在地下室被淹没的威胁，还可能存在在墙壁中发现财富的机会，因此分析时需要同时考虑机会和威胁（假设这栋房子价值 50 万美元）：

价值：50 万美元。

地下室被淹没的威胁：维修费 4 万美元，可能性为 20%，因此预期货币价值=4 万美元×0.2=8 000 美元。

发现财富的机会：财富价值 5 万美元，可能性为 5%，因此预期货币价值=5 万美元×0.05=2 500 美元。

因此，需要从房子的总价值减去地下室被淹没的预期货币价值（8 000 美元），再加上在墙壁中发现财富的预期货币价值（2 500 美元）。

换句话说，房子的预期货币价值为 50 万美元减去 8 000 美元，再加上 2 500 美元，即 49.45 万美元。可以从价值和成本这两个角度评估预期货币价值，这一点很重要。

例如，对于前面的项目，从成本而不是价值的角度考虑时，情况是这样的：

成本：50 万美元。

地下室被淹没的威胁：维修费 4 万美元，可能性为 20%，因此预期货币价值=4 万美元×0.2=8 000 美元。

发现财富的机会：财富价值 5 万美元，可能性为 5%，因此预期货币价值=5 万美元×0.05 =2 500 美元。

因此，需要将房子的总成本加上地下室被淹没的预期货币价值（8 000 美元），再减去在墙壁中发现财富的预期货币价值（2 500 美元）。

换句话说，房子的预期货币价值为 50 万美元加上 8 000 美元，再减去 2 500 美元，即 50.55 万美元。

务必注意这种差别，因为有些经理喜欢从项目价值的角度指出风险，而有些喜欢从项目成本的角度指出风险。

12.4　敏感性分析工具

 最强悍的敏感性分析工具已经讨论过，但不是从敏感性分析的角度讨论的。敏感性分析让风险经理能够从整个风险环境这个大背景出发，研究单个变化带来的影响。

在这些工具中，最强悍（也最精确）的是蒙特卡洛分析，其他敏感性分析工具包括网络图、石川图和决策树。

12.4.1　蒙特卡洛敏感性分析

如果……，就会怎么样？这是经典的敏感性分析问题，深深地根植于蒙特卡洛中。蒙特卡洛从项目中所有工作元素的范围估计出发，因此反映了其中每个工作元素对项目的影响。在敏感性分析中，假定只有单个工作元素发生变化：原本这个工作元素由最出色、最聪明的团队成员负责，他认为可在较窄的成本和时间范围内完成这个工作元素，但管理层告诉项目经理，这个最出色、最聪明的团队成员没空儿，该工作元素将由一位几乎没有相关背景知识的新手接管。在这种情况下，该工作元素的范围估计将扩大，即结果的概率分布曲线将更低、更宽。接下来，重新对整个项目进行蒙特卡洛分析，此时得到的概率分布函数将不同，且变化可能很大。

12.4.2　龙卷风图

在有些情况下，蒙特卡洛分析的输出除概率密度函数外，还有一个龙卷风图。如图 12-7 所示，龙卷风图凸显了敏感性最高的活动。在这个示例项目中，位于龙卷风图顶端的活动可能导致工期延长。

ID	Task Name	ensitivit Index	Schedule Sensitivity Bar Basis	Optimistic Finish of Project	2023 Mar								Pessimistic Finish of Project
					23	24	25	26	27	28	29	30	
6	Task 8 Tria...	57%	Estimated	03/23/23 0...									03/30/23 0...
2	Task 4 - U...	64%	Estimated	03/23/23 1...									03/29/23 1...
7	Task 10 - ...	22%	Estimated	03/24/23 1...									03/28/23 1...
4	Task 6 - B...	22%	Estimated	03/24/23 1...									03/28/23 1...
3	Task 7 - N...	8%	Estimated	03/27/23 0...									03/28/23 1...
5	Task 6 - N...	3%	Estimated	03/27/23 0...									03/28/23 1...
8	Finish	0%	Estimated	03/27/23 0...									03/27/23 0...
1	Start	0%	Estimated	03/27/23 0...									03/27/23 0...
0	NewMonte...	NA	Estimated	NA									NA

图 12-7　龙卷风图

在这个示例中，想办法降低任务 8 和 4 的可变性，给进度结果带来的影响最大。

12.4.3　网络图敏感性分析（关键路径）

虽然不提供多次模拟，但关键路径网络图让风险经理能够研究给定活动的持续时间发生变化时，将带来的相对影响。使用图 12-8 所示的简单网络图进行关键路径分析时，只需计算穿过网络的每条路径的总持续时间，进而确定哪条路径是最长的。在这个示例中（节点中标出了相应工作元素的持续时间），最长的路径为 18 天（路径 8→7→3）。

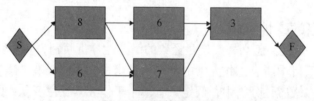

图 12-8　紧前关系图

然而，路径 8→6→3 的长度为 17 天，只比关键路径短 1 天。由于这条路径与关键路径最接近，但又不是关键路径，因此被称为次关键路径。在进度定量分析中，关键路径得到的关注最多，紧随其后的是次关键路径，其余的分析工作将专注于其他路径（如非关键路径）。

对于复杂的网络，大多数蒙特卡洛工具也可用来有效地完成这种分析。

12.4.4　石川图分析（根本原因）

石川图有很多不同的名字，这在第 7 章中讨论过。在定量分析方面，因果图得到了广泛使用。定量分析人员通过查看分支，找出导致主要影响的原因，并找出同时出现在多个分支中的原因。如果某个原因出现在 5 个分支中，另一个原因出现在 4 个分支中，从定量的角度说，出现在 5 个分支中的风险原因将"获胜"，因为它是导致更多风险的原因。

12.4.5　决策树分析

决策树根据预期货币价值来确定分支的权重，它以图形方式显示不同选择面临的风险的影响和可能性。图 12-9 展示了一个用于在两个航班之间做出选择的决策树。仅考虑票价时，航班 P 看起来是更好的选择。

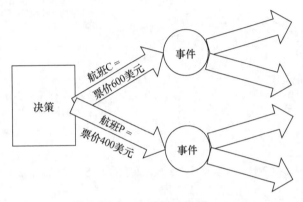

图 12-9　简单决策树

如果航班延误 2 小时的影响为 1 000 美元，这种影响将发生在事件发生后。航班 C 的准点率为 90%，而航班 P 的准点率为 60%，这些信息显示在决策树的外分支上，如图 12-10 所示。

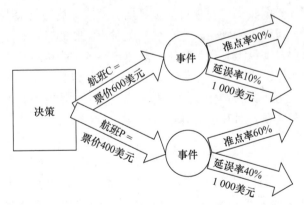

图 12-10　包含事件可能性和成本的决策树

对于每个分支，可在它右边显示结果的 EMV，如图 12-11 所示。EMV 540 美元和 60 美元分别是将票价 600 美元乘以概率 90% 和 10% 得到的，而 EMV 100 美元是将延误成本 1 000 美元乘以延误率 10%得到的。将这三者相加，得到的总 EMV 为 700 美元。EMV 240 美元和 160 美元分别是将票价 600 美元乘以概率 60%和 40%得到的，而 EMV 400 美元是将延误成本 1 000 美元乘以延误率 40%得到的。将这三者相加，得到的总 EMV 为 800 美元。

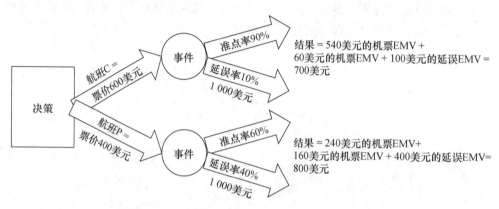

图 12-11　包含可能性、成本和预期货币价值的决策树

从 EMV 考虑时，航班 C 的开销比航班 P 少了整整 100 美元。决策树是一种显示这种信息的方式，既能提供信息，又很有视觉吸引力。

12.5　相对风险权重和优先级

在定量分析结果易于获得的情况下，确定风险权重和优先级很简单：代价高昂的风险的权重和优先级较高；对项目完工日期有直接影响的风险事件的权重和优先级较高。根据定量分析结果来确定权重和优先级时，面临的唯一一个重大挑战是，时间和成本哪个更重要？在风险管理计划中，除包含对各种术语进行定义的风险字典外，还必须回答这个问题。出现在风险管理计划中的任何定义，都必须包含如下信息：如何收集、审核和运用相关的指标；对于有关特定属性（如时间）的指标，如何根据其他属性（如成本和质量）对其进行评估。

12.6　复习题

1. 你负责一个采用预测型管理方法的项目，管理层想知道该项目是否面临超支风险，并强调说要看到具体的硬性数据指标,这些指标基于到目前为止的绩效情况展示了超支风险水平。请问你应推荐使用哪种定量分析方法？

   A. 失效模式和影响分析。

   B. 燃尽图。

    C．预期货币价值。

    D．挣值管理系统。

    E．计划评审技术。

2．你负责的敏捷项目一直进展顺利，每个项目冲刺结束时，你都记录已完成的用户故事数，并将完成的用户故事数同规划的进度进行比较。管理层想要看到根据这些信息确定的风险趋势，请问你应推荐使用哪种方法？

    A．失效模式和影响分析。

    B．燃尽图。

    C．预期货币价值。

    D．挣值管理系统。

    E．计划评审技术。

3．你要根据下图向管理层报告情况，请问从中你能确定什么？

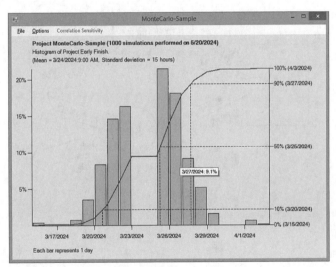

    A．如果最后期限为 3 月 27 日，那么项目在这一天完工的可能性为 90%。

    B．如果最后期限为 3 月 27 日，那么项目在这一天（或之前）完工的可能性为 90%。

    C．如果最后期限为 3 月 27 日，那么项目在这一天（或之前）完工的可能性为 9.1%。

    D．项目在 3 月 20 日（或之前）完成的可能性很高。

    E．项目在 4 月 2 日（或之前）完成的可能性很低。

4．你要计算一些重大风险事件的预期货币价值，其中一个已识别的风险是，可能停电超过 24 小时，导致食品腐坏而需更换以及需要购买替代电源，成本为 500 美元。在任何时点，出现这种停电情况的可能性为 5%。请问这个风险事件的 EMV 是多少？

    A．价值增加 500 美元。

    B. 2500 美元。

    C. 价值增加 25 美元。

    D. 成本增加 500 美元。

    E. 成本增加 25 美元。

5. 下面哪两种说法是正确的？

    A. 次关键路径是任何短于关键路径的路径。

    B. 非关键路径是任何短于关键路径的路径。

    C. 次关键路径是最接近于关键路径，但又不是关键路径的路径。

    D. 非关键路径是任何接近关键路径，但又不是关键路径的路径。

    E. 关键路径是进度敏感性最低的路径。

6. 在下面的决策树中，航班 P 的预期货币价值是多少？

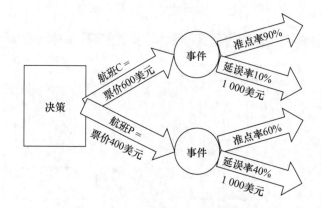

    A. 400 美元。

    B. 800 美元。

    C. 1 200 美元。

    D. 1 400 美元。

    E. 信息不够，无法确定。

7. 你刚更换了 3 位最熟练的团队成员，取而代之的是 3 个从未使用过相关技术的新手。如果此时查看概率分布函数，将发现其总体外观有何变化？

    A. 没任何变化。

    B. 概率分布函数曲线将向中间的平均值靠拢。

    C. 概率分布函数曲线将向两边拉伸。

    D. 模拟分析中的迭代次数将增加。

    E. 模拟分析中的迭代次数将减少。

本章涵盖如下主题：

- 风险复杂度；
- 风险关联性；
- 组织层级风险；
- 威胁和机会。

第 13 章

风险复杂度、评估和分析

在本书前面讨论的所有分析中，风险影响都处于主导地位。所谓风险影响，指的是给定风险将在多大限度上损害（或帮助）项目目标，通常表示为财务指标或时间指标，但实际上可用各种指标表示，从公众接受情况到长期的组织战略。

影响还可能直接受制于人类的理解力。对于未知–未知风险，其影响通常难以表达出来，因为根本就无法获得有关这种风险的信息。例如，在新冠病毒肆虐早期，它对人类健康的影响非常复杂，几乎无法搞清楚，因此它对传统教育的影响是大多数分析师完全无法理解的。

影响还存在其他方面，如合规性问题和风险关联性。几乎所有的风险事件（无论是正面还是负面的）都会引发连锁事件，在风险分析中，必须将这些连锁事件考虑进来。

本章讨论在所有风险分析中都需斟酌的影响考量。

本章讨论《PMI-RMP®考试内容大纲》中的如下目标：

领域	任务	考试目标
风险分析	任务 3	识别威胁和机会

13.1 "我知道了吗"小测验

"我知道了吗"小测验让你能够做出评估，确定是否需要详细阅读本章。对于这些测验题，如果对其答案或其涉及的知识没有把握，请详细阅读本章。表 13-1 列出了本章的各节及其对应的测验题。要获悉这些测验题的答案，请参阅附录 A。

表 13-1　　　　　　　　　　　"我知道了吗"测验题对应的章节

章节	小测验题
13.2	1、2
13.3	3、4
13.4	5~7
13.5	8

> **警告**：小测验旨在评估你对本章主题的掌握情况，为此请将不知道答案或拿不准视为回答错误。如果将猜对答案视为回答正确，将扭曲自我评估结果，带来虚假的安全感。

1. 你负责一个敏捷项目，但以前从未使用过敏捷管理方法，且这个项目的一切都是你不熟悉的。为完成这个项目而组建的团队以前从未为你所在的组织工作过，也从未合作过。项目的需求不清晰，技术上的不确定性极高。请问根据《PMI®敏捷实践指南》的看法，可将这个项目视为什么样的？

   A. 混乱而充满风险。

   B. 复杂但适合使用适应型管理方法。

   C. 混乱但适合使用适应型管理方法。

   D. 复杂和充满风险。

   E. 对这个项目的当前状态，你真的是无法发表什么看法。

2. 你在一个预测性项目管理环境中工作，但项目存在很多你所在的组织无法控制的因素，同时你需要经常与 6 个供应商打交道。这个项目在 3 个不同的地理区域实施，团队成员说 4 种不同的语言。为管理如此高的复杂性，你该如何做？

   A. 尽早从尽可能多的信息源收集风险信息和数据。

   B. 物色一名子项目经理，让他协调在其他地理区域开展的工作。

   C. 定期与供应商会面。

   D. 降低项目开展速度。

   E. 学习这 4 种语言。

3. 你刚获悉两名最出色的团队成员就要辞职，如果他们同时离职，就需在短期内招到替代者。虽然你所在的组织常常能找到出色的人才，但通常需要很长时间，且能够同时找到多名出色人才的情况少之又少。与 HR 交流时他们告诉你，你得加快进度了，因为年底将停止招聘，并可能持续数月。如果给现有团队施加的压力太大，有些人可能决定辞职。请问你该如何办？

   A. 说服这两名团队成员，让他们打消辞职的念头。

   B. 意识到形势极度复杂后，着手找出导致这一系列风险的根本原因。

   C. 在这个极度复杂的环境中找出优先级最高的风险。

   D. 按 HR 的建议应对这些问题。

   E. 使用决策树找出成本最低的可选方案。

4. 你有幸与罗伯特·巴拉德一起搜寻过"泰坦尼克"号，在此期间，你得知有副双筒望远镜被锁在甲板下面的一个储藏柜中，而这副望远镜原本应该放在瞭望台上，用于提早发现冰山。这个储藏柜的钥匙远在爱尔兰，为什么会这样呢？因为有位"泰坦尼克"号的船员被一位来自"奥林匹克"号（"泰坦尼克"号的姊妹船）的船员替换，这位掌握钥匙的船员回到家中后，发现钥匙还在自己手里，但并不觉得这是什么大问题。要是这把钥匙没有被带走，历史上最大的悲剧之一就可能不会发生。请问这个案例淋漓尽致地说明了哪一点？

A. 在风险登记册中必须记录所有或严重或轻微的风险。

B. 单个风险本身可能不重要，但多个风险之间存在关联并形成连锁反应时，影响将急剧增大。

C. 风险非常复杂，存在大量独立事件时尤其如此。

D. 必须在所有层面降低风险。

E. 需要在活动层面审视风险事件的影响。

5. 你对"拯救蟑螂"运动不太感冒，因为你认为它们能够很好地拯救自己。然而，有一个新的昆虫保护组织，而你所在的组织是其拥趸。当管理层在办公室厨房宣布来一次"蟑螂自助餐"时，你认为团队成员可能辞职。然而，你担心如果将这一点告知管理层，管理层可能心生怨恨，进而不公平地对待你的项目团队。请问你该如何做？

A. 支持公司的看法，与蟑螂一起吃饭。

B. 支持公司的看法，并为团队成员想办法，让他们不抵制管理层的目标，以便能够为项目工作。

C. 向管理层说明公司看法存在的问题，请求他们提供替代方案。

D. 向团队说明公司看法存在的问题，让他们提供替代方案。

E. 带上杀虫剂。

6. 你从事建房工作，因此无论在哪里实施建筑项目，你和团队都必须遵守当地的建筑法规。在最近的一个项目中，当地的建筑法规规定，打地基必须使用 Acme 混凝土。你从未用过 Acme 的产品，因为公司的座右铭包含这样一句话："用谁的产品都行，就是不能用 Acme 的产品"。你必须找到解决方案，为此该从哪里着手？

A. 让采购人员与 Acme 联系，向它订购混凝土。

B. 联系管理层，指出必须用 Acme 的混凝土。

C. 向你的定期供应商订购混凝土，因为合同中没有指定供应商。

D. 联系管理层，让他们决定遵守公司策略重要，还是遵守法规重要。

E. 联系客户，让他们决定遵守公司策略重要，还是遵守法规重要。

7. 你所在的组织有出色的项目管理办公室，它有很大的监督权，在很大程度上被视为指导型项目管理办公室，并获得了高级管理层的全面支持。项目管理办公室认为项目是组织的支柱，并要求招聘的团队成员必须拥有 PMP® 或 CAMP® 等项目管理证书。请问谁对项目治理（风险治理）负责和担责？

A. 高级管理层。

B. 项目经理。

C. 项目经理和团队。

D. 项目管理办公室。

E. 随项目而异。

8. 对于风险对项目目标的潜在影响，你被要求做全面的评估，这意味着做影响分析时，必须考虑各种属性和项目目标。请问全面认识应包括哪些方面？

A. 范围、成本和进度。

B. 范围、成本、进度、资源和质量。

C. 成本、进度、资源、质量和相关方。

D. 范围、成本、进度、资源、质量和相关方。

E. 范围、成本、进度、质量和相关方。

13.2 风险复杂度

 风险管理在应对项目复杂度方面发挥着重要作用。复杂度指的是棘手程度，风险管理是为尽可能降低项目的复杂度而设计的，为达此目的，必须先研究复杂度，传统上这种任务是通过使用根本原因分析、SWOT 分析和树图（如故障树和决策树）来完成的。

13.2.1 根本原因分析（石川图）

 石川图在第 7 章中详细讨论过，它适用于任何风险复杂度分析，因为它从单个原因出发，连续追问"5 个为什么"。通过追问"5 个为什么"，可挖掘出原因的原因的原因的原因的原因。通过询问为何特定风险会出现在项目中，再接着询问为何这个问题的答案所需的条件为何能够得到满足，就能清楚地知道风险的复杂度。

完善的石川图让你能够确定风险的相对复杂度，因为提出"为什么"问题的次数越多，需要管理的潜在原因越多。通过使用石川图，可将复杂度解读为纯粹的数量。这个数量可能是原因数，也可能是根本原因数。如果项目面临的风险有多个根本原因，这些风险很可能相互纠缠在一起，这被称为关联性，将在本章后面讨论。

13.2.2 SWOT 分析

SWOT 分析同时考虑了风险的内部影响和外部影响。正如第 7 章讨论的，SWOT 分析将优势和劣势视为项目外部的，而将机会和威胁视为项目内部的。这两种环境之间的相互作用就足以导致风险相当复杂。因此，项目经理对内部和外部之间的相互影响研究得越多，就越能认识到各个相关方在控制风险复杂度方面发挥的作用。

有些分析人员通过对比机会和劣势以及威胁和优势来研究影响，这带来了如下问题：

- 项目的机会能否抵消某些劣势?
- 项目的威胁能否被某些优势抵消?

图 13-1 所示的 2×2 SWOT 矩阵也提出了促使你去研究项目风险复杂度的问题:

- 项目优势和机会为投资项目提供了充足的理由吗?
- 劣势和威胁的危害性无法克服吗?
- 劣势和威胁的危害是机会和优势无法抵消的吗?

图 13-1　SWOT 分析

在回答这些问题的过程中, 答案背后的逻辑依据将促使你去研究风险复杂度。

13.2.3　树图

分析风险复杂度时, 有两种常用的树图: 故障树和决策树。它们分析复杂度的两个相关但不同的方面: 故障树分析要让风险变成问题必须满足的底层条件, 而决策树研究要让风险发生必须先发生的一连串事件。

关键主题

1. 故障树

故障树凸显了风险要发生必须满足的底层条件, 有各种不同的形式, 其中每种都有其独特的含义。图 13-2 展示了一个全条件故障树 (也被称为全门故障树或与门故障树)。

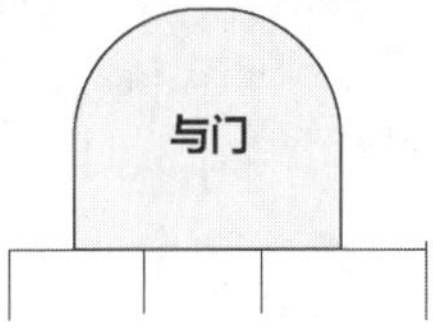

在这个故障树中, 有 4 个向下的分支, 这意味着必须满足全部 4 个条件才能引发故障。例如, 要引发电气房火灾, 可能需要满足如下 4 个条件:

与门

图 13-2　全条件故障树

- 过载的电路;
- 布线不恰当;
- 通电;

■ 易燃材料。

其中任何一个条件都是一个问题。全部 4 个条件都满足时，几乎必然引发火灾。

故障树也可用于处理"或"条件（任意条件）。在这种情况下，一系列条件的任何一个都可能导致风险结果。任意条件故障树（也被称为或门故障树）类似于全条件故障树，但又不完全相同，如图 13-3 所示。

图 13-3　任意条件故障树

这里最大的不同在于，不必满足所有的条件，相反，满足任何一个条件都可能导致故障。在这个示例中，卡车司机可能考虑导致交通事故的路况，这可能包括如下 4 个条件：

■ 大雾；

■ 路面结冰；

■ 坡度太大；

■ 高速行驶。

相比于全条件故障树，这里的重要不同是，只要满足其中任何一个条件，风险就可能成为现实。尽管同时满足多个条件可能导致出现交通事故的概率剧增，但满足任何一个条件都有可能足以导致风险变成实际问题。

在故障树分析中，在前述两种极端情况之间存在大量其他的可能性，因为有些风险要变成现实，需要满足多个（但不是全部）条件。要研究这样的场景，可使用多条件故障树（也被称为多门故障树），如图 13-4 所示。

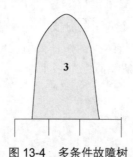

图 13-4　多条件故障树

在这个示例中，必须满足 4 个条件中的 3 个，才能引发风险事件。

2. 决策树

用于复杂性分析的决策树有多个分支，额外的分支起源于原始风险事件或一系列风险事件和结果。

很多决策树都凸显单个事件的两种可能结果，但有些决策树显示的可能结果多得多。例如，在图 13-5 中，显示了单个风险事件的 4 个可能结果。

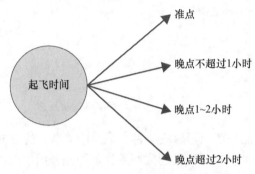

图 13-5 有 4 个可能结果的决策树事件

请注意，这些结果是互斥的，因为不可能同时满足两个箭头上的条件。这将影响事件的概率，因为概率总和必须为 100%，如图 13-6 所示。

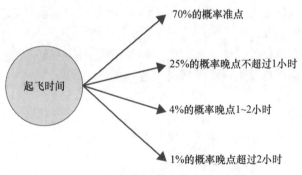

图 13-6 有结果和概率的决策树事件

多个分支意味着可能出现多种结果，这昭示着风险更复杂。

另一种使用决策树来说明复杂度的方式是，指出一连串事件发生的可能性，如图 13-7 所示。

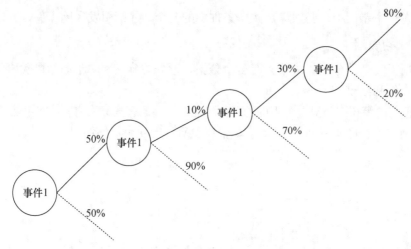

图 13-7　包含多个依赖事件的决策树

该图说明的可能是在一档游戏节目中赢得一辆新车的可能性：被选中去参加特定城市选拔赛的概率为 50%；进入选拔赛后，从中脱颖而出的可能性为 10%；接下来，将与其他两名参赛者一起出现在游戏节目中，因此打败竞争对手的可能性为 33%（这里向下取整为 30%）；如果打败了竞争对手，将进入"奖金环节"，有 80% 的可能性赢得价值 6 万美元的新车。请注意，仅当这一连串事件都发生了，参赛者才能赢得新车。要确定这种结果出现的概率，只需每件事情发生的概率相乘：$0.50 \times 0.10 \times 0.30 \times 0.80$，结果 0.012，即仅比 1% 多一点点。由于新车价值 6 万美元，因此这一系列事件的预期货币价值为 720 美元。

为什么新车的价值如此之高，而预期货币价值却很低呢？这是由复杂度决定的：要让所有这些事件都发生，必须满足一连串条件。

13.3　风险关联性

前面的游戏节目示例还提及了风险关联性这种概念。在第 10 章讨论的风险登记册中，内容项"连通性"指出了关联性。

一个风险发生时，常常会引发众多其他的风险，从焙烧工序中的错误到车辆故障等问题都证明了这一点。风险的影响很少是孤立的，鉴于风险之间的关联性，不仅要考虑风险发生时将带来的损失，还要考虑它将引发的新风险和新影响，这很重要。

13.4　组织层级风险

风险间关联性不仅存在于项目层面，还存在于组织层面。一个项目出现问题时，整个组织也可能因连锁效应而遭殃。一个项目突然出现预算问题时，可能导致政策变更、资金不足或资源减少，进而影响组织的其他项目。一个项目遭遇困境时，其影响可能波及组织层面的管理决策。

这样的典型示例是太阳能发电厂。很多太阳能企业没有意识到的是，太阳能发电厂面临的一个典型风险是，太阳能组件可能着火。这种风险发生的可能性很低，但影响巨大。一次着火（风险变成现实）可能不会引起管理层的注意，两周内着火两次可能触发重大检查，而十周内着火十次可能导致组织完全改变政策。组织层级风险是那些对组织战略目标有直接影响的风险。

在应对组织层级风险时，知道组织的风险容许限度很重要，这种信息应记录在风险管理计划中。组织的风险容许限度涉及的可能不仅仅是时间和成本方面，通常与政府法规和合规性相关。福特汽车公司因平托车事故（因油箱安装位置不佳导致车辆爆炸）遭受重大挫折时，管理层介入并改变了整个公司对质量的态度。1982 年，泰诺胶囊投毒事件发生后，管理层要求完全更换产品包装。在这两个案例中，容许限度都与合规性和公众观感相关。

在组织层面，单个风险事件（或一系列相关联的事件）带来的影响可能让形势变得日益严峻。在有些情况下，不同相关方可能对何为合规有不同的解读。团队可能认为管理层降本增效，而管理层可能认为公众形象就是一切。虽然这些不同的目标可能能够和谐共处，但也可能水火不容。这就是项目经理和风险经理必须审核公司过程，确认各个层次的目标彼此一致的原因所在。

13.5　威胁和机会

前面的游戏节目示例是一个典型的风险为机会的例子。说到风险时，大多数人都不会想到赌马赌赢了、彩票中奖或在参加游戏节目赢得新车，因为在很多人看来，风险与威胁就是同义词，这真是错得离谱。必须让相关方明白，评估风险时需要考虑风险的两面（即机会和威胁）。

进行相关方风险教育时，这一点尤其重要。那些并非天天与风险打交道的人不太可能将机会也视为风险。鉴于风险主要被视为威胁，很多相关方不太愿意参与关于风险的交流。

为解决这种问题，风险经理需要营造安全空间，让人愿意报告风险以及修改可能性和影响。这就是为何让很多人都能访问风险登记册如此重要的原因所在。相关方需要知道如何拟订风险说明、如何确定可能性和影响以及如何表达关切（而不受惩罚）。如果有人认为他将因为提供风险信息而遭到批评或解雇，整个系统就可能崩塌。使用第 7 章讨论的很多工具时，都需要考虑到风险的双面性（机会和威胁），让它们得到进一步强化。诸如思维导图、亲和图、头脑风暴等小组工具以及 SWOT 分析都可凸显值得考虑的正面因素和负面因素。

在所有的项目中，风险都有其固有的复杂性和关联性，难题在于如何将所有这些方面编织在一起，绘制出项目、项目集和组织层级的全景式风险图画。

13.6 复习题

1. 你负责的项目有望让客户将你所在的组织加入"首选供应商"名单，这意味着业务量将差不多翻倍。虽然你所在的组织当前无法完成这么多工作，但你深信能够找到足够的人手。请问这属于什么？
   A. 与门故障。
   B. 复杂度。
   C. SWOT 分析。
   D. 风险。
   E. 机会。

2. 你识别出了一个风险：出现暴雨天气时，位于河边的综合大楼 1 楼可能被淹没，导致严重破坏。要出现这种情况，必须满足如下条件：河面超过 9 英尺；综合大楼周围的防洪墙坍塌；应急泵断电。你要将这种关切告知管理层，为此使用哪种图形方式最有效？
   A. 决策树。
   B. 燃尽图。
   C. 与门故障树。
   D. 或门故障树。
   E. SWOT。

3. 你识别出了一个风险：出现暴雨天气时，位于河边的综合大楼 1 楼可能被淹没，导致严重破坏。要出现这种情况，必须满足如下条件：河面超过 9 英尺；综合大楼周围的防洪墙坍塌；应急泵断电。请问这个场景凸显了风险管理的哪个方面？
   A. 风险复杂度。
   B. 风险关联性。
   C. 风险－回报。
   D. 劣势和威胁。
   E. 可能性和影响。

4. 您要在两个平台上集成 6 个系统，负责完成这项任务的团队成员遍布全球，说 7 种不同的语言。请问这个场景凸显了风险管理的哪个方面？
   A. 风险复杂度。
   B. 风险关联性。
   C. 风险－回报。
   D. 劣势和威胁。

E．可能性和影响。

5．下面哪两种说法是正确的?

A．或门故障树表示仅当所有条件都满足时风险才会发生。

B．在 SWOT 分析中，优势和劣势是项目外部的。

C．威胁和机会都是风险。

D．决策树显示每个风险事件的两种结果。

E．在包含单个风险事件的多种结果的决策树中，多种结果的可能性总和小于100%。

本章涵盖如下主题：

- 机会应对策略和威胁应对策略；
- 行动计划和风险责任人；
- 衡量指标和沟通；
- 组织影响。

第 14 章

风险应对规划

　　顾名思义，风险管理指的是对风险进行管理，结果可能是风险得到解决，也可能没能得到解决。在任何情况下，都必须对风险进行管理。这是风险管理和风险解决之间的重要差别。风险解决指的是采取处理措施，最终将风险解决掉。解决意味着风险无须再理会，因为它已得到解决、治愈或矫正。虽然这可能没有让风险消失，但可确保无须采取额外的矫正措施。解决策略源自应对规划，而后者指的是制定风险应对，以营造出最佳的处理风险环境。

　　风险应对规划指的是积极主动地研究各种选项。为方便起见，这些选项已预先记录在风险管理计划中，包括针对机会的和针对威胁的。风险经理必须为所有重大风险确定应对策略，但在大多数情况下，最终都将采取接受策略。接受是最常用的应对策略（从很大限度上说，也是默认策略），但必须明确决定要采取这种策略。

　　风险应对规划意味着在项目和组织层面规划风险应对，还意味着为实施计划外的事件应对（权变措施）准备好环境。

　　风险解决并不在项目经理或风险经理的职责范围内，在很多（乃至大多数）情况下，风险解决都是风险责任人的职责所在。风险责任人负责实施应对、跟踪应对的影响并报告应对的效果。

　　本章讨论各种风险解决策略（正面和负面），以及选择并运用这些策略意味着什么。

　　本章讨论《PMI-RMP®考试内容大纲》中的如下目标：

领域	任务	考试目标
风险应对	任务 1	规划风险应对

14.1　"我知道了吗"小测验

　　"我知道了吗"小测验让你能够做出评估，确定是否需要详细阅读本章。对于这些测验题，如果对其答案或其涉及的知识没有把握，请详细阅读本章。表 14-1 列出了本章的各节及其对应的测验题。要获悉这些测验题的答案，请参阅附录 A。

表 14-1　　　　　　　　　　"我知道了吗"测验题对应的章节

章节	小测验题
14.2	1、2
14.3	3、4
14.4	5、6
14.5	7、8

警告：小测验旨在评估你对本章主题的掌握情况，为此请将不知道答案或拿不准视为回答错误。如果将猜对答案视为回答正确，将扭曲自我评估结果，带来虚假的安全感。

1. 你负责一个敏捷项目，但你所在的组织以前从未做过这样的项目。考虑到这个项目的新颖性，你认识到或许能够发现组织以前从未用过的新方法，而这些新方法还有望成为组织标准。换而言之，你识别出了这样的风险，即你可能学习并掌握新方法，从而改变组织采用的方法。为确保这些新知识被记录下来，你聘请了一名项目知识管理员，让他负责将你采取的措施进行编目，希望这个编目能够改进组织未来采用的敏捷管理方法。这种风险应对策略是什么？
   A. 提高。
   B. 减轻。
   C. 开拓。
   D. 分享。
   E. 转移。

2. 你识别了一个威胁：团队成员玛丽莎可能另谋高就，并带走有关当前采用的操作实践的宝贵知识，导致这些知识落到竞争对手手里。你知道，在与你一起工作过的人中，玛丽莎是最有道德、最正直的一个，因此你意识到前述担心毫无根据。你决定将这个潜在威胁埋在心里。请问你在这里采取的是哪种风险应对策略？
   A. 被动接受。
   B. 主动接受。
   C. 减轻。
   D. 规避。
   E. 没采取任何策略。

3. 你指派罗伯托担任项目面临的一个重大威胁的风险责任人，这个威胁是这样的：如果供应商破产，可能需要数月才能找到合格的新供应商。对于这个威胁，你的应对措施是仔细审核供应商的信用评级、邓白氏评级和客户评价。作为风险责任人，罗伯托的职责是什么？
   A. 与供应商商谈如何审核。

B．确保审核得以实施、结果得以记录且中途出现的问题被报告给你。

C．自己亲自审核，以确保审核结果记录在案，且中途出现的问题被报告给你。

D．将这些管理工作都交给供应商去做。

E．记录结果。

4．你面临的一个威胁是，会议纪要可能未有效保存，导致组织"失去记忆"。针对这种威胁，你的策略是，在有客户参加的会议中，让速记员一字不落地记录会议上说的每句话，并将这些内容转录为文件供你使用。罗伯托是这个威胁的风险责任人，请问她将承担什么职责？

A．她将亲自承担"速记员"角色。

B．她将确保聘请了速记员，并让速记员按她的指令行事。

C．她将报告速记员是否好找以及要多长时间才能聘请到。

D．她将使用录音机记录每场会议上的发言。

E．她将报告速记员是否好找、聘请一个并使用录音机记录每场会议上的发言。

5．你是如下威胁的风险责任人：客户可能在项目中期修改需求，导致代价高昂的返工。根据估算，这种风险发生的可能性为 50%，它带来的影响是工期推迟 8 周。你与管理层商讨应对策略，管理层提出的策略是，让法务部与客户重新协商，以降低这种威胁发生的可能性。法务部与客户重新协商时，这种威胁发生的可能性将降低到大约 10%。你担心的是，这种策略本身就可能导致项目工期推迟 4 周。请问你该如何建议？

A．鉴于重新协商可降低可能性，因此建议采取重新协商策略。

B．建议不要采取这种策略，因为重新协商缩短的返工工期还没有协商消耗的时间长。

C．告诉管理层这是一种"双输"策略，因为实施策略所需的时间与威胁的预期时间价值相同。

D．鉴于重新协商可降低影响，因此建议采取重新协商策略。

E．鉴于重新协商可降低可能性和影响，因此建议采取重新协商策略。

6．你使用一种敏捷方法开发软件，这个项目面临的一个风险是，随着待办事项列表中堆积的用户故事越来越多，时间显得日益紧迫。项目的开发速度与预期的一样，但从最近 3 个冲刺开始，用户故事数增加了。管理层注意到这一点后，想要知道你采取了什么措施来解决这个问题。你要强调开发速度与预期的相同，但用户故事在不断增加。为此，最佳的方式是向管理层展示哪种信息要素？

A．燃尽图和冲刺待办事项列表。

B．看板图和冲刺待办事项列表。

C．看板图和项目待办事项列表。

D．燃尽图和项目待办事项列表。

E．工作分解结构和关键路径。

7. 你所在组织在海外项目方面的历史记录非常糟糕。最近，有一个在斯洛博维亚（Slobbovia）的项目进展得就很不顺利，它深受自然灾害的影响，因此你邀请客户就此展开讨论，并指出如果再发生自然灾害，将错过所有的最后期限，同时成本将剧增。斯洛博维亚的同行建议用一条小狗来祭祀项目现场附近的活火山 Mount Slob。他声称，这样的祭祀可安抚神灵，让自然灾害不再发生。他强烈建议这样做。鉴于你所在组织的总部在英国，而英国法律和公司政策都禁止这种做法，因此你拒绝了这个建议。但对方坚称，小狗是他们的，决定也是他们做出的，但为确保祭祀有效，祭祀工作必须由风险经理来完成。你该如何办？

   A. 同意使用小狗来祭祀活火山。

   B. 援引英国法律并加以拒绝。

   C. 指出应善待动物并加以拒绝。

   D. 援引公司政策并加以拒绝。

   E. 完全忽略这种风险，因为根据不可抗力条款，无须为这种风险带来的影响担责。

8. 杀虫剂 DeadStuff 引起全国性恐慌，虽然你所在的组织用得不多，但在全国各地的农作物中都发现了这种杀虫剂。DeadStuff 丑闻爆发时，你负责的项目正打算推出一种新的谷类食物。你建议管理层完全规避这种风险，他们同意了。请问对组织来说，这意味着什么？

   A. 项目继续向下推进，就像什么事都没发生一样，同时组织将承担所有的后果。

   B. 项目继续向下推进，但严格控制质量，确保产品是安全的。

   C. 项目继续往下推进，由于它还未开始实施，因此不会有任何实际损失。

   D. 项目将撤销，组织将遭受由此带来的损失。

   E. 项目将撤销，但它还未开始实施，因此不会有任何实际损失。

14.2 机会应对策略和威胁应对策略

 面对风险时，有很多不同的应对策略可供选择。实际上，确定应对策略后，通常该采取什么样的措施也就一清二楚了。项目管理办公室区分了针对机会的策略和针对威胁的策略，如表 14-2 所示。

表 14-2　　　　　　　　机会应对策略和威胁应对策略

机会应对策略	威胁应对策略
接受（被动）	接受（被动）
接受（主动）	接受（主动）
开拓	规避
提高	减轻
分享	转移
上报	上报

接受和上报都出现在了机会应对策略与威胁应对策略中，但根据风险事件的性质，这些策略采取的方法并不相同。从根本上说，策略是为解决风险的可能性和影响而设计的，即便是建议不采取任何措施的策略亦如此。

14.2.1　机会应对策略

机会应对策略用于应对可能给项目或组织目标带来正面影响的风险事件，下面更详细地介绍这些机会应对策略。

1．被动接受

顾名思义，接受策略指的是项目团队只是坐等好运的到来。采取接受策略时，不会采取任何特殊措施，风险责任人的唯一职责是进行跟踪。如果好运到来了，就接受这个事实。

2．主动接受

与被动接受一样，主动接受也不采取任何具体的主动措施，但制定了风险发生后将实施的应对措施。这些应对措施旨在最大化有利的结果。

3．开拓

有些机会非常重要或重大，不能坐等它们的到来，而必须主动去把握。开拓策略是要确保机会能够且必将被抓住。

开拓策略旨在将风险事件从概率性事件变成确定性事件。如果风险是客户可能聘请一个供应商帮助开发技术，以带来新的收入来源，那么开拓策略就意味着组织将确保自己成为这家供应商（客户甚至都不考虑其他供应商）。可以说，力图成为独家签约方是典型的开拓策略。

4．提高

提高有两种形式：提高可能性和增大影响。这种策略旨在提高风险事件发生的可能性，但不提高到 100%（这属于开拓策略），同时增大风险事件的影响。如果风险是客户可能聘请一个供应商帮助开发技术，以带来新的收入来源，提高策略将有多种。

- 提高可能性：风险团队可聘请相关领域的思想领袖，以提高赢得合同的可能性。
- 提高可能性：风险团队可散布有关竞争对手的不良信息，以提高赢得合同的可能性。
- 增大影响：风险团队可制定成本降低策略，以增大赢得合同带来的影响。
- 增大影响：风险团队可在合同中加入激励条款，以增大赢得合同带来的影响。

采取提高策略时，可使用多种方法来达到同样的目的（提高可能性和增大影响）。

5．分享

分享指的是多方共享机会，以提高发生的可能性或增大成功带来的影响。在新闻报道中，有很多办公室团队集资购买数百张彩票的故事。通过集资购买彩票，增加了中奖概率，但中奖带来的影响大大地减小了。2011 年，纽约州的 7 名工人集资购买了大量彩票，总中奖金额高达 3.19 亿美元，但影响大大地减小了，因为每个参与者只获得了 1 900 万美元（完税后）。这是分享策略的标准效果：可能性增加了，但影响减小了。

6．上报

有些机会非常重要，项目经理和风险经理都没有决定该如何应对它们的权限。在这种情况下，合乎逻辑的做法是上报。顾名思义，上报就是将机会交给更高的管理层（无论这种机会是项目层级、项目集层级还是项目组合层级的），让他们决定这个机会是否值得去追求。此时更高的管理层必须承担风险责任人和风险经理的角色。机会上报后，它就不在项目经理的职责范围内了，同时项目及其参与者也不再直接受益于该机会，功劳将算在接管机会的更高管理层头上。

14.2.2 威胁应对策略

威胁应对策略用于可能给项目或组织目标带来负面影响的风险事件，下面更详细地介绍这些威胁应对策略。

1．接受

只有接受和上报策略都适用于机会和威胁。顾名思义，接受策略指的是项目团队只是坐等厄运到来。与应对机会的接受策略一样，应对威胁的接受策略也有两种形式：被动接受和主动接受。

（1）被动接受

被动接受指的是有意地不采取任何措施，这是因为威胁发生的可能性很小或无关紧要，无须采取其他应对策略。被动接受是最常用的威胁应对策略。对于采取这种应对策略的风险事件，如果有人问及，风险责任人都会这样回答：等它发生了我们再处理。对于这种风险事件，风险责任人只跟踪，而不采取其他任何特殊措施。这种风险发生后，如果它在项目范围内，将动用应急储备来解决；如果它不在项目范围内，将动用管理储备来解决（管理储备由层级比项目经理高的管理人员支配）。

（2）主动接受

主动接受也是有意地不采取预防措施，但制定了有关风险事件发生时将如何应对的计划。主动接受与减轻策略的不同之处在于，主动接受不需要采取预防措施。主动接受策略包含紧急应对，这意味着当（且仅当）威胁发生后，才采取措施来减轻威胁带来的压力。请不要将主动接受策略与减轻策略混为一谈，后者在风险发生前就会采取直接措施。要判断应对策略是主动接受还是减轻，一种简单的方法是评估成本或劳动的投入时间：如果成本或劳动在威胁还未发生前就投入了，应对策略就是减轻；如果仅当威胁变成了问题后，才投入成本或劳动，应对策略就是主动接受。

在有些情况下，主动接受还保证在初始应对措施无效时采取补充应对措施。如果这种策略不管用，项目经理或风险经理可能采取第二个紧急应对，这被称为弹回计划（Fallback Plan）。弹回计划是紧急应对的紧急应对，是在风险发生前制定的。如果威胁足够严重，则需要多个弹回计划，这种补充策略通常属于灾难恢复计划或运营连续性计划。

2. 规避

规避策略旨在确保风险不会发生或不会影响项目目标，它通过完全消除威胁事件来解决风险。如果风险是玛丽可能另谋高就，导致项目出现知识缺口，规避策略是让玛丽现在就离开项目，这确保这种风险不可能发生，即可能性为 0。如果风险不可能发生，便规避了它。

3. 减轻

减轻有 3 种形式；项目经理可以降低可能性、减小影响或同时降低可能性和减小影响。减轻是一种代价高昂的风险应对策略，因为要到达目标，必须在风险发生前采取相应的措施。

（1）降低可能性

顾名思义，降低可能性是一种预防措施，旨在降低风险事件发生的概率。降低可能性可能一点都不会减小影响，因为它只是改变了影响变成现实的可能性。有些较新的车辆有警示装置，会在驾驶员变道时指出这一点。这根本不会改变交通事故的影响，但确实降低了发生交通事故的可能性。

（2）减小影响

较新的车辆有安全气囊，这是车辆中最昂贵的部件之一，也是显而易见的减轻策略。安全气囊根本不能改变交通事故发生的可能性，因为交通事故发生的可能性取决于驾驶员的技能和行车环境。然而，交通事故发生时，安全气囊将弹出，防止驾驶员撞上方向盘或穿过挡风玻璃飞出去。安全气囊只能减小影响，它解决交通事故风险的方式与降低可能性的方式截然不同。

（3）同时降低可能性和减小影响

为解决交通事故风险，一种迂腐的方法是降低行驶速度。这让驾驶员在就要撞车时有足够的时间做出反应，从而降低交通事故发生的可能性；这还减小了影响，因为以 50 英里/小时行驶时，发生交通事故带来的破坏性比以 70 英里/小时行驶时要小得多。在这个示例中，减轻策略同时降低了可能性和减小了影响。

4．转移

风险转移指的是将整个或部分威胁转移给别人，保险就是这样的典范。传统上，保险公司承担交通事故带来的财务风险，这些财务风险是车辆受损或人员受伤带来的。大多数保单都规定了保险公司给投保人提供的最高保险额度，例如，车损保额为 5 万美元，而人身伤害保额为 100 万美元，这些就是转移了承保人的交通风险（威胁）额度。大多数风险转移都会将一定的风险留给风险当事人承担。在前面的交通事故保险示例中，车主将承担超出 100 万美元的人身伤害风险。另外，车主还可能需要承担免赔额内的风险。如果车辆保单的免赔额为 500 美元，就意味着在任何情况下，被保险人都将承担 500 美元的风险。换而言之，超过 100 万美元的风险以及在免赔额内的风险由驾驶员承担。这些风险属于残余风险。所谓残余风险，就是实施应对策略后剩余的风险。即便买了保险，驾驶员也面临免赔额这种残余风险。

5．上报

有些威胁非常严重，项目经理和风险经理都没有决定该如何应对它们的权限。在这种情况下，合乎逻辑的做法是上报。顾名思义，上报就是将威胁交给更高的管理层，让他们决定这个威胁（和项目）是否值得去面对。威胁上报后，它就不在项目经理的职责范围内了，同时项目参与者也不再负责实施更高管理层选择的应对方法。接管威胁的更高管理层将为其担责，解决威胁的功劳也将算在他的头上。然而，这种风险应留在风险登记册中，以保留历史记录以及项目团队是如何应对该风险的。

14.3 行动计划和风险责任人

要产生预期的效果，这些策略都必须记录在案并交给负责的人去实施。它们是以行动计划的方式记录在案的，而行动计划将被转换为工作。负责实施的人是风险责任人，他们负责跟踪工作，确保它在往下进行，并确定其最终效果。

14.3.1 行动计划

必须以工作的方式将风险解决计划记录下来。在敏捷环境中，这种工作以用户故事的方式记录在待办事项列表（backlog）中；在预测性项目管理环境中，这种工作被转换为工作分解结构中的工作包。如果策略是被动接受，就无须采取任何措施，而只需在风险登记册中跟踪风险；否则，就必须采取某种措施来确保策略得以按计划实施（即便策略为规避亦如此）。

1．敏捷行动计划

在敏捷管理方法中，用户故事具有固定的格式：[人员]要求[结果]，因为[原因]。风险解决策略可能是这样的：客户要求我们的组织购买伞式责任保险，因为客户的风险容许限度要求这样做。这里的关键可交付成果是伞式责任保险，即必须取得这样的结果后，这个用户故事才能被视为已完成。在敏捷管理方法中，负责实施用户故事的个人有额外的优势，那就是知道为何要实施它，以及是在谁的要求下实施的。

2．预测性行动计划

在传统的瀑布项目管理中，工作分解结果描述了要执行的工作，这种工作是基于可交付成果的。在前面的用户故事示例中，伞式责任保险将是表示风险事件的工作包。这个可交付成果将包含在工作分解结构（work breakdown structure，WBS）中，确保按计划实施相应的工作。

保单的细节和保险额度将放在工作分解结构字典中，以详细说明根据风险应对策略制定的保护措施的性质。

在这两个例子中，行动规划的关键都是将应对策略转换为工作。行动计划确保风险应对策略变成工作要素，以便能够进行实施和跟踪。

14.3.2　风险责任人

风险责任人是执行实施和跟踪工作的人，他们可能不负责实施工作，但负责确保工作得以实施。不要将风险责任人同项目经理混为一谈，虽然项目经理常常承担风险责任人的角色。风险责任人是这样的团队成员，即具备足够的能力，能够对其负责的风险的应对策略进行评估，并确定这些应对策略将带来想要的结果。

风险责任人并不一定负责执行受风险事件影响的任务，虽然他们的职责主要是管理性的，但也有通过亲力亲为确保风险应对策略得以实施的职责。

14.4　衡量指标和传达

要确定风险应对策略是否取得了成功可能很难。例如，在接受威胁的情况下，仅当威胁或其影响没有变成现实时，才算取得了成功。风险责任人的职责之一是确定成功是什么样子的。

14.4.1　衡量指标和评估

衡量成败的指标可能随采取的策略而异，如表 14-3 所示。对于其中带星号的策略，也可通过数学方式评估其成败。

表 14-3　　　　　　　　　　　　　　策略和成败衡量指标

策略	衡量指标
机会	
被动接受	不采取任何措施，坐等风险事件发生。风险事件发生后，将带来有利于任务或项目目标的机会

策略	衡量指标
机会	
主动接受	不采取预防措施，但记录机会发生后将采取的措施。机会发生后，将采取记录的措施来优化结果
*提高可能性	采取措施，促使风险事件发生。虽然这种策略可能会也可能不会直接导致风险的发生，但它提高了可能性，因此可以认为是导致机会发生的原因之一
*增大影响	采取措施，使得风险事件发生后，将给任务或项目目标带来比通常情况下更大的正面影响
*开拓	采取措施，促使风险事件发生。在这种情况下，唯一的衡量指标是机会是否发生了，因为它假定机会必然发生
*分享	采取措施，识别并选择合作组织或实体，提高给项目或任务目标带来正面影响的可能性
上报	将风险事件交给更高的组织层级去处理，项目团队不再对结果担责
威胁	
被动接受	不采取任何措施。无论风险事件发生与否，都不会给任务或项目目标带来直接的负面影响
主动接受	不采取预防措施，但制定有关风险事件发生后将如何应对的规范。如果风险事件没有发生，或者虽然发生了，但由于应对规范的作用，其影响没有超出容许限度，就说明这种策略成功了。对于主动接受的风险，都有相应的应急计划
规避	采取措施，避免风险事件发生。如果威胁事件没有发生，就说明这种策略成功了
*降低可能性	采取措施，避免风险事件发生。虽然这种策略可能会也可能不会直接导致风险的不发生，但它降低了可能性，因此可以认为是导致威胁未发生的原因之一
*减小影响	采取措施，确保即便风险事件发生了，给任务或项目目标带来的负面影响也比在通常情况下更小
*转移	采取措施，识别并选择合作组织或实体，降低发生的可能性或减小给项目或者任务目标带来的负面影响
上报	将风险事件交给更高的组织层级去处理，项目团队不再对结果担责

对于上表中带星号的策略，成败衡量指标可能以定量方式表示。这些指标的计算过程包括 3 步。第 1 步是确定在不处理的情况下，风险事件的预期货币价值，其计算公式如下：

未处理时风险事件带来的成本/时间/范围影响×发生的可能性

第 2 步是确定处理后风险事件的预期货币价值，其计算公式如下：

处理后风险事件带来的成本/时间/范围影响×发生的可能性

第 3 步是计算前面两个结果的差值：

未处理时的 EMV − 处理后的 EMV

这种计算方法提供了判断策略成败的定量指标。例如，如果交通事故带来的损失为 10 万美元，事故发生的可能性为 0.6%，保单免赔额为 500 美元，那么不处理时，这种风险的预期货币价值为 600 美元（10 万美元×0.006 = 600 美元）。处理这种风险后，如果发生交通事故，车主只需支付免赔额（500 美元），而总共 10 万美元风险的其他部分被转移了，因此预期货币价值为 3 美元（500 美元×0.006＝3 美元）。

在处理和不处理之间，预期货币价值差为 597 美元（600 美元–3 美元），这就是风险责任人愿意为购买交通事故保单而支付的费用。

如果风险责任人找到了保费低于 597 美元的保单，那么从前述成败衡量指标可知，就算是成功了。

14.4.2　权变措施

如果没有给风险指定解决策略或者发生了未预见的风险，就只能采取权变措施了，这是一种计划外的负面风险事件应对措施。由于这种应对是计划外和意料之外的弥补措施，因此几乎不可能预先确定衡量其成败的指标。严格地说，权变措施属于问题管理，而非风险管理，但 PMI®依然将其视为一种风险应对。

14.4.3　应对策略的传达

制定好应对策略后，必须将其通报给尽可能多的相关方。经典的减轻策略（如安全气囊、安全带、救生衣）通常都有配套标识，告诉可能受影响的人如何使用它们。将传统安全气囊（弹出力度固定）更换为高级安全气囊（根据乘客重量调整弹出力度）后，会在遮阳板上张贴警示牌，让司机和乘客知道这一点。老旧的传统安全气囊可能导致 100 磅的乘客死亡，但高级安全气囊不会。改变策略后，必须让受影响的人知道其面临的风险发生了变化。

要传达应对策略，可在事件潜在的发生现场使用简单的标识（如安全气囊标识）、警示牌或其他注意事项和警告（如饮料可能很烫），还可在日常会议上传达（例如，在所有建筑项目开工会或公用事业公司召开的会议上，都会先传达"安全消息"）。对于风险应对策略，应尽早且频繁地传达。

卓有成效的风险经理应与尽可能多的相关方分享这种信息，并在情况允许的情况下，尽可能频繁地分享它们。

对于负责实施风险解决策略的人，必须清楚地指出他们在风险应对中的职责。为此，一种有效的方式是使用 RACI 表，如表 14-4 所示。

表 14-4　　　　　　　　　　　　　RACI 表

	职责	担责	咨询	知情
风险应对 1	特德	艾丽斯		卡罗尔
风险应对 2	特德	鲍勃	艾丽斯	
风险应对 3	鲍勃	艾丽斯	卡罗尔	特德

14.5　组织影响

　　风险解决是在组织边界内开展的，必须符合组织的容许限度和传统。容许限度可能是根据政策、合规性和组织目标确定的；而传统可能涉及组织或关键相关方的文化、态度和情感。

14.5.1　容许限度

　　容许限度记录在风险管理计划中，指的是这样的界线，即一旦越过就可能导致组织关门歇业。它们可能与项目目标、公司政策或合规性相关。实施选择的策略时，必须考虑容许限度：认识到它们是神圣不可侵犯的。

1．政策型容许限度

　　政策型容许限度定义了组织的道德意识，道德原则、组织行为和客户关系都属于这个范畴。选择风险应对策略时，必须考虑公司政策：任何违背组织政策的策略都是禁忌。如果一个策略因组织政策而被拒斥，必须将这一点记录在案，并同时记录背后的原因。风险应对可能位于灰色地带时，应随风险应对一起记录相关的政策容许限度，并向更高的组织层级通报，确认该应对没有越过容许限度。

2．合规型容许限度

　　合规型容许限度是在组织内部和外部定义的。它们大都是由政府机构指定的，虽然有些是组织、专业协会或行政命令指定的。这种容许限度很容易识别，因为它们大都是非黑即白的：风险解决策略要么合规，要么不合规。例如，如果风险应对会直接影响政府法规或受政府法规的直接影响，那么首先要问的是，它遵守了法规吗？对合规型容许限度来说，通常不存在灰色地带，因为有证据表明要么越过了合规型容许限度，要么没越过。与其他容许限度一样，越过了合规型容许限度的风险应对策略也是不能接受的。

3．目标型容许限度

　　目标型容许限度定义了有关组织或项目目标的界线。这种容许限度是最难识别的，因为它们随项目而异，还会随时间流逝和企业方法的变化而变化。经典的项目管理制约因素（时间、成本和需求）应清晰地定义目标型容许限度。下面的说明就定义了一个目标型容许限度：如果……，将把项目交给管理层审核，决定是否终止。有关时间和成本的目标型容许限度是最容易定义的，但令人惊讶的是，大多数项目都没有真正的目标型容许限度。出色的风险经理会让上司重视由这两种指标驱动的目标。一旦越过目标型容许限度，项目就将终止。

　　目标型容许限度反映了组织的价值观。如果组织将公众形象看得比什么都重要，任何可能破坏公众形象的风险应对都将被拒斥。组织价值观的任何方面都可能起决定作用，任何不符合组织目标的风险应对都将遭到拒斥。

14.6　复习题

1. "无论如何，我们都将做完这个项目！"管理层已下达命令，项目最终必须完成，但你知道，存在一些风险，它们带来的影响可能超过组织和项目的容许限度。鉴于项目必须往下推进，而风险带来的影响可能超过容许限度，请问应对这些风险的最佳策略是什么？
   A. 接受。
   B. 提高。
   C. 转移。
   D. 规避。
   E. 开拓。

2. 你负责的项目可能带来新的工作合同，但你和你的团队并不在意。事实上，你有足够多的工作，额外的工作合同只是锦上添花，谈不上雪中送炭。能够得到新的工作合同挺好，得不到也没什么大不了。面对这个机会，你很可能采取哪种策略？
   A. 被动接受。
   B. 主动接受。
   C. 转移。
   D. 提高。
   E. 上报。

3. 你根本不知道你所在的办公大楼建在废弃矿井之上，且从未意识到整个大楼可能缓慢下沉。然而，整个大楼已经错位，其西配楼已不适合居住，接下来可能轮到你所在的配楼了，因为它已经开始倾斜了。面对这种情况，最佳的做法是采取哪种应对策略？
   A. 接受。
   B. 权变措施。
   C. 减轻。
   D. 转移。
   E. 回填。

4. 为解决你和你的团队识别出的风险，你已确定了一系列巧妙的威胁应对策略。请问谁将为这些策略担责？
   A. 任务负责人或用户故事负责人。
   B. 风险责任人。
   C. 项目经理。
   D. 客户。

    E. 产品负责人或项目负责人。

5. 下面哪两种说法是正确的？

    A. 项目可能越过组织容许限度，但仅在特定情况下才会这样。

    B. 采取被动接受策略时，不会制定紧急应对措施。

    C. 包含工作的风险解决策略将被转换为活动、工作包和/或用户故事。

    D. 在 RACI 表中，可能让两个人同时对同一项工作担责。

    E. 威胁上报后，管理层将把它重新交给风险责任人进行解决。

6. 有陨石撞击大楼，这严重影响到你组建新服务器群的进度。修复大楼和返工的成本非常高，请问这些资金将从哪里支出？

    A. 项目预算。

    B. 管理储备。

    C. 应急储备。

    D. 项目预算中的富余量（Pad）。

    E. 财务部门。

7. 客户可能修改需求，导致返工。对于这个风险事件，你的应对策略是努力工作，并相信这种策略在未来依然管用。到目前为止，客户从未修改需求，也没有迹象表明它们在不久的未来会修改需求。在这种情况下，你该如何办？

    A. 询问客户是否打算修改需求或当前策略是否管用。

    B. 静静地等待，希望这种策略将继续管用。

    C. 让团队和管理层知道当前的策略，并向他们说明该策略的效果如何。

    D. 让团队和管理层知道当前的策略，并告诉他们不要外传。

    E. 让团队知道当前的策略，并告诉他们不要外传。

本章涵盖如下主题:

- 应对计划和应急措施;
- 相关方对应对策略的反应;
- 残余风险及其影响;
- 次生风险及其影响。

第 15 章

应对实施

如果做出了计划却不去实施，那么世界上所有的规划没有用处。所谓实施，就是将应对策略付诸行动（也可能是无为而治），这是风险管理规划和项目管理规划的完美融合。要卓有成效，风险经理必须做好准备，将项目管理实践付诸实施。这就需要激励团队，让他们知道自己在解决风险方面扮演着重要角色，进而学习完成这方面的工作所需的知识。

应对实施让高管知道存在相应的游戏计划，即便这个计划是无为而治。这需要按确定的规范整合项目管理、风险管理和组织管理，以实施策略、获取资金、按变更管理流程确定变更。

这还要求风险经理有极高的情商，能够确定在应对实施过程中，相关方是否会有反应、何时会有反应以及如何反应。

应对实施后，可能给项目或组织留下残余风险，还可能带来次生风险。所谓次生风险，就是以前未发现的新风险，它们在风险解决策略实施前根本不存在。

本章从实践角度讨论应对实施，以及相关方的反应。

本章讨论《PMI-RMP®考试内容大纲》中的如下目标：

领域	任务	考试目标
风险应对	任务 2	实施风险应对

15.1 "我知道了吗"小测验

"我知道了吗"小测验让你能够做出评估，确定是否需要详细阅读本章。对于这些测验题，如果对其答案或其涉及的知识没有把握，请详细阅读本章。表 15-1 列出了本章的各节及其对应的测验题。要获悉这些测验题的答案，请参阅附录 A。

表 15-1　　　　　　　　"我知道了吗"测验题对应的章节

章节	小测验题
15.2	1、2
15.3	3、4
15.4	5、6
15.5	7、8

> **警告：** 小测验旨在评估你对本章主题的掌握情况，为此请将不知道答案或拿不准视为回答错误。如果将猜对答案视为回答正确，将扭曲自我评估结果，带来虚假的安全感。

1. 你为项目设立了应急储备，并针对一些高威胁活动制定了应急措施。至此，你相信自己做好了充分准备，几乎能够处理任何可能出现的风险。请问你采取的保护措施让项目和组织能够抵御哪些风险？

   A. 类似于你当前负责的项目可能面临的风险。

   B. 未知－未知风险。

   C. 已知－未知风险。

   D. 不在项目经理职责范围的风险。

   E. 传统上由高管担责的风险。

2. 风险登记册看起来包含的信息不够详细，例如，对于其中一个威胁，没有详细说明要采取的措施：在"应对"列中，只说要采取应对策略被动接受，而没有说明将如何实施该这种策略。为确保风险登记册是完备的，需要添加哪些信息？

   A. 无。

   B. 应对策略被动接受的性质以及将如何实施这种策略。

   C. 有关如何降低威胁发生的可能性和影响的计划。

   D. 你和团队将如何确保这个风险不会发生。

   E. 将这个风险转移给第三方的方法。

3. 一个主要相关方——客户安杰莉卡非常愤怒。她抱怨说："你们要将大部分工作交给分包商去完成，而我刚收到有关该计划的邮件。"虽然合同上没有禁止分包，但为新的供应商清理现场可能需要数周的时间，这样的延误超过了她的容许限度。请问你该如何办？

   A. 与分包商协商，让他们加快入驻现场的速度。

   B. 找到可避免超过客户容许限度的方法。

   C. 继续按计划进行，因为合同上并没有禁止分包。

   D. 将这些问题交给分包商的管理层去处理。

   E. 记录结果。

4. 对于你采取的一个重要的威胁应对策略，3 个主要相关方各自有不同的解读。每次发邮件对此进行澄清后，他们看起来更为迷惑。这个策略的实施离不开他们的支持，因此你需要确保他们能够承担相应的职责。为达成一致意见并澄清这些相关方的职责，最佳的做法是什么？

   A. 保留邮件历史记录并继续发送澄清邮件。

   B. 召开一次有各方参与的面对面会议。

   C. 修改风险应对措施，让各方都能轻松理解。

　　D．召开一次有各方参与的电话会议。

　　E．分别与每个相关方会面，确定沟通在哪里出的问题，并采取纠正措施。

5. 项目将持续多年，而你购买了针对项目各个方面的保险：保额 10 亿美元的综合保单，几乎覆盖了想象得到的所有威胁及其影响。你担心的是，项目预算只有 1.4 亿美元，免赔额却高达 1 400 万美元。如果发生灾难，可能带来高达项目预算 10%的损失，这是你承担不起的。根据容许限度、大额保单、免赔额以及对项目的总体影响，可确定的残余风险是多少？

　　A．10 亿美元。

　　B．1 400 万美元。

　　C．9.86 亿美元。

　　D．1.4 亿美元。

　　E．取决于导致项目超支 1 400 万美元的威胁事件发生的可能性。

6. 项目已接近尾声，且看起来运气不错：不但识别的风险事件一个都没有发生，而且发生了几个很有好处的机会事件；应急储备几乎没动，有些工作提早完成了且低于预算。还未关闭的风险事件只有几个，它们发生的可能性都很低，应对策略都是被动接受。即便这些风险事件都发生，余下的应急储备也足够应付，无须再申请资金。请问下面哪个有关残余风险的说法是正确的？

　　A．没有残余风险。

　　B．残余风险已消除，这都是拜应急储备所赐。

　　C．残余风险减轻了，这都是拜应急储备所赐。

　　D．残余风险为未关闭威胁事件的总预期货币价值。

　　E．残余风险完全可控。

7. 你担心客户的卡车倒车时撞上给项目供气的天然气管道，如果出现这种情况，很可能引起爆炸。客户向你保证，他们雇佣的都是最出色的专业卡车司机，能够熟练地倒车。你建议采取这样的策略：安装重型钢筋混凝土护柱，以保护天然气管道。在这里，下面哪一项为次生风险？

　　A．卡车倒车时可能撞到天然气管道。

　　B．卡车倒车时可能撞到护柱。

　　C．卡车司机可能撞不到护柱。

　　D．卡车司机需要额外的培训。

　　E．天然气管道本身可能爆炸。

8. 风险登记册有个这样的风险：更换变压器时，团队成员可能因触电而受伤。解决这个风险的策略是，在团队成员开始工作前至少提前两个小时断电。这个策略挺好，但有些住宅楼内有病患，他们使用的救生设备必须有电才能正常运行。有鉴于此，虽然你的团队成员安全了，但这些病患面临风险。请问下面哪种说法是正确的？
- A. 威胁应对策略为主动接受；断电前必须通知病患。
- B. 威胁应对策略为规避，留下来残余风险。
- C. 威胁应对策略为规避，带来了次生风险。
- D. 威胁应对策略为转移，留下了残余风险。
- E. 威胁应对策略为减轻，留下了残余风险。

15.2 应对计划和应急储备

应急储备也属于风险应对措施，但鉴于其"万金油"性质，很多人都不这么认为。应对策略指的是为未雨绸缪地管理风险而有意识地采取的措施，这在第 14 章中讨论过。对大多数机会和威胁应对策略来说，相应的应对计划都会带来新工作——安装安全装置、制定新规范或制作警报系统，这些都需要投入时间和精力。风险责任人不仅需要负责跟踪应对的效果，还需跟踪为实施应对而花费成本和时间。

风险应对实施属于微观层面（而非整个项目层面）的项目管理工作，但也必须识别目标、确定结果、厘清相关方、评估影响。风险应对的目标是在组织容许限度内完成任务。虽然在项目的整个生命周期内，组织容许限度基本保持不变，但必须针对每种应对确定其目标。例如，实施采用安全气囊这种应对措施时，目标是通过弹出安全气囊，最大限度地减少死亡。对于这里的目标，必须澄清"最大限度地减少"是什么意思。没有人会认为安全气囊可避免所有的交通事故带来的死亡，必须有明确的指标，可用于判断这种威胁策略的成败。

相反，应急储备是为整个项目范围内发生的风险准备的，可用于应对项目层面和任务层面的风险。它是时间/资金池，供项目经理用来应对已经发生的风险事件。应急储备带来的挑战是，项目经理需要提前确定资金的用途以及如何动用。应急储备虽然几乎随时都可供使用，但仅当风险事件发生后才能动用，它并非是要留到项目预算用完后才动用的。因此，如果项目已完成 80%，但应急储备只用掉了 20%，这就是一个积极信号；相反，如果项目只完成了 20%，应急储备却已用掉 80%，这就是一个预警信号。

应急资金可用来管理已发生的风险带来的超额影响，还可用来实施应急措施。所谓应急措施，指的是在风险发生后采取的计划内事后应对措施。拨打紧急服务电话（如911）就是典型的应急措施。在有些司法管辖区内，请求紧急援助会带来直接成本，对于这种成本，将从应急资金（而不是正常的项目运营运算）中支付。

在有些情况下，还为应急措施准备了应急措施：如果应急措施效果不佳，将启动另一个应急措施来善后。在这种情况下，第二个应急措施被称为弹回计划。所谓弹回计划，就是在最初的应急措施效果不佳时采取的应急措施。仅当满足如下条件时，才实施弹回计划：风险事件发生后，应急措施不管用，必须实施弹回计划。从本质上说，弹回计划就是应急措施的应急措施。对于项目中可能出现的最严重问题，甚至有针对弹回计划的应急措施，这些应急措施通常属于灾难恢复范畴［灾难恢复计划和运营连续性计划（continuity of operation，COOP）］。虽然这种计划很少被实施，但组织通常会制订这样的计划，这旨在避免单个风险事件导致整个企业瘫痪。

　　另外，不要将这种计划与权变措施混为一谈，因为权变措施是计划外的负面风险事件应对措施，在风险已发生或即将发生时实施。

15.3　相关方对应对策略的反应

　　对于在项目中采取的任何措施（无论是否与风险相关），相关方都会有所反应。在风险管理方面，相关方的反应通常取决于应对的性质、相关方的直接参与度以及相关方的个人容许限度和临界值。风险经理和风险责任人对这些反应要做好心理准备，因为这些反应是可预测的，至少从某种限度上说是这样的。

15.3.1　应对的性质

　　第 14 章介绍了各种应对策略，表 15-2 说明了相关方对这些应对策略的反应。

表 15-2　　应对策略及相关方的普遍反应

应对策略	相关方的反应
机会应对策略	
接受	可能被认为是无为而治，因此反应很小。必须指出这种策略是有意识地采取的，这对确保相关方对这种策略有正确的认识很重要
开拓	反应可能很大，因为这种策略通常要求投入大量的时间和精力
提高	提高被认为是一种传统的机会管理方式，因此易于被大多数相关方接受，除非采取的提高方法极度不同寻常
分享	反应在很大限度上取决于相关方的信任度以及相关方是否愿意第三方参与
上报	反应通常很大，因为这要求相关方适应新的机会管理者，并停止与既有风险责任人和风险经理合作（仅限被上报的风险）
威胁应对策略	
被动接受	可能被认为是无为而治，因此反应很小。必须指出这种策略是有意识地采取的，这对确保相关方对这种策略有正确的认识很重要
主动接受	可能被认为是无为而治，因此反应很小。务必发出预警，指出如果风险变成了问题，将采取特定的措施，这很重要
规避	反应完全取决于规避的性质，因为它可能意味着完全放弃项目规定的某种方法或规程。鉴于规避策略的影响范围广泛，有时反应可能非常激烈
减轻	减轻被认为是一种传统的威胁管理方式，因此易于被大多数相关方接受，除非采取的减轻方法极度不同寻常

续表

应对策略	相关方的反应
威胁应对策略	
转移	反应在很大限度上取决于相关方的信任度以及相关方是否愿意第三方参与
上报	反应通常很大，因为这要求相关方适应新的机会管理者，并停止与既有风险责任人和风险经理合作（仅限被上报的风险）

15.3.2 个人/职业参与度

有句古老的谚语说，对于火腿加鸡蛋这种早餐，鸡只是参与，而猪却是全身心投入。对风险解决实施来说，区分参与和全身心投入很重要。面对一个威胁解决方法时，如果相关方认为他只是参与，而不是全身心投入，就更愿意赞成；面对一个机会应对方法时，情况则相反。相关方喜欢积极的事情，并希望自己被认为为其发生出了一份力。

在（第14章介绍的）RACI表中，位列"咨询"和"知情"列中的相关方在很大限度上说只是参与，而位列"职责"列（实际做工作）和"担责"列（为工作担责）的相关方是全身心投入的。

参与度或全身心投入程度通常由相关方决定，而不是由项目经理预先决定的，这通常取决于相关方的个人和职业兴趣，以及应对策略的难易程度。有些人喜欢更具挑战性的工作，而有些人希望工作能够尽快完成。有些相关方会大力支持他感兴趣的工作，而有些相关方将工作视为必要的"恶"。

15.3.3 个人/职业容许限度

相关方是否愿意支持或采纳某种风险解决方法还取决于其个人/职业容许限度，上报就是这样的典范。在有些人看来，将责任推给更高的管理层无异于承认失败，而有些人认为，为降低风险，管理层有必要施以援手。容许限度是非常个人化的。

来看一个典型的示例。有家培训公司获得了一家《财富》50强企业的培训订单，该订单请求培训公司为该50强企业实施所有的培训，但交换条件是，培训公司的所有知识产权都归50强企业所有。在培训公司的很多高管看来，这个交易很不划算，他们认为交出所有的知识产权将导致这家培训公司最终倒闭。在他们看来，这种策略完全超出了他们的容许限度。

这笔交易的负责人却感到非常满意，他认为这是一个天大的机会，因为在履行合同的5年期间，培训公司有足够的时间打造新的知识资本，成为培训市场上一股更强的力量。

最终这笔交易上报给了公司所有者，所有者抓住了这个机会并同意签订合同。多名高管认为这种举措是在自取灭亡，实属对公司不负责的行为。但由于所有者认定这种交易是切实可行的，因此最终担责的是公司所有者（与发起人预测的一样，交易最终获得了成功）。

选择应对策略时，相关方的容许限度是个重要的考虑因素。如果不能接受某些策略，风险经理和项目经理必须知道个中原因。如果相关方无力实施最终选择的策略，就可能需要通过协商就更换人手达成一致。

15.4　残余风险及其影响

残余风险指的是实施应对方法后依然存在的风险。对于一个预期货币价值为 2 500 万美元的风险，如果威胁策略消除了 2 000 万美元的风险，将余下 500 万美元的残余风险。在这种情况下，如果风险发生了，组织将需要应对这 500 万美元的残余风险。如果有一种身体疾病，其应对策略是通过手术来减轻疼痛，医生可能提醒说，虽然疼痛可能会消失，但根本问题可能不会消失，在患者的余生引发其他健康问题。这里的根本问题就是残余风险。

采取的应对策略为接受（尤其是被动接受）时，残余风险的影响最为严重。由于被动接受策略未采取预防措施，风险的全部预期货币价值依然存在。例如，对于一个 1 万美元的风险，如果采取被动接受策略，最终可能让组织付出 1 万美元的代价。

对大多数保单（风险转移）而言，残余风险为免赔额，由保单持有人承担。对于健康保险，分摊费用也被视为残余风险。在这些情况下，风险的一部分落在保单持有人头上，虽然大部分都转移给了第三方。

15.5　次生风险及其影响

次生风险指的是因实施风险应对而引发的风险。风险为威胁时，可能出现这样的情况：治疗方案与疾病一样可怕；风险为机会时，可能出现这样的情况：潜在的机会带来了好消息（因机会策略得到了加强），接下来次生风险带来了更多的好消息，或者原来的好消息被次生风险带来的坏消息抵消了。

美国国家标准技术局发表过一篇文章，从冶金学的角度探讨"永不沉没"的"泰坦尼克"号，是否因其由铁铆钉连在一起的钢质船体而加快了沉没速度。用钢材来建造"泰坦尼克"号的船体原本是一种风险减轻策略，旨在降低其沉没的可能性，但被浸泡在 0℃ 以下的海水中时，钢材变得特别脆。用铁铆钉代替钢铆钉旨在减轻工期延误风险（安装钢铆钉所需的时间更长，这虽然降低了进度风险，但铁铆钉在低温下容易脱落）。文章认为正是铁铆钉加快了"泰坦尼克"号的沉没速度。

次生风险是因实施风险应对而引发的原本不存在的风险，换而言之，如果没有实施风险应对，次生风险根本就不会发生。

卓有成效的风险经理会研究选择的所有策略，确定它们是否有可能带来新的风险。

如果可能带来新风险，就必须（从成本、时间和其他影响的角度）对策略进行评估，确定它带来的问题是否比消除的问题更多。

对于这些新发现的风险，必须像以前发现的风险那样进行分析、确定优先级以及制定应对策略。然而，在分析过程中，必须确定是否仅在原始风险发生（并引发新风险）后才实施应对策略。如果要求原始风险发生，那么新风险发生的可能性将依赖于原始风险发生的可能性。例如，如果原始风险发生的可能性为 10%，且有 20% 的可能性会导致新风险的发生，那么新风险（次生风险）发生的可能性将只有 2%（10% × 20%）。相反，如果即便原始风险不发生，应对它的策略也会引发次生风险，那么次生风险发生的可能性将是独立的（不依赖于原始风险发生的可能性），因此次生风险发生的可能性将高得多。如果次生风险是独立的，而发生的可能性为 20%，那么它最终发生的可能性将是 20%。

例如，如果项目发生事故的可能性为 10%，而这些事故发生后，有 20% 的可能性会导致住院或死亡，那么在项目实施期间，出现住院或死亡的可能性将为 2%。如果项目经理能够找到办法，可降低事故发生的可能性或事故导致死亡的可能性，那么发生死亡的可能性将比 2% 更低。

15.6 复习题

1. 你负责的项目面临很多应对策略为被动接受的风险。为有效地处理这些风险，你将如何做？
   A. 制定可降低其可能性和影响的方法。
   B. 设立管理储备，在项目中出现挑战时动用它来应对。
   C. 将应对这些风险的责任转给负责任的第三方。
   D. 设立应急储备，在项目中出现挑战时动用它来应对。
   E. 设立应急储备，在项目预算用完时动用它来应对项目中出现的挑战。

2. 你设立了应急储备并找到了 10 家铲雪公司，以便下雪时让它们来清理团队前往上班地点需要经过的道路。你没有与这些公司签订合同，但你知道，只要酬劳合适，它们肯定愿意来。但你也认识到，它们可能没空儿。你制定了一个策略：如果下雪，而铲雪公司又没空儿，就找直升机将团队运到工作场所。换句话说，找直升机是最后的选择。请问下面哪种说法是正确的？
   A. 找直升机是应急措施。
   B. 找直升机是弹回计划。
   C. 找直升机是运营连续性计划。
   D. 找直升机是灾难恢复计划。
   E. 找直升机的策略永远不会真的实施。

3. 你的项目和组织遭遇了一系列风险：全体员工辞职；大楼烧毁；财务损失大得惊人。有人请求你采取措施，避免企业破产。面对这种屋漏偏逢连夜雨、组织可能破产的局面，你最佳的选择是什么？

　A. 接受风险。

　B. 实施应急措施。

　C. 实施权变措施。

　D. 实施运营连续性计划。

　E. 实施弹回计划。

4. 你的项目采用的是敏捷管理方法，同时你与客户的关系非常好。凭借这些，你得以能够管理遇到的任何风险。你和团队识别出了一系列新的威胁型风险事件，并建议采取新的解决策略来应对它们。这些策略要求使用外部供应商，并转而使用瀑布方法来开发接下来的几个可交付成果。对此，客户犹豫不决，很不高兴。这样的结果你原本应该预见到吗？

　A. 不，这完全出乎意料。

　B. 是的，管理方法调整属于重大变更，同时新供应商给项目团队带来了新的不确定因素。

　C. 是的，因为新供应商给项目团队带来了新的不确定因素，但考虑到敏捷管理方法的性质和适应能力，调整管理方法应该不是问题。

　D. 是的，因为调整管理方法意味着完全不同的客户关系，但考虑到敏捷管理方法的性质和适应能力，团队应该不是问题。

　E. 是的，考虑到敏捷管理方法的性质和适应能力，客户很快就会同意。

5. 下面哪两种说法是正确的？

　A. 残余风险指的是应对策略引发的风险事件。

　B. 次生风险指的是应对策略引发的风险事件。

　C. 采取被动接受策略应对风险事件时，会出现一些残余风险。

　D. 敏捷项目更容易出现风险，因为其待办事项列表是不断变化的。

　E. 使用瀑布方法可减少风险，因为其待办事项列表是固定不变的。

6. 你安装的软件不能很好地与其他相关的软件系统交互，客户因此很不高兴。系统自动关闭，大约 5 秒后自动恢复了，但你意识到一个风险，那就是系统自动关闭后，可能需要更长时间才能自动恢复。客户永远不会看到这个软件的运行情况，他们只是从这个软件中获取数据。然而，每当发生 5 秒钟中断时，团队成员都必须编写详尽的报告。他们认识到，如果这个问题得不到解决，就可能失去合同。请问下面哪种说法是正确的？

　A. 各方都是全身心投入的。

　B. 客户是全身心投入的，团队成员只是参与。

　C. 各方都只是参与。

　D. 团队成员是全身心投入的，客户只是参与。

　E. 任何一方都是不全身心投入，也不参与的。

7. 客户可能修改需求，导致返工。为降低这个风险事件的影响，你采取的应对策略是主动接受：要求客户在变更文件上签字并努力工作。如果客户没有签字，可将下面哪个作为弹回计划？

   A. 要求客户在变更文件上签字。

   B. 代客户在变更文件上签字。

   C. 在变更文件没有签字的情况下停止工作。

   D. 不采取额外的措施。

   E. 将客户推荐给另一家供应商。

本章涵盖如下主题:

- 收集信息;
- 排序方法的有效性;
- 比较项目风险和组织风险。

第 16 章

数据收集

要监督和控制风险，必须收集数据。风险事件发生后，要确定选定风险解决方案的有效性，信息收集非常重要。在风险信息收集过程中，必须确保如下方面的统一：收集方法、收集时间和收集的内容。另外，还需对为其他目的而收集的数据（如挣值绩效数据）进行评估，确定它们对整体风险状况的影响；同时，需要对风险事件、结果和应对进行评估，确定它们对绩效数据的影响。

这些评估要回答的问题不是相关数据是否易变——易变是肯定的，而是变化范围是否在相关方的容许限度内。在用户故事、活动、工作包和项目层级，数据都是不断变化的；在项目层级，需要回答的问题是，数据变化是否影响到了企业。

本章讨论数据收集和分析，涵盖《PMI-RMP®考试内容大纲》中的如下目标：

领域	任务	考试目标
监督和关闭风险	任务 1	收集和分析绩效数据

16.1 "我知道了吗"小测验

"我知道了吗"小测验让你能够做出评估，确定是否需要详细阅读本章。对于这些测验题，如果对其答案或其涉及的知识没有把握，请详细阅读本章。表 16-1 列出了本章的各节及其对应的测验题。要获悉这些测验题的答案，请参阅附录 A。

表 16-1   "我知道了吗"测验题对应的章节

章节	小测验题
16.2	1~2
16.3	3~5
16.4	6~8

警告：小测验旨在评估你对本章主题的掌握情况，为此请将不知道答案或拿不准视为回答错误。如果将猜对答案视为回答正确，将扭曲自我评估结果，带来虚假的安全感。

1. 你正在为回顾会议做准备，想要确保燃尽图包含合适的数据。请问下面哪项对这项数据收集工作的描述最准确？

A. 你将评估已完成的用户故事数和故事点数，还有以前的燃尽图中的信息，以展示项目的计划进度和实际进度。

B. 你将评估已完成的用户故事数和故事点数，还有以前的燃尽图中的信息，以展示项目的成本偏差和进度偏差。

C. 你将评估已完成的工作包数，还有以前的燃尽图中的信息，以展示项目的计划进度和实际进度。

D. 你将评估已完成的工作包数，还有以前的燃尽图中的信息，以展示项目的成本偏差和进度偏差。

E. 所有团队成员都将就项目进度和完成情况发表看法，以确定项目的进度。

2. 你要收集数据，以确定项目是否面临超支和/或延误风险（或低于预算和提早完成的风险）。根据最近 4 个报告中的成本绩效指数和进度绩效指数数据，大致能够看出趋势了。这 4 个报告中的成本绩效指数数据如下：0.92（1 月）、0.90（3 月）、0.89（5 月）、0.88（7 月）。这 4 个报告中的进度绩效指数如下：0.92（1 月）、0.94（3 月）、0.97（5 月）、1.0（7 月）。现在是 9 月份，又需要编写报告。对于 9 月份的挣值数据，可做出什么样的预测？

A. 预算值将进一步恶化，而进度值将进一步改善。

B. 以往的绩效不能说明未来的结果，你无法做出任何预测。

C. 预算值将进一步改善，而进度值将进一步恶化。

D. 进度值几乎是预算值的直接镜像。预算值上升时，进度值将下降；反之亦然。

E. 事实将证明以往的数据毫无意义。

3. 项目工作已完成 79%，而应急储备已用掉了 18%。你常常想，项目接近尾声时将是最艰难的时刻，团队必须处于最佳状态，以便在完成工作的同时最大限度地降低风险。一个团队成员提醒你说，客户更换场地的风险发生的可能性比所有人以前想得都高。如果这个风险变成现实，将消耗 25%的应急储备，导致已完成的工作与已消耗的应急储备的比例发生急剧变化。有鉴于此，在下次召开的项目审核会上，你该如何跟管理层说？

A. 在接下来的几周内，应急储备可能急剧减少，这可能导致项目超支。

B. 在接下来的几周内，应急储备可能急剧减少，但项目的总体情况还不错。

C. 项目团队可能必须调整其应对某些风险的方法，其中包含客户场地更换的风险。

D. 鉴于风险责任人没有认识到场地更换风险不可避免，应予以撤换。

E. 继续观察客户可能更换场地这个风险，等它发生后再通知管理层。

4. 风险解决策略已转换为要执行的工作，现在就要落实了，以便减轻各种风险。有一个风险已转移给保险公司，为此每年需要支付 12.4 万美元的保费。项目生命周期的第二年已接近尾声，但你从未根据这个保单要求赔付。这个风险的可能性和影响并未发生变化，所以你想能不能将这笔保费节省出来，用于其他更好的用途。假设其他风险的优先级没变，请问你该如何办?

A. 不再续保。

B. 续保。

C. 调整保单条款,增大免赔额并降低保额。

D. 考虑降低免赔额并增加保额,因为现在这个威胁发生的可能性更大了。

E. 上报给管理层。

5. 在你所在的组织中,项目进展速度是个关键指标。你注意到项目进展速度在逐月上升,这给项目的整体进度带来了巨大影响。你认识到,这是一个可能影响项目结果的巨大风险,并想让管理层和客户知道这一点。请问你该怎么跟他们说?

A. 当前,项目面临巨大的威胁,因此需要让他们知道这些风险。

B. 当前,项目面临巨大的机会,因此需要让他们知道这些风险。

C. 项目的进展速度慢于计划,你正实施权变措施。

D. 项目的进展速度快于计划,你正实施权变措施。

E. 什么都不说,这是你需要管理的风险。

6. 你与一家供应商(Initech)的合作遇到了麻烦:他们提供的软件确实满足要求,但那是你抨击其测试质量后的结果。这家供应商的测试能力与其在合同中承诺的不相称,鉴于这款软件只是整个项目可交付成果的很小一部分,你正考虑是否要解除合同,并雇佣其他供应商来做。现在唯一的问题是,这家供应商同其他部门和项目经理管理的十多个项目都有合作关系,解除合同虽然对你没什么害处,但可能严重损害其他部门与 Initech 的关系。请问你该如何办?

A. 向 Initech 表达你的关切。

B. 向其他项目经理表达你的关切,进而确定他们是否介意你想要采取的措施。

C. 向项目发起人表达你的关切。

D. 向签约人员表达你的关切。

E. 直接解除与 Initech 的合同。

7. 你受聘于一家跨国企业,其估值数十亿美元,在四大洲都有分支机构。你负责的项目总价值 28 万美元,它面临的风险很高,失败的可能性极大。上司跟你说尽力就好,还提到这个项目得到了一些高管的关注。你认识到,你可能失败,进而损失公司的 28 万美元投资。鉴于你担心项目投资和其他潜在的损失,你该采取什么措施呢?

A. 将你的担心告诉上司,将这些担心记录在案并将文件发送给公司高管。

B. 将你的担心告诉上司,并遵循常规的风险管理实践和过程。

C. 遵循常规的风险管理实践和过程。

D. 将担心上报给公司高管。

E. 现在就叫停项目,以防公司深陷其中。

8. 你受聘于一家小型家族企业，该企业在美国 3 个州设有分支机构。你负责的项目总价值为 28 万美元，是公司有史以来从事的最大项目，它面临的风险很高，失败的可能性极大。上司告诉你"除了成功别无选择"，他还提到这个项目得到了所有公司高管的关注。你认识到，你可能失败，进而损失公司的 28 万美元投资。鉴于你担心项目投资和其他潜在的损失，你该采取什么措施呢？

A. 将你的担心告诉上司，将这些担心记录在案并将文件发送给公司高管。

B. 将你的担心告诉上司，并遵循常规的风险管理实践和过程。

C. 遵循常规的风险管理实践和过程。

D. 将担心上报给公司高管。

E. 现在就叫停项目，以防公司深陷其中。

16.2　收集信息

　　在项目的整个生命周期中，需要不断地收集各个层面的数据，其中最重要的是工作绩效信息和团队绩效信息。另外，必须站在更高的角度对收集的信息进行评估。换而言之，在敏捷管理方法中，需要回答这样的问题，即风险是用户故事、冲刺还是整个项目面临的；而在瀑布管理方法中，需要回答这样的问题，即风险与工作包还是整个项目相关。

　　对信息收集而言，最重要的是知道最终报告的形式和格式是什么样的。如果输出将使用燃尽图来显示，需要收集的绩效数据将包括用户故事、故事点数和完成率；如果输出将以挣值方式表示，需要收集的绩效数据将包括实际成本、（每个工作包的）计划成本和成就。为确定需要收集哪些数据，项目经理和风险经理必须知道需要生成什么样的输出。

　　除知道需要收集哪些数据外，还必须知道数据源和精确度要求。有些家庭依据银行每月提供的报告来跟踪家庭开支，有些依据收据来跟踪，将开支情况精确到分。在项目管理中，数据源和精确度很重要，因为它们可能最终决定了需要多少时间和精力来收集信息。

16.2.1　数据源

　　数据从哪里来呢？提出这样的问题合情合理，在项目中，必须尽早回答这个问题。在选举中，可能对计票结果提出异议。有些县用电子机器收集选票，有些县用票箱收集选票，还有些县结合使用这两种方式，如何投票由选民自己决定。几乎可以肯定的是，支持一种方法的人都会说另一种方法给舞弊留下了空间。因此，数据源非常重要。

　　在项目中，也存在与数据源和数据评估方式相关的类似争议。例如，在挣值法中，存在不同的挣值计算方法，这留下了作弊和欺骗的空间。例如，如果一个价值 7 000

美元的工作包已完成 60%，按传统计算方法计算时，挣值将为 4 200 美元（7 000 美元×0.6），但按 50-50 规则计算时，挣值将为 3 500 美元（7 000 美元×0.5）。按 50-50 规则计算时，挣值将一直为 3 500 美元，直到工作包完成后才变为 7 000 美元。支持 50-50 规则的人认为，这种计算方法可防止无德之人通过调整完成百分比来操控挣值，而反对者认为，这种规则扭曲了分析结果，导致绩效分析的效果不佳。

因此，数据源很重要。在金融领域，根据一周数据得到的分析结果，可能远远没有根据一个月数据得到的分析结果可信。滞后的报告可能美化数据（更糟糕的是，还可能基于有利的成本核算方法）。

16.2.2 精确度

大多数金融机构都承认，实时财务数据可能不准确，收集到最终的准确统计数据后，可能会有调整。数据收集速度取决于对数据点精确度的要求：如果只要求项目的财务数据精确到 100 美元，数据收集速度可能非常快；如果要求精确到分，这种一丝不苟的分析工作将需要更多时间。

在远未着手收集数据之前，项目经理就应确定有效管理要求的数据精度。这种要求将最终影响到项目的风险管理方面，因为信息可粗略到月还是必须精确到分钟，将对项目该如何管理有重大影响。

有些组织使用一个有趣的术语——灵活空间，它指的是对精确度要求的高低。如果在一个项目中，数据是以月计的，那么灵活空间将为小时或天；换而言之，在项目的整个生命周期内，没人会关心工期多了一天或少了一天的情况。

在项目的生命周期内，报告风险是否发生时，精确度起着重要的决定作用。如果风向的影响是导致项目的延误，那么 10 分钟的延误通常不是什么大不了的。

1983 年，旧金山建筑工业协会创造了一个住宅建造世界纪录，不到 3 小时就建造出了一个构件组装住宅。对他们来说，精确度是以分钟计的，因此 10 分钟就被视为重大延误。

从风险的角度看，精确度不但会影响容许限度和临界值，还决定了需要多少人专门负责跟踪项目信息，以及必须以什么样的频率报告这些信息。

16.3 排序方法的有效性

数据收集的另一个方面是做如下判断："高影响"风险是否真的是高影响的；对可能性的预测是否正确。要判断排序方法是否管用，从某种程度上说，可在结果中找到证据。如果高可能性风险没有发生，并不能说明排序方法的效果不佳。高可能性风险没发生仅意味着它们没发生，几乎说明不了别的。要判断排序方法是否管用，需要回答如下几个问题：

- 高可能性风险发生了吗？
- 已发生的高影响风险真的带来了高影响吗？
- 通过管理高优先级风险，确实让项目没有超过项目和组织的风险临界值吗？

16.3.1 高可能性风险的发生情况

统计（概率）风险分析指出，对于大多数风险，预测结果都是非黑即白的，即要么发生，要么不发生。虽然风险对项目的影响各不相同，但对于每个风险，是否发生这个问题只有肯定和否定两个答案：要么发生，要么不发生。

这里的思考方式融合了定量分析和定性分析。高可能性风险发生的可能性可能是 51%，也可能是 99%，但除非保留大量统计记录，否则必须指定某个值，并将可能性高于这个值的风险视为高可能性风险。这里假设高可能性指的是超过 60%（但考试中不是这样的）。不管可能性是多少，相反的情况都成立，即如果事件发生的可能性为 60%，那么不发生的可能性就是 40%。在项目面临的风险中，很多高可能性风险可能发生，但有些不会发生，这令人惊讶。在新冠病毒肆虐期间，有些医务人员并未感染新冠病毒，虽然他们每天都暴露在风险中。如果仅考虑单个医务人员，这一点并不值得大惊小怪，但如果考虑所有这些未感染新冠病毒的医务人员，就太令人惊讶了。假设医务人员感染新冠病毒的可能性为 60%，那么一个医务人员没感染新冠病毒的可能性将为 40%。

将多个医务人员考虑进来后，他们都没感染的可能性（相关概率）将急剧降低。

两个医务人员都没感染新冠病毒的可能性为 16%（40% × 40%），这意味着如果从一组随机的医务人员中选出两个，至少有一个感染新冠病毒的可能性为 84%。

3 个医务人员都没感染新冠的可能性为 6.4%（40% × 40% × 40%）。同样，相反的情况也成立，即在 3 个医务人员中，至少有一个感染新冠病毒的可能性为 93.6%（100%-6.4%）。

4 个医务人员都没感染新冠的可能性为 2.56%。5 个呢？1%。6 个呢？不到 0.5%。

在统计分析中，一个高可能性风险没发生时，不要大惊小怪；多个相关或不相关的高可能性风险没发生时，可能就有必要调查其中的原因了。

总之，高可能性风险不发生的情况很常见，因此务必让管理层和团队明白，虽然它们没有发生，但这并不意味着对可能性的分析是错误的，而仅仅意味着这些风险没有发生。

16.3.2 高影响风险的影响情况

天然气管道爆炸，客户破产，系统崩溃，组织改组……这些令人震惊的事件都是高影响风险。但在有些情况下，即便是最糟糕的高影响风险（涉及人员死亡的除外）

也没有最初以为的那么糟糕。客户破产了，但在待偿付的债务人名单中，我们排在很靠前的位置；系统崩溃了，却避免了一次严重的恶意软件攻击；组织改组了，新架构对我们的项目很有利。评估风险排序系统的有效性时，需要做的工作之一是确定高影响风险的影响是否真的很高。

在机会方面，组织有时将新项目视为游戏规则改变者。最终结果可能并没有最初想象得那么严重。

风险发生后，需要对影响进行定性和定量评估，确定预测值是否准确，以及这些值是否因环境或项目的性质而出现了偏差。

对于低影响风险，项目经理和风险经理需要确定其实际影响是否高于预测。

无论是低影响风险还是高影响风险，对它们的预测都存在一定限度的个人偏见。从很大限度上说，对高影响的解读都与个人经验和组织经验相关。就拿在其驾驶生涯中让 4 辆车报废，但在每次事故中都全身而退的驾驶员来说吧，大多数人都认为车辆报废是高影响的，但在这位多次死里逃生的驾驶员看来，这可能只是花钱买教训。有些组织把公众形象看得比什么都重要，将有损公众形象的事件视为高影响的。身陷困境时，有些组织凭借韧性或反脆弱很快就恢复了元气。

1. 韧性

所谓韧性，指的是个人、项目或组织能够逆境中恢复：高影响风险发生后，能够将优势恢复到风险事件发生前的水平。恢复通常是需要付出代价的，但能够恢复也是能力的证明。韧性越强，组织应对风险事件并全身而退的能力越强。

2. 反脆弱

反脆弱是纳西姆·塔勒布在其 2012 年出版的著作《反脆弱：从不确定性中获益》中引入的一个概念，其含义比韧性更丰富，意味着组织不仅能够从逆境中恢复，还能提高能力，并对如何管理企业及其面对的风险有新的认识。在反脆弱环境中，组织准备好了事后对高影响风险进行管理的机制，这种机制鼓励采用新思维和新方法来强化组织和提高能力。

在韧性和反脆弱环境中，高影响风险不再那么令人担忧，因为有相关的机制，能够在高影响风险发生后加以有效管理。

16.3.3 整体风险和项目影响

虽然大多数风险排序都是通过研究各个风险事件来实现的，但在研究项目整体风险时，有效的风险排序方法也可提供极大的帮助，这在第 12 章中做了简要的介绍。在评估整体风险方面，没有比蒙特卡洛分析更好的工具了。

正如第 12 章讨论的，蒙特卡洛分析做总体评估，指出用进度和成本表示的各种结果出现的可能性。用于判断风险排序方法的有效性时，蒙特卡洛分析双管齐下，不仅可确定结果基准，还为确定众多"假设"场景的结果提供了舞台。

来看这样的单个风险事件：罗伯塔可能离开团队，取而代之的是一个专业知识不那么丰富的人。即便没有蒙特卡洛分析，也可定量地分析这个风险对单个工作包的影响，但难以确定它给项目带来的整体威胁。然而，借助于蒙特卡洛分析，可获悉罗伯塔的离职对项目的总体影响。假设指派给罗伯塔的所有任务的置信水平都相对较高，为+/−10%，如图 16-1 所示。

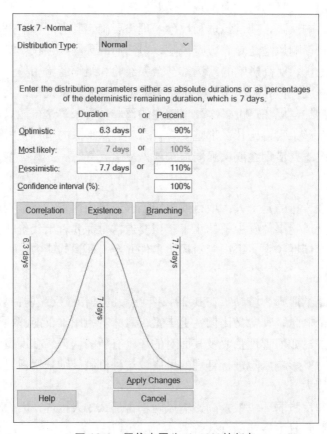

图 16-1　置信水平为+/−10%的任务

如果罗伯塔承担的所有任务的置信水平都相同，那么这些任务对项目的总体结果会有一定的影响，但不会太大。

假设替代罗伯塔的是特德，他不那么能干，水平也不那么稳定。如果特德的置信水平为+/−40%（如图 16-2 所示），这些任务对项目的影响将比由罗伯塔承担时更大。图中纵轴上的工期（days）范围说明了这一点。

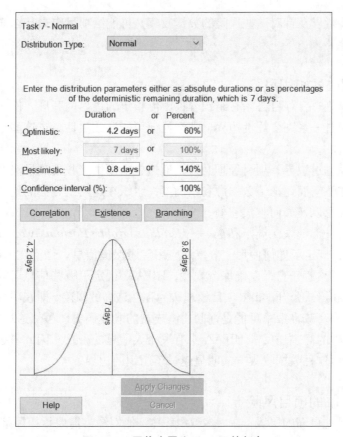

图 16-2　置信水平为+/-40%的任务

　　如果对于特德承担的每个项目，都将这一点外推到整个项目，将发现项目的工期变化范围比原来大得多。

　　通过设立假设场景，可确定个体风险对整个项目的影响，而蒙特卡洛分析是完成这种任务的最佳工具。

16.4　比较项目风险和组织风险

　　单个任务（或多个具有相同特征的任务）可能影响到整个项目，同理，单个项目可能影响到整个组织。到目前为止，都假定项目经理和风险经理都会在组织的容许限度内行事。组织的容许限度指的是组织划定的有关什么是可以接受（以及什么是不能接受）的界线，它们是项目行为的重要边界。然而，即便是在这种情况下，依然有两个需要考虑的重要方面。其中一个显而易见，那就是项目承担的风险（以及针对这些风险的数据收集）可能给组织带来什么样的风险？另一个不那么明显，它指的是组织承担的风险（以及针对这些风险的数据收集）可能给项目带来什么样的风险？这两个方面都很重要。

16.4.1　项目面临的组织风险

前面讨论过，项目必须在组织容许限度指定的边界内开展。例如，如果组织不能容忍项目越过一系列合规性边界，那么任何可能导致项目越过这些边界的风险都是完全不能接受的。

为避免越过边界，项目经理必须知道边界在哪里。收集项目数据时，这些边界非常重要。本章前面讨论了数据源和精确度，组织在这两个方面的要求决定了需要收集哪些风险信息以及如何收集它们。

美国有一部健康保健隐私法——*Health Insurance Portability and Accountability Act*（HIPAA），规定了如何使用、分享和应用健康保健信息。任何在 HIPAA 适用范围内的组织都必须遵守它，以确保合规性。HIPAA 规定了哪些信息可以公开以及以什么样的形式和格式公开。如果项目经理认为存在这样的风险，即在项目实施期间团队成员可能患病，减轻策略可能是询问团队成员的既往病史。虽然这可能减轻前述风险，但提出这样的问题违反了 HIPAA 中有关个人信息的条款。因此，这或许能够降低项目风险，但这种数据收集方式明显越过了组织的边界。

16.4.2　组织面临的项目风险

高管身处更高的层级，在大多数组织中，他们经常需要承担风险。在很多情况下，这都是基于简单的风险–回报考量的。这种考量提出的问题相对简单：

- 这将让组织的哪方面面临风险？
- 这样做可能带来什么样的回报？
- 回报是否足以抵消风险的潜在影响？

偶尔也会提出如下问题：

- 承担这种风险可能给正在实施的项目带来什么样的影响？

1. 作为风险源/驱动因素的组织面貌

组织层面的风险通常涉及多个部门。决定整个组织要使用的方法时，由此引发的风险可能影响广泛，涉及组织的各种部门。例如，决定迁移到特定的软件平台时，影响的远不止信息技术（IT）部门，组织中任何使用该软件的部门或项目都将受到这个战略决策的影响。鉴于这个决策的影响范围广泛，在各种层面上，这个新的软件平台都可能成为风险源。

- 为开发项目而部署的任何软件都必须能够在这个新平台上正常运行，这带来了原本可能没有的风险。

■ 熟悉既有平台的最终用户可能不会使用新平台，这可能导致延误和返工。

■ 为生成可行的输出，负责数据输入的团队成员的工作量可能翻倍。

在组织层面，迁移到新平台可能带来了很高的回报，还降低了风险，但在项目或部门层面，这种迁移是重大的风险源。

总之，在项目实施过程中，项目经理和风险责任人不仅要从项目的角度分析数据，还要从组织角度分析数据。同时，必须认识到风险会带来两方面的影响（项目层面和组织层面），这很重要。组织层面的变更可能成为风险层面的风险源，即便这种变更与项目没有直接关系；项目层面的风险可能引发这样的担忧，即可能越过组织容许限度（虽然在项目层面不会引发这样的担忧）。

2. 风险–回报中的回报

在数据收集过程中，大多数风险–回报考量都专注于财务回报。虽然财务考量常常是项目的动因，但在很多项目中，回报都不是财务方面的。有些组织把质量看得高于一切，有些将高效或快捷视为自己的优势。在财务方面不是主要考量的组织中，必须确定其他适用的指标，并对其进行评估，这很重要。

例如，对于质量，可将没有客户投诉或得到客户赞扬的次数作为评估指标，还可将缺陷率作为评估指标。组织选择的指标不同寻常时，引发的连锁反应可能在项目层级带来重大影响。管理学大师彼得·德鲁克有句名言：只有被度量的指标才能被管理，虽然度量和管理的指标可能毫无意义，甚至度量并管理它对组织有害。

总之，挑战在于确保在组织层面选择的指标在项目层面得到反映。如果项目经理记录和评估的指标不同于组织层级指标，这种做法可能违背高管的意愿。

3. 抵消风险的回报

归根结底，回报被认为是潜在的风险抵消物，但问题是回报是否足以将风险抵消掉（不仅在项目内如此，在整个组织内亦如此）。虽然在项目层级，回报可能足以抵消风险带来的财务影响，但如果组织的主要考量是公众形象，那么从组织层面看，任何有损公众形象的项目失策都是不可接受的，即便这种失策并没有导致项目终止。这类似于一句古老的医疗格言说的：“手术很成功，但病人死掉了。”

在大多数组织中，重要关切是企业本身的存亡。即便项目可能带来新机会、让企业获得新能力，但如果无助于企业基业长青，其他任何回报都不能提供充分的理由让企业去推进项目。

另外，还必须考虑风险给其他正在推进的项目带来影响和回报，虽然这不像给组织带来的风险和回报那么重要。不同的项目可能有相互抵触的目标，在这种情况下，一个项目的成功可能损害另一个项目，甚至导致它失败。

所有这些方面都必须考虑进来，以确定当前项目、其他项目和整个组织的风险敞口。

16.5 复习题

1. 你的大部分风险数据都记录在风险登记册中，而等到项目结束时，风险登记册将被加入到风险知识库中。当前项目的很多数据都来自项目合作伙伴 Ffodam 有限公司，但你刚刚得知，该公司正因涉嫌报告和预测造假而接受联邦调查人员的调查。对于这个主要的数据源，下面哪种说法是正确的？

A. 这个数据源可能处于危险境地，但数据可能依然有效，可继续使用。

B. 这个数据源无关紧要，但必须想办法找到不存在被联邦调查人员调查这种污点的数据源。

C. 这个数据源可能处于危险境地，应找时间同 Ffodam 公司会面。

D. 这个数据源可能处于危险境地，因此必须审核数据的精确性。

E. 这个数据源有问题，应动用应急储备和管理储备来修复数据。

2. 你接到一个任务：提供 1 万个要在新年前夜 23:59:59 放飞的氦气球。客户想要在其辞旧迎新派对上，让这些气球从天而降，落在狂欢者头上。团队成员一直在努力，试图确保气球正好是 1 万个，但有的气球爆了，有的慢慢地漏气。他们反复地数气球，以确定准确的气球数，但并不刚好是 1 万个。令人惊讶的是，在最后 8 次中，每次数出的结果都是 10 003 个。虽然在不断添加气球，以弥补爆了和漏气的气球，但每次数的结果都是 10 003 个。基于这 8 次数出的结果，可如何报告客户？

A. 气球数的精确度和准确度都很高。

B. 气球数的精确度高、准确度低。

C. 气球数的精确度低、准确度高。

D. 气球数的精确度低、准确度高。

E. 你遇到了大麻烦，因为氦气球不往下落，而往上飘。

3. 你的工作是建造太阳能发电厂，其中一个重大风险是日光反射装置着火，这是由太阳光引导镜引发的。日光反射装置着火的可能性很高，由此带来的损失以百万美元计。为转移这种风险，公司每年花费几十万美元购买保险。虽然这种火灾在太阳能行业司空见惯，但最近 3 年贵公司一次都没发生。保险费看起来很高，但经过调查发现，保险公司给出的几乎是最低价了。为大型太阳能发电厂续保的时间就要到了，基于最近的经验，你该如何做？

A. 接受风险并放弃保险。

B. 鉴于高可能性并不意味着必然性，继续采取当前的应对方法。

C. 实施权变措施。

　D．鉴于可能性和影响都变了，重新考虑当前的应对方法是否合适。

　E．转向地热发电。

4．你所在的组织反复遭遇风险变为现实的情况，如古老的谚语所说"祸不单行"，诚哉斯言！虽然所有的威胁都变成了现实，但你所在的组织每次都很快恢复了元气，变得与以前一样强大、有效而高效。在保持产出畅通方面，你所在的组织总能踏准每个节拍，这给你留下了深刻的印象。请问下面哪个术语最准确地描述了你所在的组织？

　A．反脆弱。

　B．韧性。

　C．厌恶风险。

　D．喜爱风险。

　E．幸运。

5．下面哪些说法是正确的（双选）？

　A．个体项目风险事件只与驱动它们的工作包相关。

　B．个体项目风险事件可能提高整体项目风险，也可能降低整体项目风险。

　C．评估整体项目风险的最佳工具是蒙特卡洛分析。

　D．只有在采用预测性管理模型的项目中，才有整体项目风险；在采用适应性管理模型的项目中，没有这种风险。

　E．在敏捷（适应型）项目中，不存在个体项目风险事件。

6．你正对项目做风险-回报评估。商业分析师所做的项目评估指出，项目的投资回报率（ROI）为 17%，巧合的是，这也是项目要通过审查必须到达的投资回报率。如果这个项目进展顺利，可能意味着将获得客户未来几十年的合同；如果进展不顺利，投资回报率将低于17%，导致项目是不能接受的。充满光明的未来让雇主激动万分。你早就对商业分析师有所怀疑，认为他为让项目通过审查而美化了数字。在你看来，存在一个重大风险，那就是可能没有清晰地描述需求，将可能出现的重大成本和延误隐藏起来了。你想让项目发起人注意这一点，请问该如何说呢？

　A．这个项目很可能达不到预期的投资回报率，因此可能不值得去做。

　B．评估和确认这个项目时基于的假设条件可能不成立。

　C．这个项目或许能够带来大量合同，但投资回报率可能达不到17%。

　D．对于批准这个项目时基于的条件，应重新进行评估，将投资回报率和可能带来的合同都考虑进来。

　E．是时候将这个项目毙掉了。

7．你识别了一个风险：贾内尔可能是唯一一个知道如何操作某台设备的操作员，如果她受伤了，需要使用该设备才能完成的所有工作都可能延误。在一次会议演示中，你分享了这个风险，并注意到有 3 位与会人员明显焦虑不安。你询问是否有什么问题，这 3 个人做出了类似的回答："她也在我的项目中工作。"你意识到，你在自己的项目中识别出的这个风险，可能实际上也是其他项目面临的风险。请问你该如何跟其他同仁说呢？

A. 指出这是你的项目面临的风险，如果他们觉得这也是他们的项目面临的风险，就将其记录在风险登记册中。

B. 指出这是你的项目面临的风险，但最终会被记录到风险知识库中。

C. 指出这不是单个项目的风险，而是对整个组织都有影响，大家应该携手解决它。

D. 指出它从组织风险变成了对你的项目有直接影响的风险。

E. 显然需要聘请其他人员，他们需具备贾内尔掌握的技能。

本章涵盖如下主题：

- 残余风险和免赔额；
- 应对策略催生的风险；
- 末期风险报告。

第 17 章

残余风险和次生风险

监督和控制风险是风险管理过程中的一个基本步骤,但在面对如下风险时呈现出不同的面貌:组织在不同时间承担的风险;项目管理方法和风险管理方法催生的风险。

残余风险在第 15 章中深入讨论过,指的是由生产组织承担的风险,这是通过不作为或有意识地承担一定的威胁实现的。有些风险事件的结果是没发生,在这种情况下,残余风险的责任人只需承担跟踪威胁这种管理工作。然而,在组织认为威胁带来的影响可能随时间的流逝而变化时,残余风险的跟踪工作将至关重要。

次生风险指的是风险应对催生的风险。次生风险可能是机会,也可能是威胁。监督和控制次生风险时,项目经理和风险责任人需要进行评估,确定这些风险的可能性和影响是否会随策略的实施而变化。在危险的十字路口,可使用四向停车标志来减轻风险。如果这种做法催生了交通拥堵这种次生风险,可采取如下策略来应对:建造环岛以保持交通顺畅。40 年前,很少使用环岛来减轻交通压力,因此使用环岛给那些不知道如何绕环岛前行的司机带来了次生风险。一代人过去后,这种次生风险的可能性和影响已经很小了。

与常规风险一样,残余风险和次生风险需要在组织环境中进行评估,同时需要广泛地传达针对这些风险的应对措施的结果(无论成功还是失败)。

本章讨论次生风险和残余风险的监督和控制,涵盖《PMI-RMP®考试内容大纲》中的如下目标:

领域	任务	考试目标
监督和关闭风险	任务 2	监督残余风险和次生风险

17.1 "我知道了吗"小测验

"我知道了吗"小测验让你能够做出评估,确定是否需要详细阅读本章。对于这些测验题,如果对其答案或其涉及的知识没有把握,请详细阅读本章。表 17-1 列出了本章的各节及其对应的测验题。要获悉这些测验题的答案,请参阅附录 A。

表 17-1 "我知道了吗"测验题对应的章节

章节	小测验题
17.2	1~2
17.3	3~5
17.4	6~8

警告：小测验旨在评估你对本章主题的掌握情况，为此请将不知道答案或拿不准视为回答错误。如果将猜对答案视为回答正确，将扭曲自我评估结果，带来虚假的安全感。

1. 你负责的项目上了责任保险，覆盖了整个项目生命周期内可能发生的所有伤害。这个保单直接给项目带来了 40 万美元的成本，伤害保额为 1 亿美元，每次事故的免赔额为 4 000 美元。项目刚发生了一次事故，索赔额度大约为 100 万美元，保险公司支付了除掉免赔额后的所有费用。现在你有点担心，害怕发生第二次。假设这次事故的严重程度与第一次事故大致相当，请问其残余风险多大？
   A. 4 000 美元。
   B. 39.6 万美元。
   C. 40 万美元。
   D. 99.6 万美元。
   E. 100 万美元。

2. 项目一直处境艰难，很多你最为担心的威胁都变成了现实。你针对余下的风险制定了减轻策略，并勤奋工作，确保风险责任人尽职尽责，对这些策略的实施进行跟踪和监督。你采取了正确的做法，用人也没问题，这确保了成本和进度都符合预期，对此你很满意。但你知道，如果再发生大量风险，即便项目能够在预算内以符合规范的方式按时完成，组织的声誉也很可能受损。请问下面哪种说法是正确的？
   A. 即便满足了时间、成本和质量方面的要求，依然存在声誉型残余风险。
   B. 如果满足了时间、成本和质量方面的要求，就不会有残余风险。
   C. 由于残余风险仅适用于时间和成本，因此其他风险无关紧要。
   D. 如果连续发生多个风险事件，残余风险可能激增。
   E. 残余风险由产品负责人，而不是项目经理和项目团队负责管理。

3. 贵公司从事飞行汽车制造业务，虽然采用了最新的技术，但你还是担心一些与传统汽车相关的问题，如碰撞。项目面临的一个威胁是，如果发生事故，驾驶员可能丧命。为减轻这种威胁，安装了安全气囊，以保护驾驶员和乘客。在早期测试阶段，员工梅利娜指出了她最大的担心：由于身高只有 4 英尺 8 英寸，体重只有 90 磅，因此她认为，安全气囊弹出时可能要了她的命；要是没有安装安全气囊，就不会发生这样的事情。你通过研究发现，从 20 世纪 90 年代开始普及安全气囊以来，大约有 300 人因安全气囊弹出而丧命。请问梅利娜可能因安全气囊弹出而丧命属于哪种风险？

A. 这是一种残余风险，因为如果有人因安全气囊弹出而丧命，组织将承担这种风险。

B. 这是一种次生风险，因为组织选择的风险应对催生了这种风险。

C. 这是一种与罕见情况相关联的从属风险，因为根据研究可知，在数以百万乃至数以十亿的行驶里程中，这样的情况只出现了几百次。

D. 这是一种残余风险，因为组织选择的风险应对催生了这种风险。

E. 这是一种次生风险，因为如果有人因安全气囊弹出而丧命，组织将承担这种风险。

4. 你负责一个建筑项目，当前建造的大楼可能下沉到被称为"海洋黏土"的移动土壤层，导致大楼不适合居住。你将这种风险描述为"大楼可能下沉，导致它不适合居住"。这个项目的总预算为 150 万美元，但要通过清除和化学处理来治理海洋黏土，费用将超过 250 万美元，而且会带来新的风险：化学处理可能对人类有害，导致大楼还是无法居住。从风险角度看，这意味着什么？该采取什么措施？

A. 这意味着初始风险和次生风险相同，因此合适的应对策略是接受。

B. 这意味着初始风险和次生风险相同，因此合适的应对策略是规避。

C. 这意味着次生风险的逾期货币价值与初始风险相同，因此合适的应对策略是接受。

D. 这意味着次生风险的逾期货币价值与初始风险相同，因此合适的应对策略是规避。

E. 这意味着项目发起人选择了错误的项目，应对其采取惩罚措施。

5. 在贵公司，项目进展速度是一个重要指标。你发现，项目的进展速度每月都在上升，这给项目的总体进度带来了重大影响。你正考虑采用一种风险应对策略，确保这种趋势能够继续下去，但最大的次生风险是，这种策略可能给人留下错误的印象：不管是什么项目，只要能够提前完成，就将以类似的方式奖励其团队成员。鉴于贵公司通常不轻易地发放奖励，因此给员工以这样的期望是完全错误的。为做出有关如何应对前述次生风险的最终决策，你该如何办？

A. 告诉团队成员，你原本想奖励他们，重新考虑后又改变了主意，但你想让他们知道，你非常感激他们做出的努力。总之，就是没奖金。

B. 根据赫茨伯格的激励-保健理论，奖励必须直接与行为挂钩，否则奖励就有变成保健因素的危险。考虑到这些，你发放了奖励，但告诫团队成员不要因此而有什么期望。

C. 告诉团队成员，因为进度超过计划，你将给他们奖励。

D. 将给提早完成项目者以奖励制度化。

E. 发放奖励，没人会因为你做好事而惩罚你。

6. 在项目实施期间，可能发生大楼着火这种风险，你采取的应对策略是主动接受这种风险。真是一语成谶，项目开工 3 天后，大楼真的着火了。消防部门的表现很出色，而你为预防前述威胁变成问题，已寻找到了备用办公场所。由于此时项目几乎还未展开，这个事故不过是个小插曲，它带来的影响很小，几乎没有需要返工的地方。然而，这个事故发生后，你认识到可能应该使用云存储来存储项目信息，因为如果事故发生时项目已经实施了很多，后果将是灾难性的。在提交给管理层的报告中，你该如何说呢？

A. 采取的应对策略不充分。

B. 对于影响重大的风险，绝不要采取接受策略。

C. 采取的风险应对策略成功了。

D. 采取的风险应对策略成功了，但对于具有类似性质的未来风险，不应再采取这种应对策略。

E. 采取的风险应对策略成功了，但需要进一步澄清。

7. 项目的一切都进展得非常顺利，好得令人难以置信。但突然之间，一场流行病大爆发降临，团队成员纷纷辞职，对需求的解读成了我们与客户争议的焦点。在一个月之内，很多在项目生命周期内未曾发生的风险都发生了。到目前为止，你和团队实施的风险应对都很管用，这一点你已告知管理层。现在离计划的项目完工日期只有 4 个月，而一切都看起来不正常，这两点已进入你的风险"排行榜"，但以前从未想到会出现这些问题。好在当前无论是计划内还是计划外的应对措施，效果看起来都不错。大多数计划内的应对策略都是减轻。在下一个风险报告中，你该如何说？

A. 指出风险应对措施的效果很好，无须采取权变措施。

B. 指出风险应对措施的效果很好，并详细说明已采取的应变措施。

C. 指出风险应对措施失败了，因此不需要采取应变措施。

D. 指出风险应对措施失败了，并详细说明已采取的应变措施。

E. 指出应将应变措施作为应对项目风险的主要方法。

8. 你负责的项目就要完工了。然而，在这个项目的早期，你就识别出了这样的风险：可能因客户没有及时签字而推迟款项的支付。为减轻这种风险，你采取的策略是，在整个项目生命周期内，每隔一段时间就要求客户签字。在项目末期，客户的态度除了满意还是满意，并指出期待与贵公司再次合作。考虑到自己所做的努力，你深信最初识别的这个风险不再是威胁。请问你该如何处理这个风险呢？

A. 在风险登记册中，将这个风险标记为"已关闭"。

B. 将这个风险保留在风险登记册中，直到最后一笔款项完成支付。

C. 将这个风险留在风险登记册中，并在项目接近尾声时提高其可能性。

D. 让这个风险留在风险登记册中，并在项目接近尾声时降低其影响。

E. 将这个风险从风险登记册中删除。

17.2 残余风险和免赔额

即便项目已接近尾声，风险也不会消失；相反，它们一直存在，直到项目移交给了客户、项目文件已归档。虽然有些风险会因采取了规避策略或完全消失了而关闭，但总体而言，威胁和机会要等到项目结束后才会消失。

从威胁的角度看，项目接近尾声时，需要记录和评估风险应对，这非常重要。风险必须记录在项目档案中，不管是否发生了，尤其是需要评估应对，做出下面 3 个重要判断：

- 实施了吗？如果实施了，是如何实施的？
- 效果符合预期吗？
- 是否存在影响当前项目和实施组织的残余风险？

在项目末期审核风险信息时，需要评估应对的可行性，以供其他项目的项目经理参考。

17.2.1　已实施的应对和未实施的应对

第 14 章介绍过，有很多应对策略可供用来处理项目风险。如果采取的策略为减轻、提高或主动接受，通常仅当风险事件发生后，才会认真地实施。实施应对策略后，可能得到了想要的结果：减轻了威胁带来的痛苦，或者增加了机会带来的快乐。在这种情况下，必须记录实施细节，指出目标是如何达成的。项目结束后，需要传播一些内隐知识，包括让策略奏效的关键人物，以及让实施得以顺利进行的沟通活动。

这些信息可记录在风险登记册或项目后风险报告中，其中的关键是澄清采取了什么策略及结果如何。如果策略没有实施（因为相应的风险未发生），也必须指出这一点，但最重要的是进行总结，指出倘若风险发生了，应对策略能否奏效。风险事件未发生意味着策略未经检验，不能因此而说策略成功了，也不能因此而说策略失败了。

17.2.2　预期结果和非预期结果

非预期结果用于描述风险应对，例如，出现过敏症状后服用治疗过敏的药物，但没想到会对这种治疗过敏的药物过敏。这种罕见情况有可能发生，不幸的受害者需要住院治疗。风险应对（无论好坏）都有预期结果和非预期结果。

对于预期结果，处理规则很简单：宣布胜利并记录细节。在有些情况下，应对策略能够像期望的那样发挥作用：安全带管用；安全气囊避免了死亡；救生装置挽救了从船只上跌落的人。在很多情况下，这种成功都归功于遭遇风险的人严格地遵守了规则。风险应对失败时，可能是因为没有严格遵守规则，也可能是因为应对本身不足以应付相应的任务。

第 9 章讨论了大峡谷存在的危险，有些城市景观虽然没有大峡谷那样令人叹为观止，但也存在同样的危险。在纽约州西奈阿克的帕利塞德购物中心，较高楼层的顾客可能过于靠近边缘而坠落身亡。作为减轻策略，安装了 3.5 英尺高的围栏，以防坠落。这种策略的预期结果是什么呢？防止顾客坠落身亡。然而，事实证明，这种策略的效果不是太好，因为自 2005 年以来，有六七位顾客从该购物中心的较高层坠落身亡。有些罹难者的家人指责围栏不够高，但也可能是围栏提供了虚假的安全感———种非预期结果。

对于非预期结果，需要做更详细的记录和研究。应对策略不管用是一码事，发生未预见到的次生风险是另一码事。发生未预见到的次生风险时，项目团队和风险团队需要确定为何没有预见到这些次生风险，还有这些次生风险为何会发生。可能是因为应对策略不管用，也可能是任何理性的人都预见不到的偶发情况。无论是哪种情况，未来的项目经理都需要来自亲身经历者的洞见和反思。

17.2.3　项目残余风险和组织残余风险

对于残余风险，记录结果和影响很重要，记录其性质和水平也同样重要。残余风险可能到项目完成后就消失了，也可能到项目生命周期结束后远未消失，进而给组织带来影响。最主要的残余风险是财务型，但还有质量型和声誉型残余风险，它们带来的影响相比于财务型残余风险有过之而无不及。

1．财务型残余风险

可完全计入项目预算的财务型残余风险在项目结束后便消失了，这种残余风险虽然可能导致项目超支，但记录在项目的最终核算中，并在项目记录归档后告一段落。

如果财务型残余风险导致的开支远超项目参数，且影响到了组织的年度开支计划，其影响将深远得多。对于这样的残余风险，必须做更详细的记录，说明组织为应对这种风险不断投入资金的原因。

2．质量型残余风险

从很多方面说，质量型残余风险的破坏力远远超过了财务型残余风险，在它们可能带来长期财务影响时尤其如此。同样，如果风险被限定在项目（及其产品）范围内，相应的残余风险可能影响少量客户。

然而，如果风险及其质量型残余风险波及项目外部，就可能让人认为整个组织的产品存在质量缺陷。

20 世纪 70 年代推出的福特平托车就是这样的典型，其质量型残余风险给整个组织带来了严重的负面影响。福特汽车公司发现，平托车的油箱位置不佳，可能引发爆炸，但它选择承担这种风险，而没有选择实施两种安全策略，因为这两种策略会导致每辆车的成本增加 10 美元。这里的风险是车辆碰撞时可能爆炸，导致人员伤亡。虽然福特汽车公司做了财务方面的计算，但实际的残余风险是客户对其产品质量的看法。平托车自推出至今已经过去了 50 余年，但它依然是质量低劣的典型，福特汽车公司还在为半个世纪前的残余风险付出代价。

3．声誉型残余风险

声誉与质量直接相关。风险应对可能会影响声誉。第 13 章简要地介绍了泰诺胶囊投毒事件。那是在 1982 年，7 名芝加哥居民被谋杀（凶手至今仍未找到）：因服用注入了氰化物的瓶装泰诺而中毒身亡。很多官员和媒体人士呼吁强生公司召回已经上市的泰诺，但强生的管理层没有这样做，而决定采用防拆封包装，以防未来再出现这样的情况。如果这样的策略管用，就无须担心投毒了。

事实证明，这确实管用。

这种策略的残余风险是，其他人可能将强生作为投毒目标，还有就是公众再也不会购买强生生产的镇痛药。

由于管理严格，这种风险从未发生。实际上，这个投毒事件中的残余风险是机会型的，强生公司向人证明了自己面对这种情形的反脆弱能力。

这种结果需要详细记录，情况也确实如此，强生的应对成了行业（和公共关系）标杆。处理声誉型残余风险时，做到公开、透明至关重要。

17.3　应对策略催生的风险

 次生风险不是项目本身催生的，而是项目风险的应对策略催生的。由于这种依赖关系，很多应对策略催生的风险都要到项目生命周期的末期才会发生。在项目生命周期的末期，记录工作常常被视为无谓的管理负担，这样的看法实属大错特错。正是因为应对策略催生的风险是在项目末期发生的，将其记录下来才显得更为重要。

次生风险很可能发生在项目生命周期的末尾，对于一开始就参与项目的团队成员，此时不需要对其做如下方面的教育：项目环境；选择当前风险应对策略的原因。然而，对于新加入项目的团队成员，需要做这方面的教育。如果对风险环境和催生次生风险的应对策略没有清晰的认识，将难以明白这些次生风险为何会发生。

17.3.1　风险环境和应对催生的风险

风险应对策略（包括最常见的应对策略——接受）催生的新风险的严重程度随项目环境而异。在管理层担任项目负责人并支持考虑周全的风险管理时间的企业环境中，项目经理可能基于如下假设而接受某些风险：即便是在项目最黑暗的时刻，管理层也会提供支持。例如，风险可能是这样的：客户可能对项目绩效不满意，进而退出项目。如果接受这种风险，可能催生新的风险：项目经理的无为而治可能被认为是消极怠工，不仅让客户感到沮丧，还让生产团队感到沮丧。如果不是在由管理层担任项目负责人的环境下工作，项目经理可能根本就不会接受这种风险。在这种情况下，由于采取的不是接受策略，而是其他更主动的策略，项目经理和/或风险经理将被认为是积极地忙于风险管理，从而消除了前述次生风险。

这还与风险容许限度有关。项目接近尾声时，很多风险发生的可能性都会降低。另外，很多风险的影响会急剧增大，因为项目后期发生的风险可能导致比项目初期风险更为严重的后果。接近项目尾声时，需要反复地重新评估次生风险，因为涉及的金额在逐渐提高。风险容许限度很少考虑可能性，但总是会考虑影响。

17.3.2 催生次生风险的应对策略

 每个风险应对都会改变风险环境，而有些经典的应对措施带来的变化很大，足以催生次生风险。一个典型的例子是合同风险。在 PMI-RMP® 认证考试中，有一类考题与合同催生的次生风险相关。下面介绍合同类型，以及合同给买方、卖方或双方带来的次生风险的性质。

1. 固定总价合同

固定总价合同常被称为一次性付款合同，因为这种合同的费用通常是一次性支付的。固定总价合同对买方来说是一种低风险，但对卖方来说是一种高风险，因为合同的财务价值取决于卖方的绩效。选择这种合同通常是因为其管理成本很低，同时双方几乎都不需要进行财务追踪。然而，对卖方来说，这种降低管理成本的做法催生了次生风险，因为即便成本上升，卖方也没有追索权。换而言之，不管出现什么情况，合同价格都是固定的。

2. 总价加经济调整合同

总价加经济调整（fixed-price economic adjustment，FPEA）合同降低或消除了卖方面临的某个特定风险，除此之外，这种合同与固定总价合同完全相同。例如，运货商可能与人签订总价加经济调整合同，规定在货物重量低于 100 磅的情况下收取固定费用，同时在合同中包含这样的限制性条款：如果国家调查的结果表明汽油价格超过了 7 美元/加仑，将收取 20 美元的附加费。这个附加费就是经济调整。

这降低了卖方面临的特定风险，但这也催生了次生风险：卖方可能因 20 美元的附加费而被挤出市场。如果签订的不是这种合同，前述次生风险根本就不存在。

3. 总价加激励费用合同

从某种限度上说，总价加激励费用（fixed-price incentive fee，FPI 或 FPIF）合同让双方共同承担风险。相比于总价加经济调整合同，这种合同让卖方承担的风险更高，因为买方将承担一定的成本超支风险（但这是一种机会型风险，因为买方也将分享卖方节约的成本）。买方还得到了价格上限的保护。卖方的可列支成本（合同规定的可报销成本）加上调整后费用达到价格上限后，合同便到达了总假设点（point of total assumption，PTA），此后发生的任何成本都不再由买方和卖方共同承担，而全部由卖方承担。

　　总价加激励费用合同存在的风险是，可能超过价格上限，导致卖方必须支付超出价格上限的所有成本。在这种情况下，就出现了次生风险：在不包含任何费用的情况下，可报销成本就超过了价格上限，导致卖方亏本。

　　这种合同存在的所有风险都取决于合同规定的分担（分享）比例。在总价加激励费用合同中，有具体的条款将分担比例指定为 75/25、60/40 或 50/50。在这些比例中，第一个数字为买方承担的份额，第二个数字为卖方承担的份额。如果总价加激励费用合同规定的分担比例为 75/25，且超支了 10 万美元，那么买方将承担 7.5 万美元。如果节约了 2 万美元成本，那么买方支付的费用将减少 1.5 万美元。

4. 成本加激励费用合同

　　顾名思义，成本加激励费用（cost-plus incentive fee，CPIF）合同覆盖了所有可列支成本，这降低了卖方的风险，因为没有价格上限。这种合同催生的次生风险是，卖方不再有成本控制压力，进而对成本漫不经心，且愿意接受原本无法接受的财务风险。

　　与总价加激励费用合同一样，成本加激励费用合同也规定了分享比例，但由于没有价格上限，买方承担的超额成本风险比总价加激励费用合同大得多。

5. 成本加奖励费用合同

　　成本加奖励费用（cost-plus award fee，CPAF）合同类似于其他所有成本补偿合同：可列支成本由买方承担。这种合同降低了卖方风险，因为其中规定了奖励费用计算方案。这种合同激励卖方努力去满足合同规定的标准，以获得奖励费用。这些标准可能是主观的，也可能是客观的，还可能是部分主观、部分客观的。

　　这种合同存在的次生风险通常取决于前述标准。对于客观标准，不管拟订得多详细，都需要做出解读，以确定卖方可否获得奖励费用。管理学大师彼得·德鲁克说过，只有被度量的指标才能被管理，虽然度量和管理的指标可能毫无意义。合同类型选择（主要的风险应对）带来的次生风险在于，团队成员、项目管理人员乃至客户可能深陷无价值的分析，无谓地增加成本和懊恼。主观标准的解释权通常掌握在买方手里，这增加了卖方的次生风险，因为是否满足了这些标准完全由买方做出判断。

6. 成本加固定费用合同

　　成本加固定费用（cost-plus fixed fee，CPFF）合同降低了卖方面临的风险，因为对卖方来说，不仅所有成本都得到了覆盖，而且在工作完成后还能得到一笔固定的费用。这种合同的次生风险类似于其他所有成本补偿合同：卖方不再有成本控制压力，进而对成本漫不经心，且愿意接受原本无法接受的财务风险。

　　在这种合同环境下，成本控制激励没有前面讨论的其他合同那么高，因为费用是固定的，只要项目完成了，就可全额获得。对卖方来说，这种合同好处多多。

7. 工料合同

前面讨论的所有合同类型都涉及实际的可列支成本，但工料 (time and material, T&M) 合同不是这样的。在 T&M 合同环境下，卖方面临的风险更大，因为它们需要支付的不是实际成本，而是人工成本和材料成本。

修理汽车时，通常签订的就是工料合同。在"成本加"合同环境下，买方支付的是技工的实际成本（薪水加管理费，再加其他费用）。在 T&M 合同环境下，技工有等级（如一级技工、七级技工），指出了实施特定修理工作所需的技能水平。如果 Pat 为一级技工，其满负荷工资率为 80 美元/小时，且签订的是成本补偿合同，那么 Pat 每工作 1 小时，就需给卖方补偿 80 美元。在同样的场景中，如果签订的是工料合同，费率表上列出的一级技工价格可能是 100 美元/小时，因此 Pat 每工作 1 小时，就将向买方收取 100 美元。

T&M 合同存在的次生风险很多。Pat 可能是世上最好的技工，这将带来一个机会型风险：买方得到的服务可谓物美价廉。相反，Pat 也可能是个"棒槌"，连安装灯泡都不会，这将带来一个威胁型风险：买方得到的服务低于标准。在 T&M 合同中，买方面临一个巨大的风险，那就是在项目中途可能新增工作，此时买方不得不按费率表的规定支付完成这种工作所需人员的费用。

在这种合同环境下，卖方面临的次生风险是，买方随时都可能叫停项目，只支付已完成的工作对应的费用。卖方可能认为买方绝不会这样做，但如果成本足够高，买方完全可能这样做，因为这既合乎逻辑，也完全合法。

8. 成本加成本百分比合同

成本加成本百分比 (cost-plus percentage of cost, CPPC) 合同对卖方太有利，美国联邦政府机构都不被允许签订这样的合同。美国联邦政府机构为何不签订这种合同呢？主要是因为相关的次生风险。在成本加成本百分比合同中，卖方的所有可列支成本都被覆盖。除成本外，卖方还将获得一笔额外费用，该费用取决于开支情况。如果合同的目标成本为 100 万美元，而费用比例为 10%，合同的最终目标价格将为 110 万美元。鉴于这是一种"成本加"合同，如果合同规定的可列支成本飙升到 400 万美元，买方支付的最终实际价格将为 440 万美元。这种合同的次生风险是，对卖方根本没有成本控制激励，这可能导致成本严重超支。这种合同给买方带来的总体风险是最高的，而给卖方带来的风险是最低的。

9. 合同类型小结

所有的合同类型选择都是风险应对：将风险从一方转到另一方，让买方和卖方承受独特的压力。就考试而言，知道如下两点很重要：不同合同类型对应的相对风险水平（哪种合同给买方或卖方带来的风险更大）；不同合同类型催生的次生风险的性质。

表 17-2 概述了合同类型及其让买方和买方面临的相对风险水平。

　　表 17-2　　　　　　　　　　合同类型和相对风险水平

合同类型	合同性质	风险水平
固定总价合同	一次性为定义明确的工作类型支付费用	卖方面临的风险最高，卖方面临的风险最低
总价加经济调整合同	一次性为定义明确的工作类型支付费用，并将一个风险要素转移给买方	卖方面临的风险高，买方面临的风险低（只有经济调整）
总价加激励费用合同	买方和卖方按合同约定的分担（分享）比例共同承担（分享）成本超支（成本节约）；卖方由不得超过的价格上限提供保护	卖方面临的风险较高，因为超过总假设点的成本部分由卖方全部承担；买方面临的风险适中，因为需要分担（分享）成本超支（成本节约）
成本加激励费用合同	买方和卖方按合同约定的分担（分享）比例共同承担（分享）成本超支（成本节约）；买方同意承担所有的可列支成本	买方面临的风险较高，因为需要承担所有的可列支成本；卖方面临的风险适中，因为需要分担（分享）成本超支（成本节约）
成本加奖励费用合同	买方承担所有的可列支成本，并根据卖方绩效相比于预定标准的情况支付一笔费用	买方面临的风险较高，因为需要支付所有可列支成本；卖方面临的风险适中，因为必须想办法达到预定的绩效标准
成本加固定费用合同	买方支付所有的可列支成本，并按合同规定支付一笔固定的费用	买方面临的风险高，因为需要支付所有可列支的成本以及一笔固定费用；卖方面临的风险低，因为只需追踪可列支成本
工料合同	买方支付合同规定的劳动力成本以及所有的材料成本；成本基于预定的费率表，而不是实际的可列支成本	买方面临的风险高，因为需要支付所有成本；卖方面临的风险低，因为劳动力费率和材料成本是它们预定的
成本加成本百分比合同	买方支付所有的可列支成本和一笔费用，其中后者是将可列支成本乘以一个规定的百分比值得到的	买方面临的风险极高，因为需要支付的费用取决于可列支成本，而不管它有多高；卖方面临的是低风险、高机会，因为开支越多，最终将得到的额外费用越高

17.4　末期风险报告

　　自满是项目完工的天敌，在风险管理方面尤其如此。风险报告流程贯穿项目始终，每当规划变更、变更发生时，都需要审核并可能更新风险报告、风险登记册和风险管理计划，另外，这些工作还需定期进行。这三种情况下的报告并非互斥的，因此有些风险报告看起来几乎是多余的，但这些报告中的任何一个都不能跳过。

　　接近项目尾声时，最常见的重大变化是风险登记册中的风险状态，这是因为风险状态信息非常详细。最重要的风险状态变化是与权变措施相关的信息，因为权变措施完全是计划外的。权变措施是在风险发生后实施的，因此与其说它们是风险管理，不如说是问题管理。

17.4.1　风险登记册的更新

　　风险登记册可能随时间的流逝而更新，其他引发风险登记册更新的原因包括环境变化、风险事件的性质发生了变化或应对本身发生了变化。对于风险登记册中的每个内容项，都应跟踪对其所做的编辑，因为所做的修改和修改时间可能有助于组织建立风险历史。风险登记册的每个内容项都可能随时间的流逝而变化。

- **风险事件：** 对风险的描述方式可能因对风险的认识更清晰或风险词库发生变化而变化。

- **可能性：** 在项目的整个生命周期内，风险事件发生的可能性会逐渐降低（在最糟糕的情况下，可能保持不变），因为它在越来越长的时间内未发生。

- **影响：** 在项目的整个生命周期内，风险事件的影响会越来越大，因为越接近项目尾声，可供用来解决重大风险的时间越少。

- **紧迫性：** 紧迫性可能随时间流逝或风险文化的变化而变化。

- **密切度：** 管理层的关注度可能随公司对项目和风险的应对策略的变化而变化。

- **邻近性：** 如果项目位置发生变化，风险的邻近性也可能发生变化。

- **潜伏性：** 潜伏性可能随可监测性的变化而变化。

- **可管理性/可控性：** 在有些环境中，管理人员会成长和更换，而可管理性/可控性会随着人员的变更或人员成长而变化。

- **连通性：** 接近项目尾声时，风险之间的联系和相互影响通常会降低，因为项目即将完工时，可能发生变化的项目部分更少了。

- **可监测性：** 工具、意识和时间流逝都可能影响风险的可见性和可监测性。

- **战略影响：** 组织战略发生变化时，风险的战略影响也会随之而变。

- **整体风险：** 随着识别的各个风险发生变化，整体风险也会随之而变。

- **优先级：** 风险的这个方面会随时间的流逝而变。优先级与整体风险相关，可能随风险管理计划中记录的考量因素和容许限度的变化而变化。

- **风险责任人：** 项目团队成员发生变化时，需要更新风险责任人的姓名和联系信息。

- **影响的方面：** 在当今的企业环境中，部门增设和裁撤很是频繁，因此更新影响的方面非常重要。

- **上报：** 风险、组织和负责人发生变化后，必须更新将最终接管风险的更高层人员。

- **应对策略类型：** 在项目末期，对于最初采取"接受"策略的风险，需要进行重新确认，因为无为而治并不意味着最初没有考虑该如何做，也不意味着以后都不用再考虑。

- **应对策略描述：** 对于那些已发生的风险，需要更新其应对策略的表达方式。

- **实施进度：** 这与时间的流逝直接相关。

- **实施审核：** 本书前面讨论过，每当规划变更、变更发生时，都需要进行审核，另外，还需定期审核。随着项目越来越接近尾声，日历上余下的审核次数将越来越少。

- 关闭条件：理想情况下，关闭条件应该不变，但接近项目尾声时可能会变。
- 跟进：必须更新它，指出下次风险审核将在什么时候进行。
- 结果：在项目末期，对于最初采取"接受"策略的风险，需要进行重新确认，因为无为而治并不意味着最初没有考虑该如何做，也不意味着以后都不用再考虑。"没有变化"和"没有结果"是两码事。
- 存档位置：如果组织和系统管理员将数据迁移到了不同的"云"或内部服务器，需要在项目末期报告中指出风险数据（包括过去的和现在的）的存储位置。

17.4.2　权变措施报告

计划外的应对可能带来意外结果——正面的或负面的。在任何项目中，权变措施都是个意外礼包，因为缺乏计划可能让项目经理、团队成员和客户表现出最好的一面，也可能让他们表现出最糟的一面。在体育运动中，一些最初作为应对错误的权变措施，在后来的比赛中成了标准做法。在酿酒行业，起泡酒就是因酿酒师不小心在葡萄酒还未发酵完成就装罐而被发明出来。酿酒师将这种情况记录下来后，酿酒行业增添了一个全新的维度。

好事起源于详尽记录的插曲。权变措施记录得越详细，组织就越有机会在未来的项目中利用它们。

17.5　复习题

1. 你正召开项目末期回顾会议，旨在确定哪些风险应对策略效果很好，哪些效果不佳。你在项目中期采取的一种风险应对策略是，聘请一位外部顾问，以弥补团队缺失的与食品和药物管理局（FDA）打交道所需的专业知识。这名顾问名叫纪尧姆，完美无瑕地处理了与FDA 相关的所有风险，因为你的项目看起来将顺利地获得批准。然而，纪尧姆激怒了项目团队的很多成员，将他们都逼疯到了这样的程度：要不是你干预，他们都准备辞职走人。你根本就未曾想到，一个顾问竟然能够带来这么多麻烦。请问这是一个什么策略？

   A. 一个成功的减轻策略，有预期结果，也有非预期结果。
   B. 一个成功的接受策略，有预期结果，也有非预期结果。
   C. 一个成功的转移策略，有预期结果，也有非预期结果。
   D. 一个不成功的减轻策略。
   E. 一个不成功的转移策略。

2. 下面哪一项最准确地描述了次生风险和残余风险？

   A. 残余风险是风险应对催生的风险，可能在项目接近尾声时更普遍；次生风险是风险解决策略实施后项目或组织依然需要承担的风险。

   B. 次生风险是风险应对催生的风险，可能在项目接近尾声时更普遍；残余风险是风险解决策略实施后项目或组织依然需要承担的风险。

   C. 大体上说，这两个术语是同义词，都指的是风险应对催生的风险，可能在项目接近尾声时更普遍。

   D. 大体上说，这两个术语是同义词，都指的是风险解决策略实施后项目或组织依然需要承担的风险。

   E. 它们呈现风险的积极（机会）一面，营造出将风险好的一面作为主要考量的环境。

3. 贵公司在美国各地销售商品。由于要与运货商签订合同，你密切关注主要高速公路的过路费。在与运货商的合同关系中，你是买方，且想要尽可能降低风险。但运货商不愿让步，它们想要签订这样的合同：由你（买方）承担与过路费相关的风险，而过路费看起来几乎每周都在上涨。运货商想要签订工料合同或"成本加"合同，但你知道这些类型的合同可能导致长期超支。为满足所有这些需求，你应推荐哪种类型的合同？

   A. 固定总价合同。

   B. 总价加经济调整合同。

   C. 总价加激励费用合同。

   D. 成本加激励费用合同。

   E. 成本加奖励费用合同。

4. 贵公司有一些全球最出色的谈判专家，他们说服客户接受了一个成本加成本百分比合同，其中规定的百分比为 5%。你最初的目标成本是 1 000 万美元，但进展不顺利，项目的可列支成本飙升到了 2 000 万美元。如果这是最终的成本，请问你作为买方最终要支付的价格是多少？

   A. 1 000 万美元。

   B. 1 050 万美元。

   C. 2 000 万美元。

   D. 2 050 万美元。

   E. 2 100 万美元。

5. 下面哪两种说法是正确的？

   A. 工料合同降低了卖方的成本风险，因为所有可列支成本都被覆盖了。

   B. "成本加"（或成本补偿）合同降低了卖方的成本风险，因为所有可列支成本都被覆盖了。

   C. 在固定总价合同中，卖方的管理负担比其他任何合同都低。

   D. 在固定总价合同中，买方的管理负担比其他任何合同都高。

   E. 合同类型对总体项目风险的影响很小甚至没有。

6. 你负责的项目进展顺利，到目前为止，发生的所有风险看起来都是完全可控的。作为项目经理，虽然任务依然艰巨，但你还是很高兴地发现已识别的风险几乎都不会发生。项目余下的时间已经是以天（而不是以月）计了，项目发起人已要求你进行更新，请问你将如何跟她说？

A. 你将继续定期地更新风险报告和风险登记册。

B. 如果有什么变化，你将继续更新风险报告和风险登记册。

C. 你将停止发布风险报告，但将在可预见的未来维护风险登记册。

D. 你将继续定期地更新风险报告和风险登记册，并在有什么变化时也这样做。

E. 你将在有风险发生时更新风险报告和风险登记册。

7. 你的一位团队成员雅克以能够创造奇迹著称，有人这样评价他：他能够从危险中全身而退。当前，你正需要创造奇迹。一个你没能识别的风险是，客户竟然会被并购，而接管它的公司以喜欢解雇第三方顾问著称。贵公司正是一家第三方顾问公司，而客户的新东家已致电邀请你参加会议。你与客户签订的合同还有 3 年才到期，但新东家可能自行承担顾问工作，这将让你的生活极度艰难，并给贵公司带来损失。雅克建议你去参加会议，但不做出任何新的承诺，并坚持按原来的合同，然后开始完全按合同开展工作，而不力图去与新东家搞好关系。这与你同客户打交道的方式完全相反，因为你喜欢通过给客户一点额外的好处来赢得它们的心。你从未想到自己会处于需要改变领导风格的处境，但这样的事情就是发生了。如果你决定采纳雅克提出的策略，那么是在做什么？

A. 降低客户让你生活艰难的可能性。

B. 减小客户让你生活艰难带来的影响。

C. 实施一种应对新环境的权变措施。

D. 接受这样的风险，即客户的要求可能逐渐消耗预算。

E. 听从领域专家的建议，因为雅克显然具备并购方面的专业知识。

本章涵盖如下主题：

- 风险报告；
- 相关文件的更新；
- 项目级风险的更新；
- 组织级风险的更新。

分享风险信息

信息分享是项目管理和风险管理的支柱。PMI®强调如下理念：在项目环境中，信息必须公开而自由地分享。虽然这种理念与很多组织的看法——知识就是力量——背道而驰，但有一点是毫无疑问的，那就是对那些负责处理风险影响和管理风险应对的人来说，风险管理的任何方面都必须是完全透明的。

在组织的各个层级（从风险责任人到项目发起人，再到高管），都需要广泛地分享信息。第 17 章讨论过，强生公司就如下方面定下了基调：该如何分享风险信息；如何通过分享风险信息，将威胁变成机会。

必须指出的一点是，风险信息并非总是在其标题中包含"风险"一词。很多项目文件（从待办事项列表到进度，再到团队名册和合同）都可能给项目带来风险，因为它们提供的信息存在不确定性。另外，虽然项目风险文件是需要考虑的一个方面，但那些管理风险的人还需考虑另一个方面，即如何提供有关如下方面的信息：项目风险可能给组织带来什么样的影响；组织风险可能给项目带来什么样的影响。

本章讨论风险信息报告和分享，涵盖《PMI-RMP®考试内容大纲》中的如下目标：

领域	任务	考试目标
监督和关闭风险	任务 3	提供更新相关项目文件所需的信息
监督和关闭风险	任务 4	监督项目风险级别

18.1 "我知道了吗"小测验

"我知道了吗"小测验让你能够做出评估，确定是否需要详细阅读本章。对于这些测验题，如果对其答案或其涉及的知识没有把握，请详细阅读本章。表 18-1 列出了本章的各节及其对应的测验题。要获悉这些测验题的答案，请参阅附录 A。

表 18-1   "我知道了吗"测验题对应的章节

章节	小测验题
18.2	1~2
18.3	3~4
18.4	5~6
18.5	7~8

> **警告**：小测验旨在评估你对本章主题的掌握情况，为此请将不知道答案或拿不准视为回答错误。如果将猜对答案视为回答正确，将扭曲自我评估结果，带来虚假的安全感。

1. 在你负责的项目中，需要编制大量的文件：项目管理办公室每月提交一份有关项目活动的报告；客户要求每两周以演示文稿的方式提供一份简报；上司希望收到"周五报告"；需要定期向各个实施场点的团队成员发送有关项目进展情况的电子邮件。下面哪种说法是正确的？
   A. 每个文件都反映了项目面临的风险。
   B. 所有文件都必须发送给所有相关方，确保大家对项目的看法一致。
   C. 可根据提交频率确定文件的优先级。
   D. 最好在提交频率高的文件中报告风险状况。
   E. 文件编制属于行政性工作（内部文件尤其如此），它们不会带来增加项目成本的风险。

2. 你需要汇总和更新项目风险数据，而收集和整理文件需要时间与精力。请问这种汇总和更新工作将影响下面哪两个相关的项目文件？（有两个答案）
   A. 经验教训和风险登记册。
   B. 项目管理计划和变更日志。
   C. 公司使命和愿景说明。
   D. 组织道德政策。
   E. 合同用语。

3. 你负责的敏捷项目遇到了麻烦：项目虽然灵活，但客户必须为每项新工作和新用户故事支付费用，这一点客户好像无法理解。在这个项目的早期，有人跟客户说，在适应性环境中，变更是"自由且受欢迎的"，但客户以为这意味着"变更是免费的"。为应对客户可能继续这样认为的这种风险，你编写了一个小册子，名为"敏捷：灵活是要付出代价的"。你给客户和产品负责人都发送了一份，他们都承认其中说的都是常识。敏捷社区和贵公司内部对这个小册子的评价极高。鉴于它是针对当前项目编写的，请问在项目向前推进的过程中，你该如何处理这个文件？
   A. 给该项目涉及的每个相关方都发送一份。
   B. 将其交给项目管理办公室，同时提供有关如何使用它来获得更大成功的说明。
   C. 留在项目内，供团队成员用来处理未来可能发生的类似情况。
   D. 将其作为签订敏捷项目前的必读读物。
   E. 将这些洞见转换为经验教训，仅供团队成员参考。

4. 在你负责的项目中，有下面 6 个必不可少的文件：
   ■ 风险管理计划；
   ■ 进度管理计划；

- 沟通管理计划；
- 成本管理计划；
- 合同；
- 相关方参与计划。

每个项目都必须有这些文件，但其中有一个文件在项目向前推进的过程中应对发生的风险后无须更新，请问是哪个？

A. 风险管理计划。

B. 合同。

C. 成本管理计划。

D. 沟通管理计划。

E. 风险发生后，必须更新所有这些文件。

5. 贵公司换了领导，新来的领导看起来比以前的领导更愿意冒险得多。在一次公司全员大会上，新来的 CEO 指出："大胆地去犯错吧，但不要犯以前犯过的错误，而要犯新的错误。"你想要让新来的领导知道，你在自己的项目中就是这样做的：虽然出现了各种挑战，且偶尔需要为此付出代价，但风险范围缩小了，你对项目能够按时完成的信心也增大了。新领导属于视觉导向型的，请问对于你认为需要分享的信息，使用哪种风险文件来分享最合适？

A. 项目早期的风险报告和当前的项目风险报告。

B. 项目早期的蒙特卡洛概率分布图和当前的蒙特卡洛概率分布图。

C. 项目早期的风险登记册和当前的风险登记册。

D. 项目早期的挣值数据和当前的挣值数据。

E. 在面对面会议上为项目当前的状况辩护。

6. 你负责的项目位于俄亥俄州哥伦布市，其风险登记册充斥着"雪"字。从屋顶坍塌到团队成员受困，影响看起来没有尽头。3 月初，第一次季节性融雪如期而至；现在已经是 5 月份，随着夏季的来临，雪消失了，项目本身也已接近尾声。你翻阅着风险登记册，很多与那种蓬松的白色粉末相关的风险已经没有实际意义。请问你该如何更新项目风险？

A. 没有必要更新，因为风险大都消失了。

B. 将与大雪相关的风险从风险登记册中删除。

C. 对于风险登记册中与大雪相关的风险，减小其可能性。

D. 将与大雪相关的风险标记为"已关闭"。

E. 对于风险登记册中与大雪相关的风险，减小其影响。

7. 项目开始时，项目办公室给你提供了一个风险核对单。每个项目经理都必须在项目开始时跟踪并报告该核对单指定的预防措施的执行情况，在通常情况下，这个核对单的作用就到此结束了。项目接近尾声时，你又检查了一遍这个核对单，虽然公司并没有要求这样做。你发现在这个核对单中，有 4 项已经完全不适用了：由于全球文化的变化，这 4 项要求已经没有实际意义，不仅对你来说如此，对任何人来说都如此。鉴于项目办公室不喜欢修改其标准模板，如果你提出修改建议，修改模板并敦促大家都做相应更新的任务就可能落到你头上。请问你该如何办呢？

A. 将情况报告给项目办公室，并指出你会替他们更新。

B. 将情况报告给项目办公室，让他们决定如何处理。

C. 修改这个核对单，仅供自己使用。

D. 修改这个核对单，并移交给项目办公室以供他们使用。

E. 这不在你负责的项目范围内，因此什么都不做。

8. 贵公司名为 The Quarter，其业务为建造国内或国际著名纪念碑、建筑和地标的微缩景观，缩放比例为 1∶4。成功地在镜湖（Mirror Lake）上建造金门大桥微缩景观后，公司现正在弗吉尼亚州森特维尔市外建造巨石阵，以方便美国人获得德鲁伊人的体验。虽然这个项目已接近尾声，但你担心最新针对国家公园和保护区的联邦行动可能将项目关闭。公司的大多数项目都坐落在其他重要的历史遗迹附近，这可能带来组织级风险。你正为结束巨石阵的建造工作而忙得不可开交，这可能带来一个重大的机会：在加拿大萨斯喀彻温省的雷吉娜建造埃菲尔铁塔。你知道，在加拿大，没有美国这样的联邦监管，因此埃菲尔铁塔建造项目不存在前述担忧。然而，当前的巨石阵建造项目对整个组织都有影响，请问你接下来该如何做？

A. 更新风险管理计划，以反映对联邦干预的担忧。

B. 告诉项目办公室，这种风险可能危及其他正在实施的项目。

C. 告诉项目团队，这个项目岌岌可危。

D. 询问联邦监管机构，确定这个 1∶4 巨石阵微缩景观能否顺利完工。

E. 将这个风险从风险登记册中删除。

18.2 风险报告

 这个主题会在风险管理过程中反复出现，因为报告工作是与项目活动同时完成的。下面是编制风险报告的时机：

- 规划变更时编制。
- 变更发生时编制。
- 定期编制。

在风险环境中，数据收集是项颇具挑战性的工作，因为很多相关方都不愿意分享有关项目的负面信息。在任何情况下，报告都是风险经理的一项重要职责，而要编制报告，就必须收集数据。

报告风险的方法有很多，因此有大量的数据集需要收集。在很多项目中，风险数据都很简单：项目要么成功了，要么失败了。对有些报告来说，详细程度决定了数据（包括定性数据和定量数据）收集的性质。另外，风险报告的性质还因采用的是适应性

（敏捷）项目管理方法还是更传统的预测性项目管理方法而异。

18.2.1　定性数据收集和报告：预测型

　　在项目生命周期内，收集的大部分风险数据都是定性的。这些数据是轶事型的，相对于其他风险或组织规范的。对于这种风险信息，首先需要确认其性质，即确定它是定性的，而不是定量的。定量信息收集的缺点在于，数据的质量很大限度上取决于数据源。数据源通常是团队成员或风险责任人，而这些人在如下方面的技能水平参差不齐：该如何报告风险状态；在风险登记册中需要更新哪些定量信息。

　　风险登记册和风险管理计划是规范定量数据收集的工具，其中风险管理计划提供了框架和定量术语词库，而风险登记册规定了数据格式，并提供了数据记录位置。

　　报告定性信息时，如果有现成的风险自然群组或风险类别可用，数据解读起来将容易得多。要生成自然群组，一个理想的工具是亲和图（这在第 7 章中讨论过）。如果没有预定的风险类别，可通过根本原因分析（也在第 7 章中讨论过）来帮助确定风险源。

18.2.2　定性数据收集和报告：适应型

　　在适应性环境（尤其是敏捷环境）中，定性数据通常反映在为实施风险应对而增加的工作中。在风险调整后待办事项列表（Risk-adjusted Backlog）中，应同时反映原始待办事项列表以及与应对工作相关联的新用户故事。应对工作放在独立的用户故事中，而不作为风险登记册的一部分。这种工作的劳动力投入量反映在故事点数中（故事点数越多，需要投入的劳动越多），并最终添加到待办事项列表中。这种用户故事最初放在产品待办事项列表中，并由产品负责人确定风险是否足够临近，进而有必要将其包含在冲刺待办事项列表中。用户故事被添加到（产品或冲刺）待办事项列表中后，就应在数据收集和报告时将其纳入考虑范围。

　　收集定性数据时，概念验证思维也可提供帮助。在适应性环境中，会有意识地触发某些风险，这样做旨在观察它们可能有多严重。可能在实际环境中对新平台或新方法进行测试，为的是查看风险是否超出了项目能够或应该承受的范围，或者查看是否有办法降低风险在未来的不确定性。这些测试被称为基于风险的探测。虽然使用基于风险的探测好像有悖于直觉，但如果被测试的方法极具威胁，这种探测可让项目团队早失败、快失败。在风险-回报考量中，这还可能带来机会，因为基于风险的探测可能带来早成功（或其他任何成功）。

18.2.3　定量数据收集和报告：预测型

关键主题　　有些行业与数字生死与共。例如，石油化学公司大量使用蒙特卡洛和其他定量分析工具来判断对特定机会进行探索是否是合适的选择。为此，它们使用大量历史数据来进行比较，进而做出风险决策。在蒙特卡洛分析中，需要收集有关如下方面的数据：可能性范围、该范围内潜在结果的分布情况以及需要执行的模拟次数。例如，在传统蒙特卡洛分析中，需要进行很多次模拟，其中的原因之一是需要确定多个随机数据样本的标准差。由于样本是随机的，它们可能在模拟中重复出现，因此需要执行的模拟次数更多。如果项目团队使用的是称为拉丁超立方的改进蒙特卡洛方法，需要执行的模拟次数就更少，因为这种几乎随机的分析避免了重复的模拟，这在第 12 章中讨论过。换而言之，传统蒙特卡洛分析可能生成类似于 A-B-A-C-F-G-J-K-F 这样的结果，而拉丁超立方生成的结果类似于 A-B-C-F-G-J-K 这样。

　　总之，木匠的技艺取决于他们使用的工具。为进行定性分析而收集数据时，需要考虑数据的质量、一致性和可用性。

18.2.4　定量数据收集和报告：适应型

关键主题　　在适应性环境中以定量方式跟踪成果时，使用的经典工具之一是燃尽图。传统的燃尽图显示余下的用户故事数或故事点数，从而以图形方式展示工作进展情况。在以风险为导向的环境中，转而使用风险燃尽图（或风险调整燃尽图）。要为绘制燃尽图而收集数据，只需获悉在不同时点余下的用户故事数或故事点数，如图 18-1 所示。

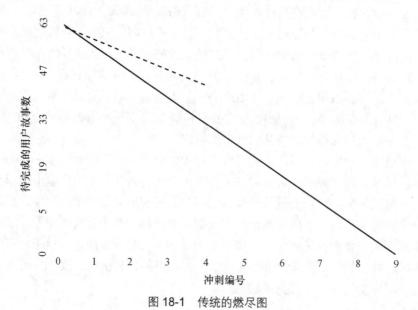

图 18-1　传统的燃尽图

　　要绘制风险调整后燃尽图，需要将风险应对作为用户故事加入产品或冲刺待办事项列表。这意味着这些额外的工作需要在燃尽图中反映出来，如图 18-2 中的弯曲线条所示。

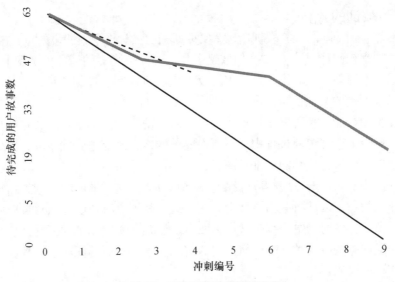

图 18-2 风险调整后敏捷燃尽图

余下的用户故事数或故事点数是一项重要的定量数据,可确保提供给团队和管理层的报告是一致的。

18.3 相关文件的更新

 在项目接近尾声时,需要更新一些风险文件,但并非所有这些文件的名称中都包含"风险"一词。项目风险发生后,必须更新管理计划、经验教训和变更日志(这里只列出了需要更新的几个),使其与当前的实际情况保持一致。

18.3.1 管理计划的更新

管理计划是一系列分类管理计划,包括风险管理计划、成本管理计划、进度管理计划、相关方参与计划、采购管理计划、质量管理计划、沟通管理计划、资源管理计划、范围管理计划以及项目经理选择的其他管理计划。它们有一个共同之处,那就是都是管理计划。

管理计划常常被误认为是有关如何执行工作的计划,实际上,它们是有关如何对工作进行管理的计划。随着时间流逝和风险发生变化,管理方法也可能随之变化。如果范围变化足够大,导致项目从小型的变成超大型的,管理项目的方式可能必须随之而变。如果在项目生命周期内,组织经过了多次改组,风险管理计划和资源管理计划很可能也需要调整,以反映最新的情况。

18.3.2　经验教训的更新

显然，获得新的经验教训后，需要更新经验教训。令人悲哀的是，在很多组织中，经验教训都被翻译成这样："我们做错了什么？如果同样的情况再次发生，我们如何全身而退？"更新经验教训时，不仅要反映出项目期间逃过的威胁，还要反映出自上次更新以来发现的行业诀窍。

经验教训的更新可以是积极的，也可以是消极的，但重点应放在项目生命周期内发现的机会上。在更新过程中，不要用简单的格言来描述经验教训，而要提供有关如何让这些经验取得成功的详细指南。

"好好地对客户，这样客户就会好好地对你。"这样的经验教训很糟糕，其中没有任何详细信息，因此没有指导意义。这条经验教训没有说明怎么对客户好、对哪个客户好以及这样做时会给组织带来什么回报。更新经验教训时，必须提供前述所有信息，还必须提供有关经验教训是如何得到的信息。对于前面的简单经验教训，可转换为如下更详细的说明：

客户代表特德喜欢面对面交流，并将此视为良好关系的基础。为与特德建立更好的关系，请将定期的面对面交流作为沟通计划的一部分，因为他将此视为一种积极姿态。经过两三次会面后，特德就有望更愿意以协商的方式解读合同条款，并有望在以后更愿意与你分享风险信息。

请注意，编写包含完整数据集的经验教训一事需要投入更多的时间和精力，但如此详尽的信息让经验教训更有可操作性，因为它详细、清楚地说明了如何从经验教训中获益。

18.3.3　变更日志的更新

变更日志与经验教训密切相关，因为变更日志提供了项目的历史记录。如果在项目生命周期内都不断更新变更日志，并严格遵守了项目变更控制过程，就很容易获悉项目的历史。如果时断时续地更新变更日志，这项工作将变得单调乏味；但如果能够持续不断地实时更新它，你将发现每次需要做的实际工作其实很少。

更新变更日志时，需要收集的数据量取决于更新频率，但信息的价值与此无关。只要有这样的变更日志，即包含已做的所有变更（计划内和计划外的）以及已提出但被拒绝的所有变更，便可提供丰富的项目历史。

18.4　项目级风险的更新

情况怎么样？这是一个普通得不能再普通的问题，但有很多种不同的回答。从项目级风险的角度看，这个问题更像是调查，旨在了解项目进展情况如何、还有哪些风险以及成功实现项目目标的可能性有多大。这三个方面的答案都可能是正面的，也可能是负面的，但每个都提供了观察关键项目信息的不同视角。

18.4.1　项目进展情况如何？

实施项目级风险更新时，这个方面涵盖了已发生的风险（问题），还有从未发生的风险。在 2000 年过后对软件行业所做的事后评估中，很多软件行业人员持赞扬态度，声称他们所做的努力避免了"千年虫"（Y2K bug）。有些读者可能不知道，受制于存储空间，大多数早期软件程序都将年份表示为 ××，而不是 19××。这样做可在程序和数据库中节省两个字符，以便能够存储更多的信息。随着 2000 年的日益临近，大家突然认识到，在必须按顺序排列日期的程序中，两位的年份将带来巨大的破坏。

有些分析师声称，"千年虫"问题被过度渲染了，因为错误的日期排序导致计算机崩溃这样的风险根本就没有发生。然而，软件从业人员声称，实际上是他们所做的努力减轻了这种风险：他们编写了新代码和修复既有代码的程序，让"千年虫"问题没能比实际发生的情况更严重。只有很少的人认为"千年虫"这种风险根本没有发生，大多数人都认为 1999 年年底所做的努力成功地减轻了这种风险。

这个示例回答了问题"项目进展情况如何？"。对于是否有必要投入那么多来应对"千年虫"问题，存在不同的看法，但最终结果很好地回应了这种疑问。

18.4.2　还有哪些风险？

无论是什么项目，都始终面临某些风险，即便在项目完工后，风险也不会消失殆尽。无论是否在项目末期和中期进行了项目级审核，对于"还有哪些风险？"这个问题，答案都包括残余风险以及到项目接近尾声时才会发生的风险。在任何项目中，都有剩余风险，它们表现为某种类型的残余风险。虽然越接近项目尾声，这种风险发生的可能性越低，但带来的影响可能依然很大。

项目级风险的更新既要反映好的一面，也要反映坏的一面。坏的一面通常是这样的：虽然已接近项目尾声，但依然存在大量风险。项目接近尾声时，项目负责人和产品负责人都会认为最糟糕的时候已经过去，在这个美好时刻，很难去接受坏消息。

更新可能带来坏消息的风险时，需要强化其核心要素。虽然影响可能是灾难性的，但积极的一面是发生的可能性降低了。更新风险时，还可认可（甚至赞扬）风险责任人为管理风险做出的努力（不管风险是否发生了）。通过给予风险责任人应有的尊重或认可，可提高他们在项目余下的时间内继续做好本职工作的可能性。

至于好消息方面，在项目向前推进或接近尾声时，千万不要忽视机会。机会并非都是财务方面的；在经受项目考验的过程中形成的良好关系提供了获得新合同的机会；组织形象的改善也是机会；过程改进提供了另一个机会，可能让项目能够在未来表现良好。

18.4.3　成功的可能性有多大？

成功的可能性与结果相关，在典型的项目管理中，结果包括时间、成本和需求方面，其中最重要的是需求方面。蒙特卡洛分析可定量地预测各种时间和成本结果发生的可能性，但需求结果预测更具挑战性。在项目末期报告风险时，这种问题应该已经解决。这是通过贯穿项目生命周期的风险应对解决的。在敏捷环境中，风险应对是以组织有序的方式实施的。

客户可能对需求方面的结果不满意，对于这种风险，主要的减轻策略是定期审核和批准。在敏捷环境中，这是在每个冲刺末尾以演示和回顾会议（即总结经验教训）的方式完成的；在传统的瀑布方法中，这是以定期审核并签名的方式完成的：审核、验收和记录已完成的可交付成果。

如果能定期地这样做，成功的可能性将大幅提高，这是因为编写最新的风险报告时，只需审核时间段，而不是整个项目。虽然这里的重点是项目级风险报告，但由于定期编写了这种报告，因此新报告只需包含编写最后一个报告后新增的内容。

18.5　组织级风险的更新

组织级风险包括如下几种：

- 项目引发的对组织有长期影响的风险；
- 系统生命周期内的风险；
- 项目管理文化风险。

这些风险的性质决定了其影响范围远远大于项目本身。在项目生命周期内，需要定期更新这些风险，但项目结束后，这些风险带来的影响并不会消失。

18.5.1　组织影响风险

组织影响风险分两大类：对相关方有长期影响的风险；对组织的可交付成果和质量有长期影响的风险。这两类风险之间有千丝万缕的联系，但它们的长期影响有天壤之别。个人/相关方风险在很大限度上说根植于个人偏见和感觉，而与可交付成果相关的质量风险在很大限度上根植于可用性和适用性。

1. 个人/相关方风险的更新

个人的态度和偏见可能变化无常，某种经历或文化规范方面的某个变化就可能让昨天还是无所谓的行为变得完全无法接受。一个迎合特定文化群体的项目可能在当前社会环境中完全合理，如果这个文化群体得宠（或失宠），对项目的长期看法可能改变对组织本身的看法。

鉴于不同相关方群体的利益不同，必须对项目进行审视，确定它是否将一个相关方群体面临的风险看得比另一个相关方面临的风险更重要。这种厚此薄彼好像不在项目风险管理范畴之内，但风险管理就意味着以公平的方式管理项目给所有相关方带来的风险。

2. 影响可交付成果的风险（质量风险）

20 世纪 50 年代，"日本制造"就是质量低劣的代名词。经过 W. 爱德华兹·戴明的不懈努力，它终于意味着高得多的质量。从长远来看，任何项目的质量都会影响组织。大多数与质量相关的风险都是由对质量的认知驱动的，如果没有明确的质量衡量指标，组织无论做出多大的努力都可能是徒劳的。

要确定组织是否面临质量认知方面的风险，需要确定衡量成功的标准。打造经典车型 Edsel 之前，福特汽车公司做了大量的市场调查，旨在确定要在这种车型中包含哪些其他车辆没有的元素。因此，Edsel 的特性比以前的车辆更丰富，但价格也更高。当前，Edsel 依然是何为产品灾难的反面典型，导致这种结果的原因并非它未能提供客户所需的所有特性，而是其价格超出了客户的承受能力。价格是衡量质量的标准之一，但开发 Edsel 车型的人却完全忽视了。在将近 3/4 个世纪之后的今天，Edsel 依然是福特公司的负资产。

对风险经理和项目经理来说，按要求提供结果是一码事；展望未来，判断这种结果将在未来给组织带来什么样的影响是另一码事。在项目末期评估风险时，对如下问题做出回答很重要：当前的结果将给组织带来什么样的影响。

18.5.2 系统生命周期风险的更新

有一个项目，任务是在很短的时间内为一家主要的电信公司编写一个全面的案例研究。项目经理被告知："不用管好坏，只要在最后期限之前完成就成。这个案例研究只会用到几次，过后我们就会去忙其他的事情。"项目经理按要求完成了，而这个案例研究在 1993 年投入使用了。2011 年，这个项目经理转行去创业，开开心心去做其他的事情了。也就是在这一年，他接到了一个电话：

"真高兴总算找到你了。这个案例研究是你多年前为一个大型电信公司编写的吗？"他做出了肯定回答。"一堆狗屎！你编写出这样的东西，却没有受到惩罚，真是难以置信。没人会喜欢这个案例研究。"

这个案例研究的编写者根本没有想到，18 年来，那家电信公司一直在使用它。它是在很短的时间内编写的，原本只打算使用几次。

更新组织风险时，项目经理/风险经理需要花时间询问项目可能被如何使用，还有项目成果可能被如何滥用。很多项目都是为满足短期需求而设计的，项目经理应告诉项目成果的使用者，这些可交付成果有预期生命周期，超期使用可能带来存在风险的后果。换而言之，超期使用可交付成果的机会在于，它可能依然很好用，但威胁在于它可能表现不佳甚至造成损害。

意料之外的过度使用是项目结束后可能出现的威胁之一，还有另一种重大威胁，它与环境、技术和组织变化相关。

1. 意料之外的过度使用

除通信公司案例研究项目外，很多其他的项目都深受意料之外的过度使用之害：一个原本只能在本地使用的软件程序可能作为全局应用程序使用；原本只能管理10 000 条记录的数据库可能被用来管理数百万条记录。

由于这些用途的变更很多都是在项目被移交给新所有者后发生的，项目经理和风险经理不太可能直接影响相关的风险。然而，他们完全可以在移交前给予提醒，确保接手的人明白以预期外的方式使用项目成果存在的风险，这是他们的管理职责之一。

例如，前述案例研究的编写者原本应该谨慎地做出说明："这个案例研究是临时性的，仅只能用到 1994 年年底。"这将让未来的用户知道，这个案例研究已过适用期，不再适用了。几乎在所有项目中，都可指定项目成果的审核日期或终止日期，这让项目经理（和组织）能够在一定限度上防范提供过期产品和服务的风险。软件公司通过定期的版本过期来达成这个目的，例如，微软不再支持 Windows 7 和更早的版本，与这些软件相关的风险已于 2020 年 1 月关闭。对于更新的版本，"不再支持"日期也已确定，这是一种项目后组织风险管理措施。

2. 环境/技术/组织变化

项目接近尾声或完成后，环境会发生变化，这包括物理环境、文化环境、技术环境或组织环境。与预防过度使用一样，项目经理明知的选择是，指出项目成果对使用环境的要求以及什么样的情况不可行。

（1）环境变化

药物对储存条件有非常具体的要求，例如，胰岛素包装上指出：使用前必须放在冰箱中，并将冰箱温度调整到 2~8℃；打开后，温度不得超过 30℃。谨慎的风险经理会要求每个胰岛素包装上都包含这种信息，确保打造胰岛素配送系统的项目完工很久后，最终用户依然知道产品要求的储存环境。

在有冰箱的地方，这样的要求完全合理；而在电力供应有限或不稳定的赤道地区，这样的要求几乎是无法满足的。在项目完工前指定环境要求，对确保项目成果能够发挥作用至关重要。

（2）技术变化

本书的大多数读者可能都没有使用过 386 计算机，这是 1985 年推出的一种计算机，装备的是 Intel i386 芯片。在 386 计算机上执行大型蒙特卡洛分析时，需要的算力达到了这种系统的极限；如果要执行包含数十个任务的蒙特卡洛分析，可能需要 24 小时才能计算完毕（作为对比，类似的分析现在只需几秒钟）。当前，如果项目交付的系统需要 24 小时才能完成如此简单的数据集分析，项目将被长期视为笑柄。与环境变化一样，项目经理和风险经理必须有先见之明，能够确定技术变化适用的条件（即避免使用陈旧的系统来应对客户提出的挑战）。

（3）组织变化

第 3 章说过，不同的相关方有不同的容许限度，在项目生命周期内和项目完工后的系统生命周期内都如此。项目成果已交付并不意味着与该成果相关联的风险就不复存在了，相反，它们依然存在，而且不同相关方对这些风险的认知也不同。

要管理这种风险，可在项目交付时明确相关方的容许限度。项目交付后，可能出现新的相关方，而他们的容许限度可能不同，但他们必须明白，项目成果交付时，还未出现这种组织变化。就像在温度高于 30℃ 后胰岛素不再有效一样，针对能够容忍某些软件小毛病的管理人员打造的项目，肯定不能让对质量要求严格得多的管理人员满意。对项目经理/风险经理来说，关键在于尽早确定相关的容许限度，并将其记录在风险管理计划中。这些容许限度发生变化时，项目面临的风险将随之变化；这些容许限度发生变化时，组织面临的风险也将随之变化。

18.5.3　项目管理文化风险的更新

项目管理文化是由组织、PMO 和项目经理规定的。在项目实施期间，项目管理文化风险可能发生变化，其中的原因主要有 3 个：某些能够"逃脱惩罚"的行为；误用风险过程（尤其项目管理办公室的误用）；前面提到的容许限度变化。

1. "逃脱惩罚型"文化风险的更新

在很多项目中，行政职责都被视为不会增加价值的活动，应由其他人负责。在这种项目中，团队成员不愿执行这些活动，因为他们认为这样做是在浪费时间和精力。如果不强行要求执行这些活动，随着时间的流逝，可能面临这些活动根本不会被执行的风险。更新项目、组织和长期成果面临的风险时，很容易忽视或忘记这些风险。

显然，应对这种风险的方法是强制执行。风险经理和项目管理办公室必须强制执行项目环境中的政策和实践，因为这些政策本身通常是为减轻威胁或提高机会而制定的。即便强制执行了这些政策和实践，在项目接近尾声或将项目移交给最终所有者时，也应重新识别这种风险，以强化最佳实践管理。

如果来了一位新的执法人员，他执法严格，绝不姑息在特定路段车速超过 45 英里/小时的违法者，违法者将很快学会遵守法规，即便他们认为这样的严格执法没有必要。

2. 误用风险的更新

风险过程必须保持一致。由项目办公室制定并记录在风险管理计划中的规则旨在保护组织免受随意应用风险过程的影响。在有些情况下，项目经理或项目办公室会自行承担修改过程的职责，他们可能修改风险说明的结构、调整风险登记册模板或重新界定组织容许限度。这些变更都会带来新风险，更糟糕的是，这些变更还可能导致以前的风险应对无效，因为它们将以前的风险过程丢进了历史的垃圾堆。要减少风险过程的误用次数，关键是公开、透明。

每次修改风险过程，却没有通过正式的变更控制流程时，项目经理/风险经理都必须将修改记录在案，找到修改源并确定它是否有效。如果无效，项目经理就需要重新跟踪项目步骤，并在合适的地方恢复到原来的过程。如果这种工作纯粹是行政性的，对项目结果没有任何影响，就应该适时地通告所做的修改，并记录项目恢复到原始方法的日期。

3. 容许限度风险的更新

容许限度并非固定不变，相反，它们随项目而异，随相关方而异，还会随公共话语规范的变化而变化。在"9·11"之前，对于登机的乘客，风险容许限度仅限于不能携带火器和大型刀具。2001 年的恐怖袭击发生后，容许限度发生了变化，需要相应地更新。美国运输安全管理局（transportation safety administration，TSA）实施了更新后的容许限度，乘机时禁止携带的物品清单比以前长得多。TSA 发现液体炸药的潜在威胁后，容许限度再次被修改。

包括项目、组织和文化在内的各个层面的容许限度都可能发生变化。容许限度发生变化后，项目经理和风险经理必须做出相应的反应。

个人、团队、组织、技术和态度发生变更后，风险文化也会随之而变；而风险文化发生变化后，容许限度和风险本身会随之而变。

18.6 复习题

1. 很多行政方面的工作你都没时间去做，但被告知必须按 PMI® 和其他指南的要求提交风险报告。你意识到，报告风险的频率可能会比以前高。在就哪些内容是实用而合理的展开研究时，你逐渐认识到，存在一些清晰的规则，指定了在什么时候必须编制风险报告。请问接下来你将在什么时候编制风险报告？
   A. 每周一次。
   B. 每月一次。
   C. 定期编制，并在规划变更时编制。
   D. 定制编制，并在规划变更及变更发生时编制。
   E. 按沟通管理计划中的规定编制。

2. 你需要收集大量使用术语"高""中""低"表示的定性数据，请问这些术语是在哪里定义的？收集到的数据将放在什么地方？

　　A. 这些术语是在风险管理计划中定义的，收集到的数据将放在风险登记册中。

　　B. 这些术语是在风险管理计划中定义的，收集到的数据也将放在风险管理计划中。

　　C. 这些术语是在风险登记册中定义的，收集到的数据也将放在风险登记册中。

　　D. 这些术语是在风险知识库中定义的，收集到的数据也将放在风险知识库中。

　　E. 这些术语由项目管理办公室定义，收集到的数据也将由项目管理办公室负责存储。

3. 你需要对项目做定量分析，该分析包含数千个任务。你认识到，你将把定量工具的能力发挥到极致，但由于系统的技术容量有限，可能需要几小时乃至几天才能得到最终的分析结果。你需要确保对项目级风险水平的范围有大致了解，请问采用哪种方法来做这种分析最合适？

　　A. 拉丁超立方。

　　B. 预期货币价值。

　　C. 蒙特卡洛。

　　D. 摩纳哥直线。

　　E. 风险登记。

4. 你负责的敏捷项目进展顺利，此时你想调整一项按计划要收集的关键数据的规模，但又担心这可能会带来麻烦。所有人都说不会有事的，但你还是担心这种修改的潜在影响。为确认这样做确实不会有任何影响，最佳的做法是什么？

　　A. 制作风险调整后燃尽图。

　　B. 执行蒙特卡洛分析。

　　C. 不修改这项数据。

　　D. 执行基于风险的探测。

　　E. 制作资源分配矩阵。

5. 下面哪项最准确地描述了风险调整后燃尽图？

　　A. 在适应性环境中，一种反映用户故事完成时间的图表。

　　B. 在预测性环境中，一种反映用户故事完成时间的图表。

　　C. 在适应性环境中，一种反映用户故事（包括与风险应对相关联的用户故事）完成时间的图表。

　　D. 在适应性环境中，一种反映用户故事（包括确定风险范围的用户故事）完成时间的图表。

　　E. 在适应性环境中，一种反映用户故事（包括确定待办事项列表的用户故事）完成时间的图表。

6. 项目正式结束后，下面哪种说法是正确的？

　　A. 与项目相关的风险都将不复存在。

  B. 项目本身面临的风险不复存在，但组织面临的风险可能还未消失。

  C. 组织面临的风险不复存在，但项目本身面临的风险可能还未消失。

  D. 余下的所有风险都是次生风险。

  E. 项目风险责任人将继续负责处理余下的风险。

7. 需求不清晰可能导致可交付成果的执行效果不佳，下面哪项最准确地描述了从这种风险得到的经验教训？

  A. 在项目的整个生命周期内，始终关注需求。

  B. 在项目的整个生命周期内，始终关注需求，这样做带来的回报是，将对需求有更深入的认识，并能够更好地向项目团队成员传达这些需求。

  C. 明晰需求的最佳方式是使用需求跟踪矩阵，这可从 PMO 网站的"工具与模板"部分下载。通过按这个文件中的指南做，想要遗漏特定需求或错误地解读需求都难。

  D. 明晰需求的最佳方式是使用需求跟踪矩阵，这有助于记录所有项目需求及其解读。这款工具已被用于 33 个项目，其中每个项目的团队成员都说它很有帮助。

  E. 明晰需求的最佳方式是使用需求跟踪矩阵。

第 19 章

冲刺

本书前面的 18 章介绍了相关的技术、规范、设计概念和考量，旨在帮助读者为参加 PMI 风险管理专业人士（PMI-RMP）®认证考试做准备，但对大多数人来说，除阅读这些内容外，还需做其他准备，因此本章和前言一道提供了考试冲刺计划。

19.1 冲刺计划

本节提供一个建议的冲刺计划，你可在阅读前 18 章后到参加考试前的这段时间内实施它。你可忽略这个冲刺计划、按它严格执行或根据自己的情况调整它。

- 复习关键主题：在每章中查找并阅读由"关键主题"标识的内容。
- 阅读考试大纲：PMI 提供了考试内容清单，这个文档名为"PMI 风险管理专业人士（PMI-RMP）®考试内容大纲和规范"。请阅读这个文档，确保熟悉其中的每项内容。
- 研究复习题：研究每章末尾的复习题，找出需要进一步学习的方面。

19.2 小结

本章的冲刺计划旨在帮助读者掌握通过 PMI-RMP®认证考试及开启风险管理职业生涯所需的技能。编写本书有两个目的：一是介绍相关的知识；二是帮助你学会如何将这些知识付诸应用。本书内容丰富、结构合理，但愿它能够帮助你轻松地通过考试。在祝愿你通过考试的同时，希望我们能够在你以后的职业生涯中再次相遇。

"我知道了吗" 小测验和复习题的答案

第 1 章

"我知道了吗" 小测验的答案

1. B。此时还未识别出风险，但用于记录风险的文件结构已经就绪。确定文件结构是风险经理首先要做的工作之一。

2. C。通过分析文件得到的信息对制作风险登记册来说至关重要，如果项目经理承担了风险信息管理任务，就必须将这些信息与所有相关方分享。

3. B。组织使命和愿景声明通常不是项目特定的，因此不包含在用于识别项目风险的文件库中。要卓有成效地识别风险，这里提及的其他文件都很重要。合同和谅解备忘录都属于客户协议，参加考试时务必注意这一点。

4. D。客户虽然在风险管理过程中扮演着重要角色，但并不合适承担全面的文件审核工作。客户固有的偏见（从自己的利益出发）可能导致他们忽视有些关切，同时过度强调其他一些关切。

5. C。获取以往项目的经验教训是知识传播的重要组成部分。如果不审查经验教训文件，就可能忽视重要的历史信息。即便项目是完全不同的，涉及的人际互动和过程也可能同以往的项目类似。

6. D。风险责任人不负责制定风险应对措施，而是负责跟踪风险和应对措施的实施情况。风险责任人还需审查其负责的风险的应对措施是否成功了。

复习题答案

1. D。这是一个应关闭的风险。虽然其他企业也可能关门歇业，但这个风险说明是专门针对 Acme 的。鉴于 Acme 根本不用考虑了，所以应该关闭这个风险。

2. E。风险登记册清楚地描述了风险事件及其发生的可能性和影响，还包含大量用于为风险管理提供支持的信息。这里列出的其他文件都是用于其他用途的。

3. B。风险登记册专注于当前项目的个别风险及其发生的可能性、影响、责任人和应对措施的背景信息。

4．B。项目发起人是被授权批准项目往下进行的人。如果没有项目发起人的签名（最好用钢笔签名），项目章程就可能无法成为项目批准文件。

5．B。跟踪、实施和报告是风险责任人的职责。虽然这里的说法都对，但答案 B 所说的才是鲍比·马蒂尼的主要职责。

第 2 章

"我知道了吗"小测验的答案

1．A。风险偏好直接反映了组织的容许限度。虽然预算超过 15%指的是容许限度，但导致这种结果的单个风险澄清了组织的风险偏好。风险态度决定了组织将以特定的方式行事。

2．B。PMI®坚定地认为，项目经理/风险经理必须对任何风险都持尽可能开放的态度。风险是未来可能出现的现象，这意味着它还未变成问题。通过识别风险，组织能够未雨绸缪，以防风险变成问题。

3．C。虽然该组织以往采用的都是瀑布型方法，但这个项目面临的风险要求它采用敏捷型方法。虽然混合型方法很有诱惑力，但没有迹象表明，通过混合使用严格的瀑布型方法和传统的敏捷方法，将有助于减少风险。诸如"创新型"和"没有……规范"等措辞表明，需要采用敏捷型方法来解决问题。

4．D。请注意，这里指出了参加 PMI-RMP®认证考试时，需要注意的一个重要事项：你需要选择的是最佳答案，而非完美答案。就这个问题而言，最佳答案应指出优势和劣势是项目外部的，而机会和威胁是项目内部的。然而，在给出的答案中，最佳的是选项 D，即研究组织做得好和做得不好的方面，还有项目可能为消除劣势提供的机会，以及组织的优势将如何消除项目可能带来的威胁。

5．A。商业论证通常是商业分析人员，而不是管理人员编写的。为商业论证提供支持的数据不太可能掌握在会计或你的上司手中。至于说风险管理官，设置了这种职位的组织少之又少，而且也不太可能能够向你提供收益实现计划。

6．D。成功并不等同于风险管理成熟。仅当组织能够记录必要的过程，并始终严格遵守这些过程，确保项目风险在组织的风险偏好框架内时，才能说组织是成熟的。

7．B。最后交付时间是典型的项目制约因素。像天气这样不可预测的因素都是基于假设条件确定的。

复习题答案

1．A。这是艾哈迈德的态度。态度属于个人观点，而非组织将容忍的限度。

2．D。详细地记录并广泛地分享信息，是组织成熟的标志。

3．A。选择俄亥俄州的供应商这种决策是根据规划时你认为成立的条件做出的，这种条件就是假设条件（但这里的假设条件不成立）。

4. A。权力反映了在组织中的位置，而项目发起人是典型的高权力者。利益反映了项目参与方的参与度。

5. C。组织基础设施决定了项目的实施环境。在这里，组织基础设施的很多方面都会带来风险，这包括沟通、设施、硬件和容量方面。

6. B。容许限度是一个界限，超过该界限后，项目或任务将无法或不再往下推进。

第 3 章

"我知道了吗"小测验的答案

1. A。顾名思义，风险吸收指的是实体能够吸收的风险水平或程度；在这里，实体是组织，而不是单个项目。风险吸收适用于各种不同的层级，它反映了组织（或相关方）的风险偏好。

2. B。容许限度指的是可接受的限度，而不是不可接受的风险状况。虽然容许限度可能导致组织改变其行为，但与触发条件不是一码事（触发条件昭示着正接近或越过容许限度）。

3. B。警铃和灯光属于物理表现形式，指出已超过临界值，离容许限度也已不远了。在这里，组织无法承受车辆被火车撞上的结果，临界值（行为发生变化的转折点）为 3 000 英尺。

4. D。这里演示了一个考试技巧：由于每个答案都包含"经过详细评估后"，因此这部分对判断哪个答案正确没有实际意义。虽然答案 C 和 D 中的理由都是正确的，但这里问的是谁认为组织承担的风险太大了。

5. B。虽然答案 C 和 D 也有一定的道理，但最佳答案是 B。上司指出的是在什么情况下应上报风险，而不是在什么情况下项目可能停工。对组织来说，49 000 美元可能是小数字，但对这个项目来说，是在不上报的情况下可承受的最大风险。

6. A。针对团队和会议的基本规则（记录在团队章程中）适用于所有项目场景，包括风险审核会议。通过在冲突出现前制定一致的冲突处理规范，可让各方有一定的预期，进而能够理解你处理冲突的方式。

复习题答案

1. B。对抗也被称为解决问题，是化解大多数冲突的理想方式。它让冲突双方通过合作找出可行的解决方案。

2. C。容许限度是一个这样的点，即超过这个点后项目（或汽车）就不能继续往下走了；临界值是一个这样的点，即超过这个点后就离容许限度不远了，因此必须改变行为；触发条件是一种警告信号，指出已超过临界值，离容许限度也已不远了。

3. A。这里要求你对吸收有基本认识，它指的是个人或组织能够应对或管理的风险程度。

4. A。制定这种解雇政策的原因是组织级的。该解雇规定并非专门针对你负责的项目或其面临的风险。

5. D。这正是制定团队章程的目的所在：定义一种一致且有凝聚力的行为规范。

第 4 章

"我知道了吗"小测验的答案

1. A。虽然说明愿景宣言与风险管理过程之间的联系有助于澄清风险管理过程的某些方面，但实际上，应该让参与风险管理过程的每个人都知道组织的愿景。

2. B。选择要在风险管理过程中使用的工具时，必须确保它与组织（和项目）的风险容许限度兼容。有些工具在处理时间和成本方面（最主要的定量方面）表现非常出色，而有些考虑到了定性方面的因素，如企业形象。

3. C。相同的结构和格式有助于将手头项目的情况，同其他项目（包括现在的和以往的）进行一对一比较。虽然相同的结构和格式让你更熟悉文件，但这种相同带来的主要好处是一致性。

4. D。虽然你希望得到想要的答案，但你的目标不是得到想要的，而是得到需要的。在项目管理中，选择使用的工具都应生成对组织有价值的成果，同时以符合组织文化的方式发挥作用。

5. A。风险分解结构用于按来源对风险进行分门别类，以便能够从个体或类别的角度评估和应对风险。

6. D。每种风险都至少有一个来源，有些风险有多个来源。根据因果关系的本质可知，有多个来源的风险通常发生的可能性更大。

7. D。服务型领导会承担那些烦琐而不那么关键的任务，让团队成员能够去完成那些在他们看来能够创造更多价值的任务。

8. D。鉴于项目的风险管理策略应与企业策略保持一致，同时上级要求你说说对项目风险管理策略的看法，因此你需要让尽可能多的相关方接受你提出的风险管理策略。

复习题答案

1. B。这是一个典型的服务型领导风格示例。服务型领导相信，他的支持将激励着整个项目团队（乃至整个组织）更积极地参与风险管理过程。

2. C。虽然风险管理过程可能随项目而异，但实际上，几乎在每个项目中，都采取相同的步骤来管理风险：先清晰地认识语言和词汇，再识别并评估风险。

3. A。PESTLE 指的是政治风险、经济风险、社会风险、技术风险和环境风险。这些被视为风险源，让你能够有效地对风险进行分类。

4. D。风险管理计划不是风险知识库，而是一个指导项目经理和/或风险经理如何管理风险的文件。这个文件需要包含常用的风险词汇，因此其中包含有关术语的定义。

5．D。在风险应对计划中，可包含各种应对措施，从接受到减轻和上报。

6．E。RBS 根据风险源对风险进行分门别类。

第 5 章

"我知道了吗"小测验的答案

1．A。风险管理计划是一个定义风险管理过程而不是具体风险的文件。大家需要知道自己将在风险管理过程中扮演的角色以及参与度。

2．B。担责指的是如果过程出现问题，谁将被追责（并承担相应的惩罚）；职责指的是负责执行过程，在很多组织中，同一个人可能负责执行很多不同的过程。

3．C。相同的结构和格式有助于将手头项目的情况，同其他项目（包括现在的和以往的）进行一对一比较。虽然相同的结构和格式让你更熟悉文件，但这种相同带来的主要好处是一致性。

4．D。风险管理计划不详细描述风险管理过程，而详细描述如何实施该过程。风险管理计划是一个"骨架"，只有"骨头"，没有"肌肉"，"肌肉"是在实施风险管理过程的其他步骤时加入的。

5．A。风险管理计划不会深入单个风险层级，但为确保一致性，会借鉴组织中其他项目中的信息。为确保一致性，一种方式是借鉴整个企业在编写详细风险计划时使用的结构（如风险分解结构）。

6．D。虽然人力资源部通常监督整个组织的培训工作，但开展风险培训的职责由项目经理承担，他们需要在这种培训中充当主题专家，同时需要深入认识风险管理计划在整个项目生命周期中的作用。

7．E。重写词库并不能解决语言差异方面的问题，但培训与教育能够。

复习题答案

1．D。这个答案描述了使用 Scrum 方法时如何识别风险。每天举行的 15 分钟简短会议让所有团队成员都能与会，并回答如下问题："你将面临什么麻烦？"

2．E。这个 RACI 表存在的问题显而易见。虽然可以有多人承担职责、被咨询或知情，但只能由一人担责。根本就不存在由多人担责的情况。

3．B。可根据风险源对风险进行有效的分类。风险分解结构提供了分类框架，它可能是项目特定的，也可能符合组织制定的相应标准。

4．C。这三个术语之间的差别在于，数据不存在固有的偏差，因为数据点未经任何解读、过滤或修改；对数据进行过滤或分类后，它便变成了信息，其中存在一定的偏差；报告用于呈现经过处理的信息，其中存在的偏差是最大的。

5. A。风险登记册包含大量有关风险的信息。在面对面环境中，沟通效果最佳。虚拟会议具备面对面环境的众多特征，但依然无法传达所有的非言语信息，而在面对面环境中，这些信息是显而易见的。

6. E。通过回答问题"你将面临什么麻烦？"，团队成员指出了其工作中的风险源。

第 6 章

"我知道了吗"小测验的答案

1. A。虽然这里对合作情况和团队精神的描述，让人觉得这是一个处于执行期的团队，但即便是在团队合作的初期，绩效水平也可能很高。由于这个团队刚组建一周，因此很可能还处于组建期。

2. B。客户熟悉项目将要部署的环境。团队成员对其负责的任务面临的风险最清楚，最终用户对应用程序中存在的风险最清楚，而客户对环境有全面认识。

3. C。需要不断地分享风险信息，尤其是包含文化风险和合规风险的信息。在任何情况下，都不能规避法规，也不能对组织方法置若罔闻。

4. D。不应在每次有不同需求的新成员加入团队时，都转而使用不同的技术。当前使用的方法应该已经记录在基本规则和参与规则中。除非出于整个团队的需求，否则不能转而使用其他方法。

5. A。正如众多广告人证实的，反复宣传是让信息深入人心的关键。在信息始终如一、直接并得到多种看法和例证的支持时，这种做法的效果最佳。

6. D。如果风险团队要与项目团队保持一致，最佳的做法是首先参阅团队章程，这个文件记录了行为、会议和职业操守规范。

复习题答案

1. D。虽然名义小组技术可能适用于目的，但它通常用于由普通人员组成的小组，而不是专家小组。对于德尔菲法，一种经典定义是设计让专家达成一致的看法。

2. D。成员偶尔会在各自的角色和职责方面存在不同的看法时，团队处于激荡期。成员愿意本着乐于助人的精神提供和接受反馈时，团队处于执行期。团队成员独立工作，知道自己的角色和职责，但不分享或接受建设性批评时，团队处于规范期。

3. B 和 E。头脑风暴收集非批评型数据，且不确定优先顺序。头脑风暴有利于"人来疯"式的外向性格的人，而不利于沉默寡言的团队成员。

4. A。放弃当前会议的计划虽然很诱人，但会议都是早已安排好的活动，有其特有的目标。在这里，没有迹象表明刚识别的风险有助于达成会议的目标。因此，应将该议题记录在案，以便将其纳入下次的会议议程中。

5. A。告诉客户这个问题已解决，不违反保密协议。但说得更多就会泄露有关公司政策的信息，而这就违反了保密协议。

6. A。在 PMI®看来，上报就是完全放弃风险管理职责。风险一旦上报，就将由新的领受者负责。在这里，即便领受者决定让你管理这个风险，答案 A 依然正确。

第 7 章

"我知道了吗"小测验的答案

1. A。风险分解结构提供的是有关风险源（而不是风险本身）的信息。报告不同于数据，因为报告经过处理的，存在一定限度的固有偏差。风险登记册属于数据，因为它在很大限度上说是未经处理的，避免了大部分偏差；风险登记册是包含数据最多的风险管理文件。

2. B。名义小组技术让每个人都以书面形式参与风险识别，且无须将识别的风险公之于众。

3. B。在风险识别过程中，一种最佳实践是充分利用以往的项目以及从中收集的洞见。要识别项目面临的风险，一种有力的手段是仔细审核以往类似项目的文件。

4. D。问题是已经发生的威胁型风险。风险变成问题后，它就不在风险管理的考虑范围内了。虽然风险登记册中其他列的性质可能发生变化，但问题是已经发生的风险，因此它不再在讨论范围内（除非它引发了潜在的未来风险）。

5. A。即便结论是不确定的，这些数据可能依然有其价值。如果团队成员的驾驶行为存在问题，那么这些问题也是问题，而不是风险。

6. D。提出封闭性问题只能得到两个可能的答案。开展访谈时，最好提出开放性问题，以便能够得到更深入、更深思熟虑的回复。

复习题答案

1. D。虽然亲和图可能与团队的习性相称，但它不一定能生成大量的输出。思维导图是一种突出风险间关系的头脑风暴，以可视化方式展现风险之间的关系。

2. D。从本质上说，石川图就是一种根本原因分析方法。通过追问"5 个为什么"，石川图生成风险原因清单，其中的原因可能在多个地方出现。特定原因出现的次数越多，为根本原因的可能性越大。

3. B 和 E。核对单反映了历史，因为它就是从历史中来的。核对单反映了以往项目的经验，但不可能涵盖组织面临过的所有风险。核对单是组织的表单、工具和模板知识库的一部分，通常由项目管理办公室负责存档、更新和分享。

4. A。任何人都不可能识别出项目面临的所有风险。在风险识别期间，还没有足够的信息来确定哪些风险是轻微的、哪些风险是严重的。同理，在风险识别期间，也没法知道各个风险是否会影响当前项目。在识别出的风险中，仅是单个项目面临的风险少之又少。

5. B。在有些情况下，一种应对措施就可缓解多种风险带来的压力。在这种情况下，仅随单个风险事件记录该应对措施还不够，而需要将其与所有相关的风险一起放在风险登记册中。

6. B。通过追问"5 个为什么"，足以从原因中找出根本原因。在石川图中，很容易看出出现了多次的原因，而这些原因可能就是根本原因。

第 8 章

"我知道了吗"小测验的答案

1. A。鉴于当前并不确定劳旺达是否会被指派参与你的项目中，因此她将加入团队是个假设条件。考虑到这项工作可能由其他人才来完成，且并没有合同规定她必须加入团队，因此这不是制约因素。

2. B。合同违约指的是未遵守合同条款，但可交付成果依然可用于原来计划的用途。如果南瓜在 11 月 2 日才运到，这显然是重大违约。

3. B。在扬斯敦实施已经是项目的一个制约因素了，它不是信念，而是强制要求。虽然它引发的风险可能是已知或未知的，但在扬斯敦实施项目是管理层要求的，因此这是一个制约因素。

4. D。未知-未知风险指的是这样的风险：组织从未遇到过，因此不知道其发生的可能性和带来的影响。

5. B。已知-未知风险指的是这样的风险：不确定性太大催生的风险。在不确定的环境中，可能发生的任何风险的性质都是完全未知的。

6. D。一个确定的信念变成未来可能发生也可能不发生的现象时，它就从假设条件变成了风险。

复习题答案

1. D。组织从未遇到且无法合理预测到的风险属于典型的未知-未知风险。这种风险不是项目工作和项目计划的一部分，因此应对它们时将动用管理储备。

2. D。所谓已知-未知风险，指的是性质完全未知，但在项目的生命周期内很可能发生的风险。

3. C。在理想情况下，所有团队成员都将参与假设条件识别和假设条件分析。虽然内部团队成员和关键相关方更愿意分享信息，但最好将所有相关方能够提供的信息都收集起来。

4. C。制约因素是项目的边界，来自合同、协议或谅解备忘录。这些边界通常是项目容许限度的先兆，而容许限度是一旦越过就会导致项目停工的界限。请注意，包含字样"所有"的答案过于绝对，而在考试中，正确的答案很少是过于绝对的。

5. B。临界值是一旦越过就将导致组织改变行为的界限，而容许限度是一旦越过就将导致项目停工的界线。

6. B。这是一个制约因素，它出现在合同的什么位置不是关键。如果合同条款规定必须满足某种状态，那么这种状态就是制约因素。

第9章

"我知道了吗"小测验的答案

1. A。很多合规性风险都有非黑即白的特征，即项目要么合规，要么不合规。对于这类风险，不存在灰色地带。

2. A。不同环境中的项目需要遵循的规则不同。这些规则是各种实体中的一个或多个设定的，从政府到行业再到实施项目的组织。

3. B。10 个气泡是容许限度，一旦达到，合同/项目就身处危险之中。7 个气泡是临界值，达到这个界线后将改变行为，以防触碰容许限度。

4. B。触发条件是警示标志，指出已超过临界值，离容许限度也已不远了。在这里描述的场景中，汽车制造商指出的容许限度为 9 或 10，而临界值位于容许限度前面的某个位置，它主要取决于驾驶员，而不是用户手册。虽然 C 和 D 也可能是正确的答案，但最佳答案是 B。

5. B。当达到或超过临界值时，触发条件会发出警报，让你注意这一情况。

6. D。触发条件是警示标志，指出已经（或即将）超过临界值，离容许限度也已不远了。在这里，触发条件完全由克里斯李的担忧驱动，即由相关方驱动。

复习题答案

1. D。从合规性的角度看，这个天资出众的团队成员没有资格参与这个项目。审查属于合规性问题，是非黑即白的：要么通过了，要么没通过。既然合同要求所有人员都必须通过审查，让这个团队成员接触该项目是不合规的行为。

2. D。上司已经告诉你，440 万欧元就是红线，触碰到它就将导致项目停工。触发条件是财务部打来的电话，指出已到达 350 万欧元这个临界值。

3. B。实际情况发生时，就越过了容许限度；在这里，这一刻还没到来。由于这里的容许限度是个人而不是合规性要求（合同、政府、法规、谅解备忘录）规定的，因此是相关方驱动的。

4. A。道闸可能被认为是视觉型触发条件，但实际上是物理型的，因为它以物理方式（阻断前进道路）防止越过临界值。顾名思义，视觉型触发条件指的是视觉器官能够感受到的触发条件。虽然有些触发条件可能同时是视觉型的和物理型的，但这两种触发条件并非一码事。

第 10 章

"我知道了吗"小测验的答案

1. A。很多组织都不愿分享风险信息，但实际上，关注风险的人越多，风险不被注意到的可能性越低。

2. B。在风险登记册中添加风险事件之前，需要先确定要包含哪些列，并提供各列将包含的示例信息，或简单地说明各列将包含的内容。然后，在风险管理计划中添加术语和语言，确保以一致的方式添加风险事件。

3. B。风险责任人负责跟踪风险、可能性或影响的变化情况以及所有的风险应对，还负责确保规定的应对措施得以实施。虽然项目经理常常是众多风险的风险责任人（并非理想选择），但风险责任人必须有时间和精力管理不断变化的风险。

4. B。虽然从未发生的风险事件会被标识出来，但"结果"列概述风险事件的发生情况和风险应对的有效性。

5. B。将带来有利结果的概率事件被视为机会，而将给组织带来负面结果的概率事件被视为威胁。虽然未能赢得合同可能被视为负面的，但即便这种风险发生了，公司也将保持现状。

6. D。在这里的语境中，密切度指的是对风险的关注度或风险与自身利益的相关程度。邻近性指的是物理上的接近程度。

复习题答案

1. D。风险登记册并非严格意义上的管理文件，理想情况下，应将其同所有想从头到尾参与风险管理过程的相关方分享。

2. D。长期炎热而干燥的天气增加了山火发生的可能性。鉴于木质办公室就在引发山火的燃料源附近，所以邻近性很高。因此，这个威胁的可能性和邻近性都很高。

3. C。在加利福尼亚，山火带来的威胁可能很大，但在俄亥俄州中部，这种威胁很小。考虑到沃帕科内塔和洛杉矶相隔 2 000 英里，这种风险的邻近性非常低（在 PMI-RMP® 认证考试中，经常会出现两个看起来相同或很像的问题，但它们之间存在的细微差别导致正确答案完全不同）。

4. B。风险责任人不仅负责跟踪风险本身的状态，还负责实施风险应对或确保风险应对得以实施。理想情况下，在风险发生前就应实施风险应对，除非主动接受策略是合适的应对测试。

5. A 和 D。邻近性指的是项目和可能发生的风险事件之间的物理距离（对居住在宾夕法尼亚州的人来说，火山喷发这种风险的邻近性很低）。紧迫性回答了这样的问题：多久后风险会发生或多久后需要实施风险应对。

6. C。风险不再被认为会给项目结果带来影响时，便可关闭风险。

7. C。鉴于风险管理是一项团体性运动，这提出了谁可访问风险信息的问题。记录风险及其历史信息时，必须确保每个合适的相关方都能够对风险策略、应对和结果进行审核和反思。

第 11 章

"我知道了吗"小测验的答案

1. A。风险分解结构是专门为实现如下目标而设计的：识别风险类别和子类别，以便能够在组层级和个体层级评估风险。

2. A。在风险分类期间，并未预先确定哪些类别是最受关注的。每个项目都是独一无二的，没法在评估风险前确定哪些风险类别将是关注的焦点。

3. B。风险分类系统类似于风险分解结构，但由于它是组织过程资产的一部分，因此由组织负责编制，并被统一地用于所有项目。在有些情况下，它用于确保组织特有的所有风险类别都将得到妥善应对。

4. B。很多风险经理和项目经理都错误地将可能性和影响混为一谈。一个风险可能带来灾难性后果，并不意味着其可能性就很高，相反，其可能性完全有可能是低（甚至很小）的。

5. B。容许限度是一个界线，越过该界线后项目就不能进行下去。

6. D。风险矩阵通常是一个 3×3 或 5×5 的图表，其中的两个坐标轴分别为可能性和影响。这个矩阵清楚地指出了哪些风险是高-高（高可能性、高影响）的；有时使用不同的颜色（红、黄、绿）来突出最让人担心的风险事件。

7. D。在团队协作中，谙熟风险矩阵和相关的术语对确保"正确"的风险被上报大有裨益。

复习题答案

1. D。在重要的风险定性分析技术中，只有失效模式与影响分析将风险的可监测性纳入了考虑范围。通过评估相对可见性，失效模式与影响分析确保"不为人注意的"风险被赋以较高的优先级。

2. C。编制风险分类系统时，通常识别出风险源，并将其同密切相关的问题关联起来。虽然风险分解结构也是一种分类系统，但通常不与一系列问题相关联。

3. B。接下来要应对的是中可能性、高影响风险，因为它们也可能给项目带来灾难性后果。通常，仅每个群组包含的风险太多时，才考虑紧迫性，但这里没有迹象表明存在这样的问题。

4. A。一旦达到或超过容许限度，就可能导致项目终止。虽然这可能看起来有点反应过度，但风险管理计划清楚地指出了这个容许限度，而这个容许限度已被越过了。

5. A 和 E。P×I 矩阵将风险分组，但不排序。虽然风险登记册使用了这些术语，但这些术语的定义包含在风险管理计划（而不是风险登记册）中。

6. C。达成一致并不意味着一致同意或妥协，也不意味着结果是完美的，但确实意味着各方都已决定接受结果。

7. B。相关方将尽可能参与风险排序过程。

第 12 章

"我知道了吗"小测验的答案

1. A。挣值绩效数据指出了项目的当前趋势。在这个项目中，CPI 为 0.84，这意味着每支出 1 美元，只实现了 84 美分的价值，这样的指标非常糟糕。仅当项目至少完成 20% 后，挣值指标才管用。相反，进度数据令人振奋：SPI 为 1.11，这表明项目的当前进度为计划进度的 111%。

2. A。每当完成的故事点数超过了计划时，这都将表现为燃尽图中的速度提高了。虽然这里没有提供任何成本信息，但提供的信息表明进度（成果）绩效超过了计划。

3. B。预期货币价值是一个简单指标，它根据可能性和影响的乘积来对风险进行定量评估。这个指标对于评估个体风险的相对成本很有用，但几乎不适合用于对项目进行综合定量分析。P×I 矩阵是定性的，而不是定量的。

4. B。GERT 和 VERT 都是概率网络图，虽然从理论上说，可通过它们了解各个活动的情况，但实际上，它们用于根据概率分支来了解潜在进度结果的情况。

5. B。蒙特卡洛要求有项目中所有活动的范围估计，通常经过 500 次模拟后就能确定标准差（即便项目的规模非常大）。

6. D。在这个概率分布函数图中，从左往右不断上升的黑色粗线指出了在每个日期（或之前）完工的可能性。

7. D。虽然呈现正态分布，且中间值可能是 7 天，但图中没有足够的信息指出这是确定无疑的。可以确定的是，完工时间范围（100% 置信区间）为 5~9 天。

8. D。在风险管理计划中，必须预先确定这种信息。这种信息不能临时确定，否则统计分析和预期货币价值将不能带来任何好处，因为仅靠这些方法，并不能解决有关优先级的问题。

复习题答案

1. D。挣值管理系统可根据绩效指标和绩效基准提供具体的项目成本和进度数据。

2. B。燃尽图展示了在每个冲刺中按计划要完成的用户故事（故事点）数以及实际完成的用户故事（或故事点）数。

3. B。从左往右不断上升的黑线指出了在给定日期（或之前）完工的可能性；在所有的样本中，大约 9% 的完工日期为 3 月 27 日。

4. E。EMV 可基于价值的，也可基于成本的，但对于特定的场景，基于不同的指标将得到不同的结果。在这个场景中，EMV 是基于成本的：500 美元 × 0.05 = 25 美元。这是一个威胁事件，将带来额外的成本。

5. B 和 C。关键路径的进度敏感性最高；最接近关键路径的路径为次关键路径；不是关键路径的路径都是非关键路径。

6. B。票价 400 美元加上延误的预期货币价值（1 000 美元的 40%），总共 800 美元。也可这样计算：票价 400 美元乘以 0.6（240 美元），加上票价 400 美元乘以 0.4（160 美元），再加上延误的预期货币价值（400 美元），总共 800 美元。

7. C。概率分布函数对应的钟形曲线将更矮、更宽，因为相比于才华较高的执行者，才华较低的执行者的表现不那么稳定。出现在平均值附近的样本更少，但模拟次数不变。

第 13 章

"我知道了吗"小测验的答案

1. A。面对高度的技术不确定性和全新的环境，任何方法都无法让它进展顺利。虽然这个项目完全是可能完成的，但当前的情况让它陷入混乱，固有的风险水平极高。

2. A。在复杂的环境中，数据为王。有了可靠的数据集后，复杂度可得到控制，并降低到可以理解的程度。项目经理或风险经理掌握的数据越多，就越能够让环境不那么复杂。

3. B。形势绝对是极度复杂的，但如果能够找到根本原因，或许能够化解。如果能够找到共同的主线，项目经理或风险经理或许能够化解这些问题。

4. B。风险关联性表明，必须考虑可能影响其他的风险带来的挑战。虽然各个风险本身的影响可能不大，但如果它们相互关联，总体影响就可能大得多。

5. B。项目经理和风险经理无权抵制管理层的战略目标。即便这些目标可能令人不快，项目经理也必须欣然接受。

6. D。这可能导致项目停工。在目前的情况下，没法同时遵守法规和战略，管理层必须做出决定。

7. D。项目管理办公室在项目中扮演着重要的治理角色。有些组织可能组建项目委员会和监督委员会，但最终为项目治理担责的还是项目管理办公室。

8. D。这些是全面的影响分析中必须考虑的项目目标。在评估中，项目经理和风险经理还需考虑组织目标和战略目标。

复习题答案

1. E。机会指的是可能发生并对项目或组织目标带来有利影响的事件。虽然机会是风险的一种形式，但比风险更具体。

2. C。因为必须满足所有条件风险才会发生，因此合乎逻辑的选择是使用与门故障树。

3. B。虽然在某种限度上说，答案 A 也对，但这里让威胁令人担忧的是风险之间的相互作用。

4. A。在给定的风险场景中，起作用的变数越多，形势越复杂。如果是在一个平台上集成两个系统，且负责执行任务的团队说的是同一种语言，复杂度将急剧下降。

5. B 和 C。SWOT 机会和威胁是项目外部的。PMI®认为，风险包含机会和威胁两个方面。

第 14 章

"我知道了吗"小测验的答案

1. A。提高策略指的是努力提高机会事件发生的可能性及增大其影响。开拓是确保 100% 的确定性，这里的情况不是这样的。如果项目知识管理员来自外部供应商，且该供应商将得到部分好处，才能说策略是分享。

2. A。被动接受认识到了风险事件的存在，但不采取任何措施。这意味着威胁的影响很小或发生的可能性很小，不值得采取预防措施。被动接受意味着仅当风险发生后才进行处理。

3. B。风险责任人可能不必亲自实施审核，但必须确保进行了审核，并向高层管理人员或你报告结果。

4. B。风险责任人不独自承担应对策略实施任务，除非策略明确地要求这样。风险责任人也不通过修改行动计划来加强策略。

5. B。在不处理的情况下，这个风险的预期时间价值为 4 周（8 周 × 50%）；实施该策略后，风险的预期时间价值为 0.8（8 周 × 50%）。改善量为 3.2 周。为实施该策略，将消耗 4 周的时间，因此改善量不足以抵消实施策略所需的时间。

6. D。燃尽图将凸显项目的开发速度，并证明它是稳定的；项目待办事项列表指出了有待完成的工作。

7. D。英国法律中有关这方面的规定并不重要，因为祭祀活动是在缓慢国度（Slobbovia）进行的。虽然不可抗力条款可让组织免除自然灾害影响带来的惩罚，但不能完全忽略这种风险。公司政策具有强制性，必须严格执行，处境艰难时尤其如此。

8. D。规避意味着采取措施确保风险不会影响项目或组织。这种策略可能影响项目和组织，但它确保风险事件不会影响项目和组织。

复习题答案

1. D。规避策略营造出一种环境，确保风险不会发生或不会影响项目。鉴于管理层的意见，规避是唯一可行的策略。提高和开拓是针对机会的策略，在这里根本不在考虑之列。

2. A。根本就没有未雨绸缪的迹象，因此是被动接受。在这种策略中，不提前采取任何措施来改善机会性结果。

3. B。权变措施是针对负面风险事件的计划外应对。在这里，风险正在发生，因此只有权变措施能够提供帮助。一个这样的典型例子是，2014 年，位于肯塔基州鲍灵格林的克尔维特国家博物馆地面发生坍塌后，馆主将此打造成了博物馆的一个主要特色，吸引了更多的人来参观。

4. B。这是风险责任人的职责。为策略担责并不意味着风险责任人负责实施，相反，风险责任人只负责确定策略的性质、确保策略按计划实施并跟踪风险事件和应对策略的进展情况。

5. B 和 C。应急应对包含在主动接受策略中；在被动接受策略中，无须采取预防措施。不管其形式是什么样的，风险解决策略都必须包含在项目计划中。

6. B。管理储备用于应对未知−未知风险，因此归根到底是一种权变措施。

7. C。在威胁或机会应对策略管用的情况下，务必在团队内部和外部分享这种信息，这很重要。

第 15 章

"我知道了吗" 小测验的答案

1. A。应急储备是为应对项目中发生的威胁而设立的。对于未知−未知风险和已知−未知风险，通常动用管理储备（而不是应急储备）来应对，同时这些风险的应对不在项目经理的职责范围内。

2. A。被动接受认可风险事件的存在，但不采取任何措施。这意味着威胁的影响很小或发生的可能性很低，不值得预先采取措施。被动接受意味着仅当风险发生后才对其进行处理。

3. B。评估相关方对风险应对的反应时，必须考虑其容许限度。作为客户，Angelica 要求不保证进度是对的，但具体采取什么办法由项目经理决定。应邀请分包商参与讨论，以制定合适的策略。

4. B。在面对面会议上，不仅可分享信息，还能传达非面对面会议无法传达的非语言信息。

5. B。残余风险为 1 400 万美元，这是实施威胁策略后项目或组织将面临的风险水平。

6. D。项目的残余风险为威胁事件（如果发生的话）的总预期货币价值，虽然应急储备足以覆盖这些成本。虽然从资金方面说，这些威胁事件是完全可控的，但没有迹象表明这些风险变成问题后，带来的其他影响是完全可控的。

7. B。实施策略前，并没有护柱。卡车司机倒车时可能撞到护柱是风险应对带来的威胁；如果没有实施风险应对，这种威胁根本就不存在。次生风险是风险应对带来的风险。

8. C。规避意味着采取措施，确保风险不会影响项目或组织。断电达到了这个目的，但这种威胁应对策略带来了新的威胁，其中包括让社区内的病患面临危险。这些威胁属于次生风险。

复习题答案

1. D。应急储备供团队用来应对采取被动接受策略的已知风险。接受策略不能改变可能性和影响，但在风险发生后，确实需要投入资金和时间。

2. B。应急措施是请铲雪公司来，这个应急措施（如果不管用）的应急措施是找直升机，因此将找直升机视为弹回计划更合适。

3. D。虽然应急措施已包含在运营连续性计划中，且在如此艰难的处境下不可避免地要采取变通措施，但主要应对措施应该在运营连续性计划中详细说明。

4. B。对项目来说，这是沧海桑田之变。无论是从方法还是基本原则方面说，从敏捷转向瀑布都是重大转变，而每次发生变更时，都有参与方很不高兴。另外，新供应商加入后，团队必须相应地调整——重返塔克曼团队发展模型的"组建期"。

5. B 和 C。次生风险是选择的风险解决方法引发的风险事件。应对策略为被动接受时，存在固有的残余风险，因为这种应对策略没有采取任何预防措施。

6. D。由于这可能导致团队成员丢掉工作或工作量增加，因此团队是全身心投入的。换而言之，他们与这个风险事件的结果利害相关。客户只是参与，因为这个遇到麻烦的系统生成他们所需的数据，但他们不能给这个系统带来任何直接的影响。

7. C。弹回计划是应急计划的应急计划。如果原始应急措施（在变更文件上签字）不管用，接着该采取的应急措施应该是停止工作。可能有人认为 E 是正确答案，但它属于转移策略，通常不被认为是应急措施。

第 16 章

"我知道了吗" 小测验的答案

1. A。在敏捷管理方法中，数据收集包括评估已完成的用户故事数和故事点数；在适应性环境中，可对这些信息进行处理，以生成报告。

2. A。无论是哪种挣值指数，其值小于 1 都意味着项目绩效低于预期；其值大于或等于 1 意味着项目绩效符合或高于预期。

3. B。需要让管理层知道应急储备的情况，尤其是在下一个报告期内将发生重大变化时。鉴于项目已完成 79%，而应急储备还余下 82%，因此没有理由担忧，即便应急储备支出会急剧增加。

4. B。如果所有风险优先级都没变，就说明组织每年面临的威胁相同。与大多数保险一样，组织续保不是因为威胁经常会变成问题，而是因为威胁发生的可能性和影响是相对稳定的。

5. B。在敏捷项目中，速度快于预期通常被视为机会，而不是威胁。结果很可能是这样的，即项目将提早完成，大多数组织都将此视为好消息。因为这样的情况可能发生，而不是必然发生，因此它还是风险。

6. D。如果他们可能不遵守合同中的承诺，这种问题将由签约人员（而不是项目经理）管理。直接与 Initech 沟通可能催生敌意，需要尽可能避免。同其他项目经理分享这种信息可能损害 Initech 与组织中其他人员之间良好的关系。

7. B。能够加强沟通的做法都是好办法。然而，这个项目很小，将其上报给高管很可能不合适。除沟通外，标准风险实践可确保你采取正确的措施。

8. B。能够加强沟通的做法都是好办法。如果高管需要知悉风险，你的顶头上司会将你的担心上报的。除沟通外，标准风险实践可确保你采取正确的措施。

复习题答案

1. D。这个数据源无疑处于危险境地。考虑到当前出现的情况，需要对数据进行审核。风险经理不能假定所有风险信息都是可疑的，但考虑到数据源的质量，需要对数据做详细审核。

2. B。每次数的结果都相同，这意味着精确度高，而准确的气球数应该是 1 万。

3. B。高可能性并不意味着必然性。高可能性风险没有发生并不意味着它发生的可能性变低了。如果应对策略在以前是可行的，就没有理由更换。

4. B。韧性指的是项目、个人或组织能够从逆境中恢复到以前的状态。韧性不同于反脆弱，后者指的是项目、个人或组织能够从逆境中恢复，且状态比以前还要好。在这里，答案"喜爱风险"好像也是对的，但喜爱风险指的是愿意承担风险，而不是应对风险的能力。

5. B 和 C。项目层面的单个风险事件可能直接影响总体项目风险；单个变量发生变化时，最终可能影响整个项目。要评估这种影响，最有效的方式是使用蒙特卡洛分析。

6. D。风险-回报并非只能指项目的财务方面。如果投资回报率是开展这个项目的唯一动因，就该将这个项目毙掉。鉴于雇主和项目发起人很想通过这个项目获得新合同，因此有必要将这个动因考虑进来。

7. C。你最初识别的是一个项目风险，但现在其他人也承认了这个威胁事件将给他们的项目带来严重影响，因此可能需要将其视为组织风险，进而采用组织层面的解决方案。

第 17 章

"我知道了吗"小测验的答案

1. A。残余风险指的是实施风险应对后余下的风险。你可能想基于保单的保额或事故的规模来评估残余风险，但实际上，残余风险就是免赔额，即 4 000 美元。

2. A。残余风险并非都是时间和成本方面的，而可以是任何有害于项目的其他威胁。这些威胁不一定有度量它们的硬性指标。声誉风险很容易留下残余：只要它还可能影响目标并由项目团队负责处理，就存在残余。

3. B。次生风险是风险应对催生的风险。

4. B。虽然影响相同，但由于风险是相互依赖的，根据可能性计算得到预期货币价值不同。由于这两种风险都将导致大楼不适合居住，因此规避是合适的风险应对策略。

5. B。这个答案的核心是，发放奖励的同时告诫团队成员不要有什么期望。这里的次生风险有两个来源：一是初始（机会型）风险的应对策略；二是团队成员的期望。

6. D。仅就这个风险事件而言，采取的应对策略是成功的。显然，如果这个风险事件发生在项目生命周期内更晚得多的时点，这种应对策略就不可能取得这样的成功。这里无关乎策略是否需要澄清，相反，这让你认识到，无论是在项目早期还是末期，减轻策略（如迁移到云端）取得成功的可能性都更大。

7. B。仅当没有应对策略、计划内的应对策略不管用或风险是未识别的情况下，才实施权变措施（计划外的消极风险事件应对措施）。对于已实施的权变措施，应详细记录下来，让参与未来项目的人能够从中受益。在这里，虽然项目身处逆境，但仍在不断向前推进，既有风险应对策略的效果也很好。

8. B。无论出现什么情况，风险都将留在风险登记册中。即便风险已关闭，也应将其留在风险登记册中，以供其他人参考。由于一切都进展顺利，风险发生的可能性很可能降低，而不是提高；然而，接近项目尾声时，威胁的影响保持不变甚至会更大。最佳的做法是将风险留在风险登记册中，等最后一笔款项支付完毕后，就可将其关闭了。

复习题答案

1. C。主要风险是 FDA 可能不会批注项目结果，这个风险成功地解决了。聘请纪尧姆来处理这个风险属于风险转移。预期结果是什么呢？FDA 批准了。非预期结果是什么呢？团队成员威胁要辞职。

2. B。次生风险是应对催生的风险，而残余风险是典型的"残存物"。

3. B。作为买方，你希望风险是最低的，而总价合同能够满足这种要求。考虑到运货商的要求，它们不愿承担过路费带来的负担，而总价加经济调整合同可满足这种要求。对买方来说，这种合同的风险最低，同时它也满足了运货商的要求。

4. E。这种合同的名称说明了一切，那就是总价等于成本加协商一致的百分比。如果可列支成本为 2 000 万美元，那么 2 000 万美元的 5%为 100 万美元，2 000 万美元加上 100 万美元，结果为 2 100 万美元。

5. B 和 C。"成本加"合同都降低了卖方风险，因为所有的可列支成本都被覆盖了，而不管是多少。在固定总价合同中，双方的管理负担都比其他任何合同都低。

6. D。无论是在项目开头还是末尾，每当规划变更或发生变更时，都要发布风险报告，另外，还要定期地这样做。

7. C。这里根本没有提到雅克的专业知识水平，而只说他是权变大师。鉴于没有预测到这个风险事件，因此这是一种权变措施。

第 18 章

"我知道了吗"小测验的答案

1. A。每个文件都有多种用途，但都有意或无意地反映了项目面临的威胁和机会。

2. A 和 B。这些都是项目特定文件，需要由项目经理、风险经理和/或他们指派的人定期更新。公司标准和政策（包括标准合同用语）不会随时间流逝而变。

3. B。相关方群体可能包含那些受项目负面影响的人，将这个小册子发送给每个相关方后可能事与愿违。然而，你想要尽可能自由地分享这些信息，而这种目标可由项目管理办公室来达成。鉴于你无权规定合同用语，因此将其作为"必读读物"的做法根本行不通。

4. B。虽然你可能很想说随着项目向前推进，一切文件都必须更新，但实际上，合同就是固定项目的"锚"。虽然合同在一定限度上决定了哪些风险会影响项目，但要修改合同，必须有法律人士参与，并经过复杂的流程。

5. B。蒙特卡洛分析通过展示各种可能结果的概率分布来突出风险范围。要突出风险范围内各种项目结果出现的可能性，这是最理想的工具，对那些喜欢图示（而非描述）的人来说尤其如此。

6. D。这些风险曾在项目的特定时期很重要，因此需要保留它们。另外，这些风险发生的可能性很低，影响也很小，因此需要将它们标记为"已关闭"。虽然不能将它们从风险登记册中删除，但确实需要将它们视为不太可能发生的。

7. B。风险经理和项目经理有责任共享风险信息并尊重控制信息者的决定。这里的核对单由项目办公室控制，因此对其所做的任何更新都必须有他们的参与。虽然项目经理可能愿意替项目办公室更新，但任何有关最终要如何做的决定都必须由项目办公室做出。

8. B。在这里的所有答案中，最佳的是通知项目办公室。项目办公室不仅需要知道你负责的项目面临这个风险，还需知道这个风险将影响组织的其他项目。

复习题答案

1. D。规划变更及发生非计划变更时，需要编制风险报告，另外，还需定制编制风险报告。有关何时该编制风险报告，是在风险管理计划（而不是沟通管理计划）中规定的。

2. A。风险管理计划包含风险词库，而风险词库中定义了术语和容许限度。实际数据放在风险登记册中，这是一个动态项目文件，会被定期更新，以确保它包含最新的数据。

3. A。拉丁超立方避免了重复的模拟，对系统的算力要求不那么高。每次模拟都不同于以前的模拟，这提高了分析速度，同时几乎不影响模拟的准确度。摩纳哥直线和风险登记都不是风险管理术语。

4. D。在敏捷环境中，基于风险的探测指的是模拟风险环境，看看风险是否会发生。

5. C。制作风险燃尽图时，涵盖了实施风险应对的用户故事。

6. B。项目完工（按计划完工或提早完工）后，项目本身面临的风险将消失。可能还有影响组织和系统的风险，但影响项目的风险已不复存在，因此项目风险责任人不再承担管理风险的职责。

7. C。这一项指出了利用该经验教训带来的好处，提供了利用该经验教训的可操作步骤。答案 D 中提到的满意度记录是不错的信息，但无须包含在经验教训中。